희망연대노조 연대와 나눔의 기록

# 마을과 노동, 희망으로 엮다

매일노동뉴스

마을과 노동, 희망으로 엮다
희망연대노조 연대와 나눔의 기록

초판 1쇄 발행 2016년 4월 13일

기획 : 더불어 사는 희망연대노동조합
지은이 : 김은선, 차재민
도움 : 임미진
사진 : 이승희, 박호준, 심안구 외
부록 : 송영숙
펴낸이 : 박성국
책임편집 : 박운
편집 : 김미영
마케팅 : 정기만
디자인 : 일상의실천

등록 | 제2008-62호
주소 | 서울시 마포구 양화로 10길20(서교동, 2층)
전화 | 02-364-6900
팩스 | 02-364-6901
www.labortoday.co.kr
ISBN 978-89-97205-33-2
가격 15,000원

# 마을과 노동, 희망으로 엮다

**희망연대노조 연대와 나눔의 기록**

매일노동뉴스

## 책을 펼치며

### 희망연대노동조합은 핫(hot)하다!

이곳저곳에서 희망연대노조의 이야기를 듣고 싶다고 한다. 지역과 함께 어떤 활동을 진행해 왔는지 나누고 싶다고 한다.

희망연대노조가 2009년 세상에 나오고 벌써 6년이 흘렀다. 이 시점에서 우리는 희망연대노조가 어디에 와 있는지, 그 고민의 깊이와 실현 과정은 어떠했는지 독자들과 함께 토론하고자 한다.

이 책은 희망연대노조 간접고용 노동자들이 뭉치고 투쟁한 이야기부터 기존 노동운동의 관점에서는 조금은 생소한 생활문화연대운동 가치를 실현해 오는 과정들을 기록하고 있다. 그 과정에서 만났던 여러 사회운동단체와 노동조합, 지역단체의 목소리를 담기 위해 노력했다. 이 책이 독자들과 새로운 노동운동을 모색하는 계기가 되기를 바라는 마음이다.

희망연대노조는 씨앤앰 정규직 노동자들의 조직과 투쟁을 통해 싹을 틔웠다. 이어 다산콜센터 여성 간접고용 노동자, 2013년 씨앤앰과 티브로드의 케이블방송 간접고용 노동자, 2014년 SK브로드밴드와 LG유플러스 간접고용 통신노동자들에 이르기까지 근래에 보기 드문 조직과 투쟁, 그리고 승리의 역사를 기록하고 있다. 그러나 이것만이 희망연대노조의 전부는 아니다.

노동조합운동과 사회운동의 결합을 선언하고, 이를 지역사회에서 실천하겠다는 설립 이념을 가진 노동조합! 희망연대노조는 노동조합의 기틀을 갖추는 과정에서부터 2014년 노동조합의 생사를 가르는 투쟁을 벌이면서도, 그리고 현재 노동조합 10년의 역사를 준비해 가는 길목에서도 한시도 소홀히 하지 않는 지향과 실천이 있다. 희망연대노조는 지역 활동가들과 함께 노동자들의 삶터인 지역사회에서 우리의 삶을 경쟁이 아닌 '더불어 함께하는 삶'으로 재구성하기 위해 노력하고 있다. 지역사회와 노동운동이 결합해 일터와 삶터를 동시에 바꾸어 나가는 운동을 일관되게 추진하고 있는 것이다. 지역운동과 노동운동을 함께 만들어 온 희망연대노조의 지난 5년의 발걸음을 면밀히 톺아보고자 한다. 그리고 지금 우리 노동운동이 나아갈 방향에 대해 허심탄회한 논의들이 이뤄지길 희망한다.

희망연대노조는 여전히 실험 중에 있다. 우리의 새로운 도전이 그저 한때의 기억, 어느 작은 노조의 흥미로운 사례로 노동운동사의 한 페이지에 기록되지 않았으면 하는 마음이다. 이 책을 통해 새로운 노동운동 모색을 위한 폭넓은 토론과 실천의 장이 이어지기를 소박하게 기대해 본다.

이 책은 희망연대노조의 조직과 투쟁보다는 지역과 함께 호흡하며, 조합원들이 '더불어 함께하는 삶'을 어떻게 실천해 왔는지를 더 주목한다. 아울러 희망연대노조의 조직적인 입장보다는 사업을 수행했던 사람들을 중심으로 그동안의 사업들을 펼쳐 보고, 함께 평가하는 의미에서 발간하게 됐다는 점을 다시 한 번 강조하고 싶다.

이 자리를 빌려 희망연대노조와 지역에서 만나 부대끼고 함께 연대해 주신 모든 분들께 감사드린다.

2016년 4월
희망연대노동조합

## 추천사

### 희망연대노조의 울림이 넓고 깊게 퍼지길

김진숙 민주노총 부산본부 지도위원

노조만 만들면 노동해방이 올 것 같던 시절이 있었다. 위원장만 잘 뽑으면 우리 뜻대로 세상을 바꿀 것 같던 시절이 있었다. 연봉이 50만 원만 인상돼도 하고 싶은 거 마음대로 하며 인간답게 살 거 같던 시절이 있었다. 위원장이 수십 번 바뀌고 연봉은 수천만 원이 인상됐지만 비정규직은 더 가난해졌고 정규직은 잔업하다 과로사로 죽는다.

몇 년 전 울산에 갔을 때, 파죽지세로 들어선 아파트 단지들을 보고 놀랐다. 같이 있던 대기업 노조 간부가 "저 아파트들 땜에 우리 조합원들이 골병이 들었씸미다" 한다. "아니, 아파트 땜에 왜 골병이 들어요?" 하니, 투기 붐이 일어 너도나도 사들였는데 떴다방들이 떠나자 값이 떨어지고 살아 보지도 못한 집의 대출금을 갚느라 미친 듯이 잔업을 하고, 노조 대의원들에게 잔업 좀 하게 해 달라는 민원이 빗발쳤단다. 그 공장엔 비정규 노동자들이 수천 명이고, 대법원에서 불법파견 판결을 받은 하청노동자가 판결을 이행하라며 철탑에 올라 농성 중일 때였다. 비정규 노동자들이 늘어나고 그들의 삶이 어렵고 힘겹다는 사실보다 그 공장에 버젓이 민주노조가 있다는 사실이 확인될 때 나는 자괴감으로 고통스럽다.

우린 30년 동안 뭘 한 것일까. 수많은 친구들을, 동료들을 열사로 불러오며 걸어온 길. 우린 어디로 가고 있는걸까. 한 달에 만 원씩만 십시일반해서 해고된 노동자들에게 한 달 100만 원 최저생계비라도 주자고 몇 번을 얘기했지만 끝내 물거품이 되는 걸 보며 절망할 기운도 없을 때였다. 그때 희망연대노조가 하는 일을 보며 안도와 감동을 동시에 느꼈다.

지난해 11월에 네팔에 다녀왔다. 부산에 있는 민들레기금에서 마련한 연수였다. 지진 이후 걱정이 이만저만 아니었다. 한국에 일하러 왔던 네팔 이주노동자들이 만든 단체인 '신미꿔' 사무실을 찾아갔다. 인사를 하는데 왠지 한국 사람처럼 생긴 사람이 앉아 있었다.

자기소개를 하는데 희망연대노조에서 왔단다. 반색을 하고 웬일이냐고 물으니 희망연대노조가 네팔에 지은 학교도 방문할 겸 겸사겸사 왔노라고. 에? 노조가 네팔에 학교를? 자초지종을 듣는 순간 부끄럽기도 하고 자랑스럽기도 하고. 이런 활동을 하는 노조가 있었구나. 비정규직들로 이루어진 노조. 격렬한 투쟁들로 정신없는 노조에서 네팔의 아이들을 위해 학교를 지었다니!

6년차 노조가 이루어 낸 수많은 일들을 보며 어떻게 조합원들을 설득했을까 궁금했다. 술 마실 때는 밤새워 쓰는 돈 아까운 줄 모르면서 막상 연대사업에는 만 원 한 장도 손이 떨리는 노동자들을 어떤 말로 어떤 방법으로 설득했을까.

같은 사업장 정규직-비정규직 간의 연대도 힘겨운 상황에서 지역 주민들과 연대, 나아가서 말 한마디 통하지 않는, 비행기를 타고도 6~7시간을 날아가야 하는 머나먼 나라의 아이들에게 어떻게 학교를 지어 줄 생각을 했을까. 누군가의 진심 어린 마음과 뜨겁고 간절했을 눈빛을 생각하면 내 마음도 더워진다.

희망연대노조의 활동들은 널리 알려야 한다. 만방에 고해야 한다. 30년째 똑같은 교섭을 하고, 아무 울림이 없는 교육과 대회사를 들으며, 판에 박힌 소식지를 읽는 조합원들. 집회를 마치고 행진을 할 때면 담배꽁초를 화단에 비벼 끄는 노동자들. 밤늦은 시간이나 휴일에 사무실로 와 보면 아무도 없는데 전깃불이 환한 노조 사무실.

우리가 그토록 외쳐 왔던 노동해방이라는 건, 어디 따로 마련돼 있는 이상향이나 유토피아가 아니라 걸으면서 완성되는 길이고, 인간 하나하나가 만들어져 가는 과정이라 믿는다.

한진중공업 정리해고 투쟁 당시 우리 조합원의 어린 아이가 그렸던 그림들이 아직도 아프다. 아빠가 없는 가족 그림. 식구들이 다들 밥상에 둘러앉아 있는데 아빠 혼자 구석에 조그맣게 앉아 있는 그림. 노동자들이 행복해지는 건 잔업을 통한 연봉이나 평수 넓은 아파트가 아니다. 희망연대노조가 그것을 우리에게 보여주고 있다. 그 울림들이 넓고 깊게 퍼져 나가길 기대한다.

희망연대노조가 항상심을 잘 지켜 나가길. 네팔 대지진에 이어 인도의 국경 봉쇄로 가스와 석유가 없어 고통받으면서도 '나마스떼~' 두 손을 모으던 그 아이들을 다시 만날 수 있길. 그 장엄하던 설산들을 다시 볼 수 있길. 따뜻하고 소박한 네팔사람들이 건강하고 행복하길…. 나마스떼~

## 추천사

### 나에게 영감과 감동을 준 희망연대노조

은수미 더불어민주당 의원

더불어 사는 희망을 위해 연대하는 노동조합!
참 아이러니하게도 희망연대노조를 위한 추천사를 쓰는 지금, 나의 소속 당명은 '더불어민주당'이다. 이 이름이 생소하면서, 지난 4년간 희망연대노조와 함께했던 많은 일들이 새록새록 떠올라 감회가 새롭다.

국회의원 배지를 갓 달았던 2012년 국회를 방문했던 다산콜센터지부를 통해 희망연대노조를 처음 접했다. 이어 2013년 케이블방송 비정규직 티브로드지부를 만나면서 희망연대노조가 어떤 운동을 지향하고 실제로 어떤 활동을 하는 노조인지 비로소 알게 됐다.

국회의원이 되자마자 간접고용 문제를 조금이라도 해결하겠다고 다짐했고, 의원실의 모든 역량을 총 집중해서 정책을 준비하고 있을 때, 희망연대노조가 전해 준 케이블산업 간접고용 실태는 놀라움을 넘어 충격으로 다가왔다.

실태조사와 간담회, 토론회 등을 통해 '위장도급' 의혹과 원청의 각종 '갑'질 행태, 그리고 각종 노동법 위반에 따른 케이블 기사들의 열악한 노동조건을 알려 나가는 활동을 함께하면서, 희망연대노조는 내가 알고 있는 노조들과는 뭔가 조금 다르다는 느낌을 받았다.

특히 장기간의 전면파업과 본사 점거농성 이후 문제해결을 위해 직접 중재를 하는 과정에서 노조가 보여줬던 협상의 내용을 보면서 확신을 하게 됐다. 사회공헌기금이 도대체 뭐라고 몇 번이고 협상을 중단하고, 임금인상분까지 일부 양보하면서도 절대 물러서지 않는 노조 모습에 놀라지 않을 수 없었다.

　　통신 간접고용 노동자들의 협상 과정에서도 다시 한 번 확인했다. 내가 지금까지 알고 봐 왔던 조합원만을 위한 노조! 그 영역을 넘어 '더불어 사는 삶'을 진심으로 갈구하고 지향하는 노조라는 것을.

　　2014년 9월 국정감사 시작을 앞두고 고용노동부 수시감독 대외비 문건을 손에 넣었던 순간이 기억이 난다. SK와 LG 두 통신업체 간접고용 노동자들이 조직되는 그 '시작'을 같이했다. 험난할 것 같다던 우려가 현실이 돼버린 몇 개월간의 힘든 시기를 거치면서 우리는 수시감독이 조작됐다는 사실을 확인할 수 있었고, 그 내용을 담은 대외비 문건의 진실을 밝히기 위해 국정감사 기간 내내 고용노동부장관과 싸움을 해야 했다. 우리 사회에 '근로자영자'라는 단어가 통용되는 것을 절대 용납할 수 없었기 때문이다.

　　이제 우리는 알게 됐다. 케이블·통신 업종 간접고용 노동자들의 싸움이 결코 쉽지 않다는 것을 말이다. 늘 준법을 이야기하면서도 법 뒤에 숨어 각종 불법을 자행하는 원청이 모든 문제해결의 키를 가지고 있기 때문이다. 희망연대노조 하면 장기간의 고공농성을 떠올리게 하는 것도 그 이유가 아닐까 한다.

　　지난 4년간 희망연대노조와 함께하면서 알게 된 다산콜센터, 티브로드, 씨앤앰, SK브로드밴드, LG유플러스 지부의 모든 조합원들에게 감사와 위로를 드린다. 한국의 일하는 시민들의 노동권을 지키기 위한 의정활동에 그들은 많은 동기부여를 해줬다. 큰 감동도 줬다. 무엇보다 앞으로 좀 더 환경노동위원회 소속 국회의원으로서 활동을 해야 한다는 사명감과 의무를 부여해 줬기에 감사를 드린다. 힘든 싸움을 마다하지 않고 살아왔지만 원청과 경총의 각종 불법·부당행위로 인해 아직도 갈 길이 멀고 험난한 노조활동을 하는 것을 누구보다 잘 알고 있기에 심심한 위로도 함께 보낸다.

　토요일도 일요일도 없이 일을 해야 했기에, 가족과 주말을 함께 보낸 기억이 아득하다고 했던 희망연대노조 한 조합원의 목소리가 떠오른다. 2014년 봄 어느 휴일에 국회동산에서 희망연대노조 조합원과 가족들이 함께 모여 도시락을 먹었던 기억도 떠오른다.

　일과 가족, 그리고 우리의 이웃들과 모두 함께하는 생활이 당연하지만 실천하기가 참 힘든 작금의 현실에서, 희망연대노조가 해 온 사회공헌사업의 성과를 지난 고공농성 투쟁 과정에서 수많은 지역시민들의 연대로 확인할 수 있었다. 그것은 분명 노동조합이 조합원만을 위한 파업, 투쟁을 했다면 절대 볼 수 없는 광경이었다.

　힘들지만 함께 가는 희망연대노조의 활동에 더불어 늘 함께하겠습니다. 정말 오래 전부터 알고 지낸 이종탁 동지도 병마를 이겨 내고 함께했으면 하는 간절한 마음으로 은수미가 드립니다.

## 목 차

| | | |
|---|---|---|
| 책을 펼치며 | | 4 |
| 추천사 | 김진숙_희망연대노조의 울림이 넓고 깊게 퍼지길 | 6 |
| | 은수미_나에게 영감과 감동을 준 희망연대노조 | 9 |
| 1부 | 사업장 담벼락을 넘어 지역과 더불어 | |
| | 1장 왜 희망연대노조인가 | 15 |
| | 2장 "최소한 과반수"의 조직화 원칙 | 22 |
| | 3장 사업장 담벼락을 넘어 지역과 더불어 | 43 |
| | 4장 먼 친척보다 가까운 이웃이 낫다 | 110 |
| | 5장 현재의 고민과 과제 | 134 |
| 2부 | 희망연대노조의 실천 | |
| | 1장 희망, 연대 | 141 |
| | 2장 지역, 나눔 | 183 |
| 3부 | 희망연대노조를 논하다 | |
| | 나상윤_뜨겁고 신선한 충격, 희망연대노조 | 211 |
| | 양미_희망연대노조, 삶을 희망하며 연대하다 | 222 |
| 부록 | 사회공헌사업 지도 | |
| | 2015년 사회공헌사업 소개 | 232 |

# ① 사업장 담벼락을 넘어 지역과 더불어

## 1장 왜 희망연대노조인가

### 무한 경쟁과 서열화의 시대를 살다

2015년 초 경북 안동의 한 초등학교 예비소집일 모습을 담은 한 장의 사진이 인터넷상에서 뜨거운 논란을 일으켰다. '경북 안동의 정신 나간 학교'라고 검색될 정도로 핫이슈였다. 이 학교는 초등학교 예비소집 과정에서, 아이들과 부모를 거주지별로 줄 세우기를 했다. 2014년 하반기부터 입주가 시작된 학교 인근의 대형아파트, 임대아파트, 기타(다세대 및 주택)로 구별한 것이다. 해당 학부모들이 경북교육청에 문제를 제기하면서 학교측은 시정하겠다고 했지만, 대한민국의 현재 모습을 적나라하게 보여준 하나의 '사건'이 아닐 수 없다.

태어날 때부터 무차별적으로 접하는 '줄 세우기'는 보육과 교육 전 과정을 거치며 우리들 몸속 깊이 '서열화' '무한경쟁'으로 내재화된다. 가진 순서대로 혹은 공부 잘하는 순서대로 줄 서기 위해 지금 내가 몸담은 집단에서 다른 사람들보다 특출나야 한다. 다른 사람들을 제치고 올라서야 루저가 되지 않는 세상이다. 이러한 제도권 교육의 소위 '일관된 가르침'을 받고 사회화된 노동자는 자신의 일상마저도 막다른 철길 위에서 달려오는 기차에 치이지 않기 위해 내달리는 삶을 살고 있다. 더는 다른 곳으로 눈을 돌릴 시선도 여유도 없는 것이다. 불과 10여 년 사이에 '개천에서 용 난다'는 말은 옛말이 됐다. 쉼 없이 변하는 사회에서 대다수 비정규 노동자는 '20대에는 비정규 알바, 30대엔 비정규 파견, 40대엔 비정규 하청, 50대엔 비정규 일용, 60대엔 비정규 공공'으로 이름을 바꾸며 비정규 노동의 굴레 속에 불안한 삶을 이어 가고 있다. 특히 청소년·여성·장애인·이주·고령자·성 소수자의 노동은 주류 노동자들의 어려움에 비해 부차적인 노동, 함부로 해도 되는 노동으로 간주된다. '용돈 벌이', '반찬값 벌이', '손주 용돈 주려고' 같은 다양한 꼬리표는 노동의 가치를 온전히 요구할 수 없게 만들며 부당한 대우를 받거나 일터에서 투명인간으로 취급되기도 한다. 이들의 노동은 더욱더 보이지 않는 은밀한 곳으로 떠밀려 간다. 보다 열악한 노동형태로 진화하고, 대부분 사람들이 들여다보지 않는 불안정한 삶의 공간에서 한 부분을 차지하고 있다. 그러나 이들은 바로 우리 누이고, 자녀고, 이웃이다. '별에서 온 노동자'가 아니라 편의점이나 식당이나 골목에서, 그리고 삶의 현장에서 언제나 부딪히고 만나는 노동자다. 그럼에도 우리는 그들의 삶을 제대로 주목한 적 없다. 그들의 노동 현실을 보듬어 주고 어루만져 줄 노동조합은 어디에 있는가.

정규직 노동자의 삶도 크게 다르지는 않다. 장시간 노동과 만연한 경쟁 구도 속에서 항상 피로한 삶을 살아가고 있다. 이들은 체감물가 인상 속에서 불안한 노후를 위한 여러 가지 민간 보장책들과 미래를 위해 현재를 저당잡히는 비용 마련에 여념이 없다. 자녀들의 교육을 위한 비용, 안정된 주거환경을 위한 비용 등을 충당하기에 턱없이 부족한 임금과 언제 일을 그만둘지 모르는 '고용불안'은 정규직 노동자의 삶도 벼랑 끝으로 내몰고 있다.

끊임없이 소비를 조장하는 자본과 자본의 이익에 기대어 생명을 이어 가는 정권, 자신들의 지배논리를 학습한 노동자들을 배출해 내는 제도교육이 만들어 낸 기가 막힌 사회구조는, 이미 누구를 막론하고 쉼 없이 '나 개인'을 채찍질하며 주변을 돌아볼 여유도 없는 삶을 살아가도록 내몰고 있다. 그런 삶 속에서 일하면 일할수록 가난해지는 워킹푸어는 늘어만 간다. 3포 세대, 5포 세대, 7포 세대를 넘어 수도 없이 포기해야 할 것들이 많다는 'n포 세대'라는 웃지 못할 신조어가 오늘을 살아가기 버거운 대다수 노동자 민중의 삶이 돼 버렸다.

임흥순 감독의 영화 「위로공단」에서 한 콜센터 여성노동자가 울먹이면서 한 말이 가슴 깊이 박힌다. 희망연대노조 조합원인 그는 "70년대에는 공순이가 있었다면 지금은 콜순이가 있다고 한다. 일하면 일할수록 가난해지는 사회에서 아이가 원하는 것도 해 주고 싶고, 늙어 가는 부모님 용돈도 드리고 싶은데, 늙은 부모님께서는 오히려 나를 걱정하신다."

### 덧붙이는 글
### 「아빠는 현금인출기가 아니야」

조건준

98년 경제위기를 배경으로 한 신자유주의 전면화는 대규모 구조조정과 해고로 이어졌다. '해고'가 '생존권'의 박탈로 이어지고 해고되면 '무능한 인간'으로 낙인찍혀 가족과 사회적 관계에 인격적 고통을 받는 상황에서 '해고'는 조합원과 전 사회가 경험한 '난파선의 악몽', 트라우마(상흔·상처)였다. 이러한 트라우마를 가진 노동자에게서는 새로운 프라임이 작용하기 시작했다. '고용불안증'에 '공장감옥'에 갇힌 채 '모두가 경기장에서 일어서기 경쟁'을 하고 있다. '일부만 일어서기 경쟁'에서 승리한 자들과 '1등보다 미운 10등'을 미워하는 자들로 분할된 채 모두가 고통스러운 삶을 살고 있다. 트라우마(상흔·상처)를 깊게 새긴 노동자들은 '고용게임의 링' 위에서 '만인에 대한 만인의 투쟁'이 아닌 '노동자에 대한 노동자의 투쟁'을 하고 있다.

'88만원 세대'가 청년 비정규직을 잘 표현한 것이라면 기존 노동자의 모습은 '잠일술 인생'이라고 표현하고 싶다. 일 이외에 모든 가치의 상실, 어쩌면 '삶 그 자체'를 빼앗겨졌음을 '잠일술 인생'이란 표현을 통해 보여주고 싶었다. "공장과 사회가 높은 담으로 분할된 현실, 한 푼이라도 벌어서 내 자식도 남들이 보내는 대학에 보내야 한다. 남들이 외국연수를

보내면 내 자식도 보내야 한다. 남들이 더 큰 아파트로 이사를 하면 빚을
내서라도 옮겨야 한다. '경기장에서 일어서기'의 프레임이 강하게 작용하는
현실에서 나 혼자 앉아 있을 순 없지 않은가! 나만 경기를 볼 수 없는데….''
아무리 대공장의 노동자라고 해도 24시간 중 10시간 이상을 공장에서
보내야 했다. 쉬는 시간과 출퇴근 시간을 합치면 12시간 가량 된다.
나머지 12시간 중 6~8시간 잔다면 남은 시간은 기껏 4~6시간이다.
이 시간들의 상당 부분은 스트레스 해소를 위해 동료들과 술을 마신다. 말
그대로 '잠일술' 인생이다.
현금인출기에 불과할 뿐 가족관계에서도 '불통'이 돼 버린 노동자, 휴일에도
삶을 즐길 방법을 갖지 못하는 노동자, 취미활동마저 소비문화에 포섭되고,
만연한 단란주점문화는 소비향락을 넘어 '돈의 폭력'에 자행되는 성의
상품화로 이어진다. '잠일술 세대'의 탄생은 해방·자유·평등과 같은 가치의
상실이자 노동에의 속박을 의미한다. 계급형성에 정반대되는 '계급의
해체'를 의미한다.

## 새로운 대안운동을 모색하다

87년 노동자 대투쟁 이후 많은 사업장과 공장에서 노동조합이 만들어
지고, 노동자들은 작업장 내 민주화와 근로조건 개선을 위해 싸웠다.
한 기업에서 노동조합을 만들고, 임금단체협상 투쟁 과정에서 승리하
면 다른 회사의 임금도 덩달아 올랐다. 노조 결성의 도미노 효과는 즉
자적이고 연쇄적으로 나타났다.
하지만 자본의 대응 속도는 빨랐다. 곧바로 노동자 조직화 속도
를 넘어서기 시작했고, 세계적으로 구축된 신자유주의는 노동자들의
삶의 질을 급격히 하락시켰다. 이윤추구에 눈먼 자본가들은 고용형태
와 노동의 질을 무기 삼아 노동자들을 분리하고 분절시키며 노동자의
조직화를 막아섰다. 그들은 외주·하청 노동자를 양산하고 위험한 노
동, 미조직된 노동을 조직된 노동자들의 영역에서 분리시켰다. 이런 방

식으로 자본가들은 이윤을 극대화했고 노동자들은 나뉘어져만 갔다. 다양한 형태의 '불안정 노동'이 지금처럼 만연해진 이유다. 다른 한편 비정규 불안정 노동자의 증가는 전체 노동자의 삶이 질적으로 하락했다는 것을 반증하고 있다. 불안정 노동자의 고용형태와 근무특성은 노동조합으로 조직화되기 어려운 구조를 갖고 있는데, 현재 노조조직률이 정체하는 원인 중 하나다.

자본의 발 빠른 변화에 비해 노동운동 진영의 움직임은 매우 더뎠다. 민주노총 건설 이후에, 노동운동 진영 내에서는 산별노조 건설과 민주노동당 건설로 조직적 지향과 정치세력화 방침을 실행했다. 그러나 산별노조 건설과정에서 노동조합의 부피는 커지고, 인력과 재정의 중앙 집중은 심화된 반면, 지역 중소영세 노동자들의 투쟁에 발 빠르게 대응하기에는 한계가 있었다. 이런 가운데 크고 작은 노조들이 정권과 자본의 탄압에 속수무책으로 넘어가는 과정을 노동자들은 지켜볼 수밖에 없었다. '미조직노동자 조직화', '지역 중심 노동운동'을 표명하고, 산별노조로의 전환을 꾀했으나 정작 산별노조는 대공장·정규직·남성·조직 노동자 중심의 운동적 관행을 크게 벗어나지 못했다. 급격하게 증가하고 기형적으로 형성된 불안정·비정규 노동에 대한 조직화 전망을 흐렸다. 이어 2008년 전후로 발생한 민주노동당 분열이 노동계 분열로 이어지면서 현장 노동자들에게 다시 한 번 큰 상처를 남겼다.

이런 가운데 현장에서는 새로운 노동운동을 모색하는 흐름들이 생겨나기 시작했다. 이는 2007 사회운동 포럼과 2008 노동운동 포럼을 통해 공개적인 논의로 발전했다.

한계에 부딪힌 대공장·정규직·남성 노동자 중심의 운동을 뛰어넘어 사회 전반의 불안정·비정규 노동자를 조직하기 위한 전략이 필요하다는 공감대가 형성됐다. 작더라도 자신의 사업장과 생계를 유지하는 삶터에서부터 노동자들이 하나로 뭉쳐야 하고 지역에 착목해 수시로 노동시장을 들락날락하는 비정규 중소영세 노동자들을 조직해야 한다는 고민들이 쏟아지기 시작했다.

## 비정규 노동자 투쟁 10년의 교훈

우리의 또 다른 문제의식은 1999년 재능교육 학습지 교사들의 투쟁과 조직화로 촉발된 비정규직 운동에 대한 평가에서 비롯됐다. 재능교육학습지교사노조가 특수고용직(위탁계약직) 최초로 노동조합을 결성하고 전국조직으로서 과반수 노동자 조직화에 성공한 이후 이랜드노조와 방송사비정규직노조·한국통신계약직노조·덤프연대·화물연대에 이르기까지 봇물 터지듯 비정규 노동자들은 조직하고 투쟁하고, 승리하고, 때로는 실패했다. 그렇게 10년이 흘렀다. 이 과정에서 새로운 문제의식들이 생겨나기 시작했다. 비정규 노동자들의 고용형태와 일하는 조건은 기존의 조직된 노동자와 사뭇 달랐다. 일하는 곳은 대체로 영세하거나 혹은 대규모라 하더라도 지역별로 뿔뿔이 흩어져 일했다. 노동자들이 한자리에 모이기 힘든 구조였다. 1인 혹은 2인이 일거리를 찾아 이동하면서 근무하고, 정해진 휴게시간은 없는 경우가 많다. 또 입사와 퇴사가 빈번하다. 이들은 현재 직장이 마지막 직장이라고 생각하지 않는다. 다시 말하면, 언제든 여기를 떠날 수 있고 떠날 거라고 생각한다. 아이러니하게도 이런 태도는 노조를 조직하는 과정에서 폭발적인 에너지로 작용하기도 하지만, 장기적 전망을 가지고 민주노조로 정착시켜 나가는 과정을 밟는 데 한계로 작용하기도 한다. 10년을 해도 신규노조 같다는 푸념이 들릴 정도다.

어려움 끝에 막상 조직화에 성공해도 지속적으로 신규 조합원을 확보하지 못하는 경우도 있다. 새로 유입되는 조합원 수가 자연 감원되는 조합원 수를 따라잡지 못하면 노조의 존립 기반이 흔들린다. 이렇게 무너지는 곳도 부지기수다. 설령 끝까지 살아남아도 기존 노조의 운영방식을 답습하는 형태로 회귀하는 모습을 보이기도 한다. 원청의 사용자성 문제 혹은 비정규직 철폐냐, 비정규직의 정규직화냐로 논쟁하던 때를 지나 이제는 노동조합으로 살아남는 문제가 무엇보다 중요해졌다.

그 결과 비정규 노동자 조직화의 화두는 "얼마나" 조직할 것인가에서 "어떻게" 조직할 것인가로 옮아가기 시작했다. 어떤 내용으로 조직화할 것인가, 조직화 이후에 어떤 활동을 할 것인가야말로 비정규 노동자 조직과 투쟁 과정에서 무엇보다 중요한 문제라는 인식이다.

정규직 노조가 담아내지 못하는 중소영세 사업장의 노동자들을 지역별로 묶어세우는 지역 노조, 사업장 안의 문제에 골몰하는 것이 아니라 사업장 밖에서 광범위한 연대를 통해 지역사회와 함께 사는 지향을 실천하는 '사회운동노조'가 필요했다. 중소영세 미조직 노동자들을 조직화하는 틀거리를 가진 노조, 지역사회 다양한 네트워크의 다층적 연대로 지역사회의 변화를 이끌어 내는 노조, 본질적인 사회변화를 이끌어 내는 새로운 방식의 노동운동이 필요했다. 희망연대노조는 그렇게 싹트게 됐다.

노동운동 포럼을 통해 기존 노동운동의 큰 두 가지 전략, '산별 중심의 조직화전략'과 '민주노동당 건설로 이어지는 노동자 정치세력화전략'의 변화가 필요하다는 문제의식과, 노동자의 본질적인 삶의 변화까지 일궈 내기 위해서는 우리의 삶터인 지역 중심의 노동운동을 펼쳐야 한다는 문제의식이 만났다. 비정규·중소영세 미조직 노동자의 조직과 주체화는 지역사회 안에서 함께 가야 한다. 이 과정에서 뜻있는 활동가들의 실험적 선언인 '지역 중심 노동조합', '지역사회연대 전략을 실현하는 노동조합'의 기치는 희망연대노조로 이어지게 된다.

사회운동 포럼과 노동운동 포럼을 통해 공감대를 형성한 사람과 단체들이 모이면서 서울지역의 지역사회운동노조를 본격적으로 고민하게 된다. 이미 조직을 갖추고 있는 서울지역의 다양한 형태의 지역노조들도 함께 논의했다. 서울일반노조, 민주노총 공공운수노조 서울경인지역공공서비스지부, 사무연대노조 등. 그러나 먼저 조직되고 움직였던 노조의 경우 기존의 틀을 벗어나기가 쉽지 않았다. 여기에 '지역사회운동노조'라는 기치가 추상적인 구호에 머물러 있으면서 논의는 빠르게 진척되지 못했다.

고민 끝에 우리는 가능한 단위부터 먼저 새로운 대안운동에 걸맞은 노조를 만들고 구체적인 지역사회운동노조의 모델을 만들어 가면서, 기존의 노조들과 순차적으로 통합해 나가기로 결정하게 된다. 그렇게 희망연대노동조합은 2009년 12월 세상에 등장했다.

## 2장 "최소한 과반수"의 조직화 원칙[1]

### 우리 동네 노동자를 만나다

2009년 12월 건설된 희망연대노조의 문을 두드린 첫 번째 사람들은

---

[1] 희망연대노조 건설과 투쟁과정에 대해서는 다음의 글들을 참조했다. 김진억(2013), "지역사회운동노조 지향하며 더불어 사는 - 희망연대노조", 「노동사회」 173호 / "노조와 세상 사이 담을 허무는 실험, 희망연대노동조합"(희망연대노조 김진억 나눔연대국장 인터뷰 / 인터뷰·정리 김유미_ 사회진보연대 정책선전위원, 2014년 11월)

수도권에서 가장 많은 가입자를 가지고 있는 케이블방송 씨앤앰 정규직 노동자들이었다. 2009년 씨앤앰은 유지보수(AS)와 설치 파트 일부가 정규직으로 남아 있었는데, 동종 업종의 다른 노동자보다 노동조건이 열악했다. 구조조정도 앞두고 있어 내부적으로 어수선한 상황이었다. 씨앤앰의 노동자들은 문제를 해결하려 이곳저곳의 문을 두드렸다. 한국노총도 찾아가고, 민주노총 언론노조도 찾아가고, 민주노총 서울본부도 찾아가고…. 그러다가 2009년 하반기 서울본부에 있던 김진억 국장과 상담을 하게 된다. 당시 김진억 국장은 한 개 지사로 조직화하기보다는 씨앤앰 산하 여러 개의 지사가 조직되는 것, 적어도 과반수의 지사에서 노동조합의 깃발을 세우는 것이 중요하다고 이야기했다. 이후 2차, 3차 상담을 진행하며 이러한 구상은 실제 조직화로 이어지게 됐다. 2009년 당시 씨앤앰 노동자들을 목적의식적으로 조직화한 것은 아니었지만, 케이블 노동자 조직화에 탄력이 붙던 그 시기가 희망연대노조의 건설시기와 맞물리면서, 희망연대노동조합이 지향하던 지역사회운동, 그러니까 노동과 지역이 만나는 구상을 구체적으로 그릴 수 있게 된 결정적 계기가 된 것이다.

더 길게 노조 조직화 과정을 밟으며 내공을 쌓으려 했으나, 사측이 노조 결성 움직임을 포착해 2010년 1월 25일 씨앤앰지부(이하 씨앤앰 정규직지부)가 출범하게 된다. 노동조합 건설 초기 어떠한 물적·인적 지원도 없이 희망연대노조는 상근 간부들의 희생과 씨앤앰 노동자들의 확고한 투쟁의지로 힘든 시기를 지나게 된다. 결국 그 해 11월 11일 파업투쟁은 승리했다. 씨앤앰 파업 과정에, 한 살도 안 된 희망연대노조는 모든 지원을 아낌없이 했다. 그때를 한 간부는 이렇게 회상했다.

"씨앤앰지부 결성 초기 안 해 본 교육이 없는 것 같아요. 아마도 우리나라에 있는 노동운동진영의 강사들은 모두 초빙해서 교육

했을걸요."

　　노동조합을 조직하고 교육하는 과정에서 씨앤앰 정규직지부 간부들의 노동자 의식은 빠르게 성장했다. 그들은 한때는 같은 직원이었던 협력사, 그러니까 외주업체 노동자들도 노동조합이 있어야 한다는 문제의식을 느끼게 된다.

## 케이블방송 업계를 뒤흔들다

씨앤앰 정규직 투쟁이 마무리된 후 조직이 안정화되면서 희망연대노조는 씨앤앰 협력사 노동자들을 조직하기 위한 노력을 은밀하게 그리고 치밀하게 벌이게 된다. 씨앤앰 정규직지부 간부들은 같이 부대끼며 일하다가 2007년 AS·설치기사 중심으로 아웃소싱된 협력사 노동자들에 대해 '내 권리만큼 외주업체 노동자의 권리도 소중하다'고 생각했다. 아웃소싱으로 노동조건이 현저히 후퇴되는 과정을 지켜보며, 그들도 노동조합을 만들어 스스로 권리를 지킬 수 있도록 해야 한다는 생각이었다.

　　씨앤앰 비정규 노동자들을 조직화하기 위해 2011년 '함께 살자' 모임을 만들었다. 씨앤앰 정규직지부의 준비팀은 권역별로 협력사 노동자들을 만나 순차적으로 조직사업을 벌였다. 씨앤앰 정규직지부가 결성됐을 때와 마찬가지로 '과반수' 조직화 원칙을 세웠다. 조직을 유지하고 강화하기 위한 필수 조건이다. 희망연대노조는 지금도 조직화의 원칙으로 '과반수'를 반드시 지키려 하고 있다. 과반수 이상 조직화될 때까지 노조와 관련한 보안을 철저하게 유지하는 것이 중요하다. 2013년 2월 씨앤앰 비정규직지부가 출범할 때까지 씨앤앰 정규직지부 간부들 사이에서 협력사 비정규직 조직화 상황에 대한 보안은 철저하게 유지됐다. 당시 씨앤앰지부 간부들은 협력사 노동자 조직화가 실패할 경우 조직에 미칠 파장에 촉각을 곤두세웠다. 씨앤앰지부 2012년 운영위에서 '협력사 노동자들도 조직할 때가 됐다'라는 메시지를 던질 것이냐를 두고 '함께 살자' 모임에서 치열한 논쟁이 벌어지기도 했다.

결국 씨앤앰에서 과반수 협력사 노동자가 조직되면서 2013년 2월 13일 케이블방송비정규직지부(이하 씨앤앰 비정규직지부)가 출범했다. 이 소식은 케이블방송 업계에 큰 파장을 몰고 왔다. 씨앤앰 비정규직들이 노조를 결성하자마자 티브로드 비정규 노동자들이 노조를 설립하고 싶다고 찾아왔다. 이때 찾아온 5명의 티브로드 비정규직들은 스스로를 '독수리 오형제'라고 불렀다. 씨앤앰 비정규직지부가 출범하는 날, 희망연대노조는 티브로드 독수리 오형제와 첫 미팅을 갖게 됐다. 씨앤앰 비정규직지부의 출범 모습을 보며 자신감을 얻게 된 독수리 오형제들은 곧바로 티브로드 비정규직 조직화에 돌입했다. 씨앤앰 비정규지부가 2년 동안 준비한 것을 티브로드 비정규 노동자들은 불과 한 달만에 끝냈다. 그리고 그해 3월 바로 케이블방송비정규직티브로드지부(이하 티브로드비정규직지부) 출범에 착수했다. 대표적인 '반노조기업'으로 불리는 태광(재계순위 38위, 2014년 4월 기준) 자본을 상대로 간접고용 노동자들을 조직하고, 유지하는 것은 만만치 않은 싸움이다. 이런 점 때문에 희망연대노조 지도부들은 조금 더 준비하자고 설득하기도 했다. 그러나 구조개편을 앞둔 내부 상황과 맞물려 노조를 열망하는 티브로드 비정규 노동자들의 강한 의지를 꺾을 수는 없었다.

씨앤앰 협력사 노동자들을 조직화하는 당시만 하더라도 희망연대노조는 케이블방송의 간접고용 노동자들을 하나의 지부로 편재할 생각으로 '케이블방송비정규직지부'라는 명칭을 사용했다. 그러나 티브로드 협력사 노동자들의 빠른 조직화 속도로 인해 조직 편재에 대한 논의가 충분히 이뤄지지 못했다. '회사 명칭'을 사용하고 싶어하는 현장의 정서를 반영해, 케이블방송비정규직 티브로드지부라는 명칭을 결정하게 되고 이후 SK브로드밴드 LG유플러스도 등도 동일한 패턴을 유지하게 됐다.

## 같은 날 SK·LG 통신 비정규직지부 결성

2013년 씨앤앰 비정규 노동자들과 연이은 티브로드 비정규 노동자들의 조직화와 투쟁 그리고 승리의 과정은 통신업계 간접고용 노동자들에게 자극이 됐다. 그해 7월부터 SK브로드밴드와 LG유플러스 비정규 노동자들의 상담 문의가 빗발쳤다.

통신업계 비정규 노동자들의 조직화 과정 또한 씨앤앰 정규직지부 간부들이 그랬던 것처럼, 씨앤앰과 티브로드 간접고용 노동자들이 큰 역할을 했다. 비슷한 업종이라 친구나 같이 일했던 사람이 많았던 씨앤앰·티브로드 비정규직지부의 조합원들은 알음알음 서로를 연결해 주기도 하고, 직접 노조 설명회를 진행하는 열정을 보였다. 이들이 있었기에 2014년 SK브로드밴드와 LG유플러스에서 동시에 노조가 설립되는 역사적인 장면을 만들 수 있었다. 국내 3대 통신업계 중 2곳에서 간접고용 노동자가 조직된 것이다.

한편 희망연대노조와 같은 시기에 서울일반노조에서도 LG유플러스 비정규직 조직화 사업이 진행 중이었다. 두 노조는 이런 사실을 모르고 있다가 후에 서로 알게 됐다. 서울일반노조는 LG유플러스 비정규직지부가 희망연대노조에서 결성되길 바라며 조직사업을 이관했다. 서울일반노조로서는 쉽지 않은 결정이었다. 희망연대노조와 서울일반노조가 오랜 신뢰관계를 쌓아 왔기에 가능한 일이었다.

**노동조합을 만드는 것보다 더 중요한 일**

씨앤앰·티브로드·SK·LG에는 과거에도 노동조합 설립 시도가 무수히 있었다. 그러나 실패했다. 케이블방송과 통신 유지보수(AS), 개통(설치), 기술·영업마케팅을 담당하는 비정규 노동자들은 지역 단위로 외주하청업체로 분산돼 있다. 2015년 기준으로 씨앤앰 24개, 티브로드 48개, SK브로드밴드 96개, LG유플러스 70개의 센터가 존재한다. 이런 상황에서 개별 업체나 한 지역에서 노동조합 결성 시도는 원청 사용자의 탄압에 무력할 수밖에 없다. 회유와 협박, 폐업과 업체 교체과정에서 선별고용 등으로 인해 번번이 실패를 반복하고 있었다.

하지만 희망연대노조는 달랐다. 과반수 조직화라는 원칙을 세우고 이를 실천함으로써 힘을 극대화했다. 비정규직 노동조합은 만드는 것보다 유지·강화하는 것이 더 어렵고 중요하다. 고용구조가 불안정해 자체 동력을 유지하는 것조차 버거운 상황에서 개별화된 근로조건의 성격은 노동조합을 유지하는 데 한계를 가져올 수 있다.

이러한 어려움을 극복할 수 있었던 힘은 무엇일까. 실제로 설립된 지 몇 년 안 되는 노동조합이 간접고용 노동자들의 조직과 교섭, 굵직한 투쟁을 동시에 진행하기엔 만만치 않은 조건이었다. 하지만 씨앤앰 정규직이 씨앤앰 비정규직을 조직하고, 씨앤앰 비정규직이 티브로드 비정규직의 조직과 투쟁을 돕고, 또 SK와 LG에서 통신 비정규직 조직화에 앞장서며 주요한 역할을 맡아 줬다. 먼저 조직된 '선배'지부 간부들은 자신들의 연월차를 기꺼이 써가면서 아침 선전전과 퇴근 선전전을 진행하고, 교육과 교섭 등 굵직굵직한 일을 처리해 줬다. 희망연대노조 본조 간부들의 인적 역량으로는 전국 수십 개 센터의 조직과 교섭 등 전반적인 상황을 모두 주도하기에는 한계가 있었다. 이를 희망연대노조 설립 초기부터 함께 경험해 온 선배지부 전·현직 간부들이 자기 일처럼 기꺼이 함께했다. 때로는 조합원들 사이에서 "왜 우리 지부 사업하기도 힘든데 다른 사업장에 신경 쓰냐"는 볼멘소리가 나오기도 한다. 그렇지만 대다수 조합원과 간부들은 이것을 당연한 일이라고 생각한다. 투쟁의 과정에서 경험으로, 그리고 끊임없는 교육과 토론으로 굳건히 자리한 인식이다. 이제는 희망연대노조의 조직적 풍토가 됐다.

## 2014년 전면전을 벌이다

대기업 SK·LG를 상대로 통신 간접고용 비정규 노동자 조직화와 투쟁 준비가 한창일 때, 케이블 3개 지부(씨앤앰 정규직·씨앤앰 비정규직·티브로드 비정규직지부)는 임단협 투쟁[2]을 준비하고 있었다. '공동투쟁 공동타결'을 투쟁 전술로 채택했다. 하지만 임단협 투쟁 중에 맞닥뜨린 씨앤앰 회사측의 태도는 사뭇 달랐다. 여러 상황을 종합해 봤을 때 2014년 임단협은 매년 하는 임단협이 아니라 '구조조정 저지 투쟁'의 구도라는 것을 직감하게 됐다. 씨앤앰 회사측은 발 빠르게 전면적인 도발에 나섰다. 협력업체 교체 과정에서 노동자들의 고용승계를 보장하지 않는 방식으로 장기파업을 유도했다. 노조가 무력해지길 유도하며 이를 통한 전면적인 구조조정을 추진하는 것이라고 판단될 수밖에 없었다. 노조 역시 장기적인 싸움을 불사하겠다는 각오를 다졌다. 경고파업과 현장복귀 전술을 적절히 구사하면서 회사측과 맞섰다. 그러나 케

---

2   씨앤앰 정규직지부는 임금협상

이블방송 비정규 노동자들이 속한 외주업체들[3]이 티브로드 외주업체에 이어 동일한 방식으로 직장폐쇄를 감행했다.

　　직장폐쇄 직후 씨앤앰지부는 장기전을 예상하고 현장에 복귀했다. 정규직이 '보급'과 '방어선(여론전)'의 역할을 맡는 동안, 씨앤앰·티브로드 비정규 노동자들은 생존권을 걸고 전면전에 나섰다. 노숙농성과 거점투쟁을 진행하며, 2014년 8월에는 프란치스코 교황의 방한에 맞춰 절박한 심정을 호소하기도 했다. 그해 7월에 시작된 '해고자 원직복직! 직장폐쇄 철폐! 임단협 쟁취!' 투쟁은 무더운 여름을 지나 가을로 접어들었다. 추석을 앞두고 생계의 어려움에 직면하면서 티브로드, 씨앤앰 케이블방송 비정규 노동자들도 현장복귀를 하는 쪽으로 방향을 잡았다. 유난히도 추웠던 2014년 겨울, 노동조합은 크리스마스와 연말을 맞아 올해 안에 싸움을 마무리한다는 각오로 모든 것을 쏟아 붓는 전 조직적 투쟁에 돌입하게 됐다. 이 과정에서 두 명의 씨앤앰 비정규직 조합원이 고공농성 투쟁을 벌이기도 했다. 11월 15일 돌입한 이들의 고공농성으로 현장복귀 했던 씨앤앰 정규직지부가 전면파업을 결의하면서 새로운 국면이 펼쳐지기도 했다. 씨앤앰지부 전면파업 43일째 되던 날, 지역 풀뿌리 단체는 물론, 종교계와 정치권까지 각각의 분야에서 회사측을 압박하면서 씨앤앰 노사는 극적 타결에 이르렀다.

　　케이블방송비정규 노동자들과 앞서거니 뒤서거니 투쟁에 돌입했던 SK브로드밴드비정규직지부와 LG유플러스비정규직지부는 해를 넘기며 고공농성과 노숙투쟁, 단식농성을 벌인 끝에 2015년 4월 임단협 타결했다.

---

3　　티브로드 협력사협의회는 2013년 티브로드 비정규직지부 설립 과정에서 맺은 협약 안에 대해 크게 노조에 '당했다'고 생각하고, 대응 방안을 연구한 것으로 보인다. 티브로드 협력사협의회 소속 각 센터들은 노동조합이 경고파업을 감행한 지 며칠되지 않아 '직장폐쇄'를 감행하는 노동조합의 투쟁에 강력하고 체계적으로 대응했다.

## 인터뷰
### 비정규직 조직화 주도한 정규직 이동훈 전 씨앤앰지부장

민중의소리 정웅재 기자
2015.01.01

**씨앤앰 정규직과 비정규직 연대, 어떻게 가능했나?**
**첫째도, 둘째도 연대**

노동자는 하나다. 구호로 종종 들었던 멋진 말이다. 그러나 애석하게도 노동자는 둘이다. 정규직과 비정규직. 자본과 권력이 노동자를 둘로 가르고, 갈라진 노동자들 스스로 반목하기도 한다. 가진 것 적고 힘이 부족한 이들에게 '연대'와 '단결'은 절실하다. 그러나 굳세고 튼튼한 연대는 말처럼 쉽지 않다.

**씨앤앰 승리의 비결, 연대**

씨앤앰 정규직과 비정규직 노동자들은 노동자가 둘이 아니고 하나라는 것을 몸으로 보여줬다. 정규직과 비정규직이 하나로 똘똘 뭉쳐, 협력회사 노사관계라며 외면하던 원청 씨앤앰을 교섭 테이블로 끌어냈다. 정규직과 비정규직이 힘을 모으자, 시민사회단체·종교계 등도 나서서 원청 씨앤앰과 씨앤앰의 대주주인 사모펀드 MBK파트너스와 맥쿼리를 압박했다. 결국 파업투쟁 205일, 노숙농성 177일, 고공농성 50일, 단식 10일 만인 지난 31일 씨앤앰 협력업체 해고자 강성덕, 씨앤앰 협력업체 노동자 임정균 조합원이 고공농성 중인 서울 중구 태평로 파이낸셜빌딩 앞 25미터 전광판 아래에서 '승리보고 대회'를 개최했다.

        씨앤앰 정규직노조인 민주노총 서울본부 희망연대노동조합 씨앤앰지부와 씨앤앰 비정규직노조인 케이블방송비정규직지부는 원청 씨앤앰-씨앤앰 협력업체-노조가 진행한 3자협의체에서 노조의 요구안을 거의 대부분 관철했다. 씨앤앰 협력업체 해고자 109명의 원직복직, 구조조정 중단 및 고용보장, 2014년 임금단체협약 체결, 위로금 지급 등 4대 요구안을 거의 따낸 것이다.

        파업투쟁을 승리하고 일터로 돌아가는 씨앤앰 정규직, 비정규직 노동자들이 꼽은 승리의 비결은 첫째도 '연대', 둘째도 '연대'였다. 전광판 위에서 칼바람을 맞으며 50일간 농성하고 내려온 임정균 조합원도 "연대의 힘"을 승리의 비결로 꼽았다.

        씨앤앰 정규직과 비정규직은 어떻게 힘을 하나로 모으고 싸울 수 있었을까? 두 명의 고공 농성자들이 크레인을 타고 땅으로 내려와 동료들과 얼싸안은 이날, 정규직으로서 씨앤앰 비정규직 조직화를 주도적으로 했던 씨앤앰지부 이동훈 전 지부장을 만났다. 씨앤앰 정규직인 이동훈 전 지부장은 2012년~2013년 정규직노조인 씨앤앰지부 지부장을 지냈다. 당시 정규직을 설득하며 씨앤앰 협력업체 비정규직 조직화를 주도했다.

**MBK 인수 후 정규직들 협력업체로 밀려나
외주화의 폐해 지켜본 정규직들 노조 결성 후,
함께 살기 위해 비정규직 조직화 나서**

씨앤앰 정규직은 2010년 1월 25일 노동조합을 설립했다. 사모펀드인 MBK와 맥쿼리가 씨앤앰을 인수해 대주주로 들어오면서 그동안 씨앤앰 정규직이 해온 케이블 설치, AS, 철거 업무가 일방적으로 외주화됐다. 회사의 팀장급들이 협력업체를 차려서 나갔고, 정규직 노동자들도 협력업체로 밀려날 수밖에 없었다. 당시 직원 2,700여명 중 1,200명 가량이 졸지에 원청 정규직에서 협력업체 소속으로 신분이 바뀌었다.

"3년간은 (급여 등을 정규직 수준으로) 보장해 주겠다고 했어요. 그렇게 약속받고 다들 어쩔 수 없이 나갔는데 3년이 지나고 나니 쪼기 시작하는 거죠. 수수료를 줄이고 영업할당을 높이고, (협력업체 직원들의) 노동조건과 계약조건이 열악해졌어요. 그런데 협력업체 업무 평가하고 감독하는 게 (원청) 정규직의 일이잖아요. 그래서 정규직들이 생각을 하게 된거죠. 아, 우리도 외주화가 되면 심각해지겠구나. 또 당시 정규직이 하던 전송망, 영업, 유통, 관리 업무 등도 외주화된다는 소문이 돌았어요. 그런 위기감 속에서 노동조합 조직의 필요성을 느꼈던 거죠."

그렇게 노동조합을 만들고는 1년 동안 씨앤앰 사측으로부터 노조를 인정받기 위한 투쟁을 했다. 정규직 조합원 150여명이 노조를 인정받기 위해 35일간 파업을 벌이기도 했다. 당시 느꼈던 건 위력적 파업이 되기 위해서는 힘을 키워야겠다는 것이었다. "정규직 1,000여명 중에서 150명이 파업을 하니 업무적으로 타격이 안 되는 거예요. 또 우리가 빠져서 안 되는 일은 협력사에서 업무처리를 하는 거예요. 그때 파업이 실질적 효과를 갖기 위해서는 정규직과 비정규직이 함께 해서 업무적 타격을 줘야 하는 것 아니냐라는 생각을 하게 됐죠."

정규직과 비정규직의 연대의 필요성을 느낀 씨앤앰지부는 노조출범 2년차였던 2011년부터 본격적으로 비정규직 조직화사업에 나섰다. 우선 시작한 건, 비정규직과 함께하자고 정규직을 설득하는 것이었다. "정규직 조합원들 교육을 하면서 설득하고 동의를 얻는 작업을 했어요. 그런 끝에 조합원 총회에서 정규직의 83%가 비정규직 조직사업에 동의해 줬어요. 비정규직과 함께 가기로 한 거죠."

**비정규직 조직 담당 정규직 15명 비밀리 움직여**
**정규직-비정규직 20여명 '함께 살자' 첫 비밀 워크숍**
**정규직은 임금인상 욕심 조금 내려놓고 비정규직 권리신장 요구**
**"저희가 양보해서라도 비정규직 임금 올리겠다는 것"**

비정규직 조직담당 업무를 맡은 15명의 정규직 조합원들이 비밀리에 움직여서 비정규직을 조직하기 시작했다. 2013년 1월 정규직 조직담당자들과 비정규직 초동 주체들이 모여 비밀 워크숍을 진행했다.

비정규직은 모두 20여명이 모였다. 이 워크숍의 명칭은 '함께 살자' 모임이었다. 이후 조직화에 박차를 가해 마침내 2013년 2월 씨앤앰 협력업체 노동자들의 노동조합인 케이블방송비정규직지부가 결성됐다. 각기 회사도 다르고 수도권 각지에 흩어져서 일하는 씨앤앰 협력업체 노동자 1200여명 중 300여명이 노조에 가입했다.

　　　　이후 씨앤앰 정규직 노조인 '씨앤앰지부'와 씨앤앰 협력업체 노동자들의 노조인 '케이블방송비정규직지부'는 그들의 첫 모임 타이틀 '함께 살자'에 걸맞게 함께 사는 길을 택했다.

"저희가 말이 정규직이지 동종업계와 비교하면 임금이 낮은 수준예요. 노조 만들고 첫해에 계산해 보니 동종업계 평균 임금과 36% 정도 격차가 나더라고요. 그래서 노조 만들고 조합원들이 임금인상에 대한 욕심이 많았는데도 불구하고 비정규직지부 조합원들의 권리신장을 함께 해야 한다고 결의를 하고 노력했어요." 실제 케이블방송 비정규직지부가 만들어지고 나서 씨앤앰지부는 비정규직들의 임금인상을 요구했고, 월급 기준 약 35만원, 연봉 기준 약 400만원의 임금 인상을 끌어냈다. 당시 정규직 임금인상 기준을 비정규직에도 동등하게 적용하도록 원청에 요구해 따낸 것이다.

　　　　이번 3자협의체에서도 씨앤앰 자회사인 텔레웍스 소속 콜센터 노동자들의 임금인상을 정규직지부가 강력하게 요구했다. 그래서 "씨앤앰지부 산하 텔레웍스(콜센터) 지회는 임단협 과정에서 씨앤앰

조합원들과의 임금 격차가 확인되어 2015년도부터 내부의 임금격차를 해소하는 방안으로 임금협상에 임하기로" 했다. "콜센터 노동자들이 어렵게 노조를 만들어서 이번에 같이 싸웠는데 업무특수성으로 인해 정규직과 임금격차가 대단히 벌어져 있어요. 정규직 평균 임금의 절반 정도인 150만원 가량을 받아요. 워낙 격차가 벌어져 있으니까 정규직 임금을 4% 인상하면 이들의 임금은 8%를 인상해야 인상금액이 비슷해지지 않냐는 것이 우리 주장인데 회사는 절대 못 받아들인다는 거죠. 그래서 이번 교섭에서도 이 문제로 노사가 거의 이틀을 논쟁을 했다고 해요. 최종적으로는 노사가 임금격차를 줄이기 위해 노력하기로 했어요. 이건 씨앤앰지부의 강력한 의지예요. 쉽게 얘기하면 저희가 1% 양보해서라도 텔레웍스 임금을 올리겠다는 겁니다."

**협력업체 109명 계약해지 농성 돌입하자
정규직지부 전면파업하고 적극적 결합
1인당 120만원 채권 구입, 간부는 은행대출
"109명 원직복직 걸었지만, 사실 우리 싸움이었다"**

지난 6월 씨앤앰 협력업체 변경 과정에서 조합원 109명이 계약해지를 당했다. 씨앤앰지부와 케이블방송비정규직지부는 조합원에 대한 표적해고로 명백한 부당해고이므로 원직복직시켜야 한다고 주장하며 싸움을 시작했다. 씨앤앰 매각 이야기도 나오던 상황으로 정규직, 비정규직 너나없이 고용이 불안한 상황이었다. 씨앤앰지부와 케이블방송비정규직지부는 전략적으로,

마을과 노동, 희망으로 엮다

그리고 탄탄하게 연대하며 긴싸움을 포기하지 않고 이어갔다.
"매각 관련해서 회사가 노조를 박살내려 한다는 것을 알고 있었기 때문에 처음부터 장기적인 싸움이 될거라고 생각했어요. 그래서 교대로 복귀하면서 싸움을 했죠. 파업하다가 두 달 복귀해서 급여를 받아 생계유지하고 일부는 해고자를 위한 생계비 채권을 구매하고 그런 식으로요."

임정균, 강성덕 두 조합원이 전광판 고공농성에 돌입한 후로는 정규직지부가 전면파업을 하고 결합했다.

"그때부터는 정규직지부가 거의 농성장을 사수했어요. 영하 12도까지 내려가는 그 추운날 새벽에 경찰이 고공농성 하는 동지들 끌어내릴까 봐 노숙농성장을 지켜 준 정규직 조합원들 보면서 저도 신기했어요. 정규직 전 조합원이 1인당 120만원 채권 구매 결의를 하고, 정규직 간부들은 은행에서 큰 금액을 대출을 받아서 지원했어요. 그런 면에서 보면 거의 우리(정규직지부) 싸움이었어요. 마지막에 맥쿼리가 방향을 틀도록 한 맥쿼리 면담 투쟁을 간 42명도 모두 정규직이었어요. 물론 속으로는 별의별 마음이 다 있겠죠. 그런데 조합원들이 표현하는 거나 함께해주는 것 보면 정말 놀랍죠. 간부 몇 명이 정규직과 비정규직이 함께해야 한다는 마음을 갖고 있어서는 소용없는데 전체 조합원이 그런 마음을 갖고 있다는 게 힘이라고 봐요."

씨앤앰 협력업체 해고자 109명을 원직복직 시키라는 것을 제일 위에 내세운 싸움을 어떻게 정규직의 싸움으로 받아들인 걸까? 무엇이 정규직으로 하여금 비정규직 싸움에 적극적으로 결합하게 했을까?

"109명을 복직시키는 것이 우리가 고용 보장을 받을 수 있는 실질적 싸움이라고 생각했어요. 씨앤앰 원청이 우리 직원들이 아니라고 한 것도 나서서 해결하게 만들었는데, 우리가 해고되면 어떨까 생각하면 든든해지는 거죠. 제가 해고 동지들과 면담을 하면서 물었어요. 고맙지 않냐고. 씨앤앰에서 카메라 들던 기자, 피디 등 정규직들이 (협력업체) 109명 원직복직시키라는 의미를 가진 이 싸움에 전면파업으로 결합했습니다. 텔레웍스 소속 콜센터 노동자들도 나왔습니다. 설치 업무 하시는 분들 복직시키는 싸움에 내가 왜 내 급여도 못 받으면서 싸워야 하지라고 물을 수도 있는데, 그러지 않고 다 나왔습니다. 거꾸로 만약에 우리 정규직 기자들이 콜센터 노동자들이 집단해고를 당했다고 가정해 봅시다. 그러면 당신들은 설치, AS 하다 말고 다 집어던지고 우리와 함께 싸울 수 있냐고 물었어요. 어떤 대답이 돌아왔을까요? 예, 함께하겠다 그러죠. 제가 이 얘기 그대로 정규직 조합원들한테 전달했습니다. 당신들이 힘든 싸움을 함께 했는데, 만약 우리 중에 누군가 해고된다고 하면 다시 900명(씨앤앰지부, 케이블방송비정규직지부, 텔레웍스지회)은 하나로 움직일 거다라고."

정규직과 비정규직의 연대, 그리고 SK브로드밴드 비정규직, LG유플러스 비정규직 노동자들의 연대, 시민사회의 광범위한 연대로 투쟁을 승리로 이끈 씨앤앰 정규직, 비정규직 노동자들은 "파업은 끝났지만 투쟁은 끝나지 않았다"고 말했다. 그리고 "연대의 힘"을 경험한 이들은 SK브로드밴드, LG유플러스 비정규직 싸움 등에 적극적으로 연대하겠다고 밝혔다.

기사 출처 : 양지웅기자, 정의철기자, 민중의 소리
(http://www.vop.co.kr/A00000832403.html)


## 콜센터 노동자를 만나다

2011년 설립한 KTIS지부 및 KTCS지부는 희망연대노조가 콜센터 노동자들과 함께하는 결정적 계기가 된다. KTIS와 KTCS는 KT의 자회사로서 콜상담을 전문으로 하는 컨택업체다. 2009년 KT에서 강제퇴출(명예퇴직) 당한 500여명이 KTIS, KTCS에서 민원처리업무 수행 중 또다시 강제사직을 강요당하자 100여명이 노조를 결성하고 고용보장 투쟁을 전개했다.

사실 희망연대노조는 KTIS·KTCS지부 결성하기 전까지 걱정이 많았다. 우선 KT의 철저한 인사노무 통제와 탄압에 맞서 신생노조인 희망연대노조가 감당할 수 있을까. 둘째 지역사회운동노조 지향을 담보할 수 있는 주체형성이 가능할까. 그럼에도 KTIS·KTCS지부를 결성한 것은 노동자들의 절박한 요구와 전문 컨택업체로서 콜센터 여성 노동자 조직화의 계기가 될 수 있다는 점 때문이다. KT콜센터의 경우 일부 상담원은 콜센터가 있는 지역의 주민이라는 점도 긍정적이었다. 지역사회운동노조로서 주체 형성이 가능하다는 점을 주목했기 때문이다.

이에 따라 KTIS·KTCS지부 조직화가 시작됐다. KT콜센터 상담사 조직사업도 함께 진행했다. 2011년 7월부터 10월까지 KT 콜센터 앞에서 총 19차례의 선전전을 했다. 그 결과 10여명이 노조에 가입했다. 2011년 9월에는 텔레마케터지부를 결성하게 된다. 동시에 근로감독 위반에 대한 고소고발과 노동부 수시근로감독을 요청하고, 토론회를 열어 콜센터 노동자 노동인권 문제를 여론화했다. 하지만 심각한 노동인권 침해와 감시통제 속에서 스스로가 권리보장을 위해 나서기 매우 어려운 상황이어서 콜센터 노동자 조직화는 녹록하지 않았다. 무엇보다 이들은 문제가 발생하면 이직을 통해 현실의 문제를 회피하려는 경향이 컸다. 콜센터 노동자 역시 대부분 외주화된 간접고용 노동자들이다. 고용보장 장치 없이 노조를 결성한다 해도 조직을 유지하기가 쉽지 않다.

그렇다고 물러설 일은 아니다. 장기적으로 노조에 대한 기대를 높이고 노조활동이 자연스러운 환경을 만들기 위해 전략조직화 사업에 착수했다. 희망연대노조와 사무금융연맹, 관련 단체가 손을 잡고 2012년 '콜센터 노동자 노동인권보장을 위한 공동캠페인단'을 출범시켰다. 공동캠페인단은 콜센터 노동자 권리보장 요구안과 법제도 개선안을 마련했다. 콜센터 노동자의 인권을 지키기 위한 캠페인을 벌이고 법제도 개선을 위한 사업을 이어 가면서 콜센터에서 노조를 만들 수 있는 사회적 분위기를 조성했다.

　다른 한편에서는 가장 조직화 가능성이 높은 콜센터에 역량을 집중하기로 했다. 그 대상이 된 첫 사업장이 바로 다산콜센터다. KT콜센터에 대한 조직화 사업이 진행되던 2011년 10월, 다산콜센터 노조결성 상담도 함께 시작됐다. 1년간의 준비 끝에 2012년 9월 12일 희망연대노조 다산콜센터지부가 결성됐다.

　다산콜센터를 집중 사업장으로 선정한 것은 공공부문 사업장이란 점이 크게 작용했다. 상대적으로 노조에 대한 지배·개입과 탄압이 심하지 않고 활동이 쉬울 것이라는 판단때문이다. 실제로 다산콜센터 업무는 서울시로부터 민간위탁된 3개 외주업체(KTCS, MPC, 효성ITX)가 담당했고, 2015년부터는 2개 외주업체(효성 ITX, 메타넷엠씨씨)가 맡고 있다.

　민간업체인 KTIS, KTCS는 노동통제와 탄압으로 악명 높은 KT의 인사노무 시스템이 그대로 적용되어 이를 뚫고 조직하기가 보통 어려운 일이 아니었다. 반면에 다산콜센터는 충분히 가능하다는 판단이 들었다. 2012년 9월 세워진 다산콜센터지부는 케이블방송통신 노동자들과는 달리 무난하게 임금단체협약을 체결했다. 현재 다산콜센터 노동자 10명 중 8명은 희망연대노조 조합원이다. 80%가 넘는 노조조직률을 갖추고, 서울시를 상대로 직접고용을 요구하며 한 발 한 발 나아가고 있다. 다산콜센터 조직화 사례는 이후 씨앤앰 콜센터 '텔레웍스'에도 영향을 끼쳐 텔레웍스지회가 만들어지는 데 일조했다.

## 〖 희망연대노동조합 연혁 〗[1]

〖 2007 - 2009년 〗

| | |
|---|---|
| 2007-2009 | 지역사회운동노조에 대한 토론 |
| 2009.12.2 | 희망연대노동조합 창립 (9명 발기인. 위원장 김진억 /사무국장 박재범) |

〖 2010년 〗

| | |
|---|---|
| 1.25 | 씨앤앰지부 설립과 투쟁 (10개월 동안 노조사수투쟁, 35일 파업, 11.11 기본협약서 체결) |
| 10.1 | 지역지부 건설 추진 : 서부(은평), 서남(구로, 영등포) 지역 |
| 10.15 | 한국이콴트글로벌원지부 가입과 투쟁(65일 파업, 2011년 2.18일 단체협약 체결) |
| 12.2 | 더불어사는지부 건설 |

* 소모임 활동 : 지역연대모임<희망C>, 국제노동자연대모임<아름연대>, 문화인문모임<놀깨>

〖 2011년 〗

| | |
|---|---|
| 2.24 | 1년차 정기총회 (2기 임원 : 위원장 김진억/부위원장 최유홍/사무국장 박재범) |
| 5.1 | 노동절대회 참가 |
| 6.25 | KTIS지부 건설과 투쟁 |
| 7.2 | KTCS지부 건설과 투쟁 |
| 6.29 | 씨앤앰 2011년 임단협 체결 (조합원 평균 13.1% 인상 등) |
| 9.2 | 지역연대를 위한 하루주점 |
| 9.15 | 텔레마케터지부 건설 |
| 10.3 | KTCS 고 전해남 지부장 죽음과 투쟁 ('죽음의 기업 KT 공대위' 구성과 투쟁) |
| 10.19 | 강동 지역 사회공헌사업 (아동청소년사업) 협약식 |
| 11.1 | 성북지역 협약식 |
| 12.3 | KTCS 고 전해남 지부장 문제 타결 및 장례식 |

---

1  희망연대노동조합 2015년 정기 총회자료집

〖 2012년 〗

| | | | |
|---|---|---|---|
| 1.18 | 2년차 정기총회<br>(2기 임원 보궐선거 : 공동위원장 지인웅/부위원장 김시권) | 3.24 | 케이블비정규직티브로드지부 건설과 투쟁 |
| 4.26 | 케이블방송 산업 규제 완화와 공공성 확보 토론회 | 4.6 | 2013 노동자학교 (4.6~4.23) |
| | | 5.15 | 씨앤앰-씨앤앰 비정규직-티브로드 비정규직 지부 합동촛불문화제 |
| 3.17 | 2기 노동자학교 시작 | 8.13 | 씨앤앰 비정규직지부 조인식 |
| 7.24 | 씨앤앰지부 3.8 상견례 이후 17차례 교섭 진행해 임단협 타결 | 9.6 | 다산콜센터지부 조인식 |
| | | 9.7 | 1차 희망지하철 |
| 8.2 | 한국이콴트글로벌원지부 정리해고 타결 | 9.12 | 사회공헌사업 보고대회 |
| | | 10.31 | 티브로드 비정규직지부 조인식 |
| 9.12 | 다산콜센터지부 건설과 투쟁 | 11.5 | 나눔과 연대를 위한 재정기반 마련을 위한 사단법인 희망C 창립총회 |
| 10.13 | 씨앤앰지부 가족 야유회 | | |
| 11.16 | 네팔 이주노동자와 연대 및 네팔아동 학교보내기 사업 위한 네팔 방문 | 11.13 | 씨앤앰-케비-케비티 합동집회<br>(원케이블 표적해고, 대성 임단협 불이행, 원청의 재하도급 금지 합의 위반) |
| 12.7 | 지역연대<br>네팔아동학교 보내기<br>투쟁기금 마련 위한 하루주점 | | |
| | | 11.4 | 권역별 학부모강좌 |
| | | 11.21 | 다산콜센터 민간위탁 운영실태 및 직접고용에 따른 사회경제적 효과 토론회 |

〖 2013년 〗

| | | | |
|---|---|---|---|
| 2.25 | 4년차 정기총회<br>(3기 지도부 선출 : 공동위원장 이종탁, 최문호, 김하늬 / 사무국장 윤진영) | 12.7 | 네팔 이주노동자와 연대 및 네팔 희망학교 짓기를 위한 나눔연대 여행<br>(12.7~12.15) |
| 2.13 | 케이블비정규직지부 건설과 투쟁 | | |
| 3.11 | 케이블방송노동실태 토론회 | | |

【 2014년 】

| | |
|---|---|
| 2.25 | 5년차 정기총회 |
| 3.8 | 희망연대노조 연애강좌 |
| 3.22 | ~4.19 성장교실 부모와 아이가 함께 자라는 목공교실 진행 (희망씨, 남양주 사회공헌사업단) |
| 3.31 | SK브로드밴드 · LG유플러스 비정규직지부 건설과 투쟁 |
| 4.13 | 노조결성 보고대회(SK브로드밴드 350, LG유플러스 250여명 참가) |
| 4.16 | SK브로드밴드/LG유플러스 노동실태발표 토론회, 교섭절차 돌입 후 10월 초중순 조정 결렬 |
| 5.24 | ~25 부부힐링캠프 (희망씨와 공동주관) |
| 5.31 | 케이블 3개 지부 공동 출정식 (청계광장) |
| 6.10 | 케이블 3개 지부 총파업 결의대회 (보신각) |
| 9.18 | 씨앤앰 비정규직지부 MBK 면담투쟁 진행 |
| 10.4 | SK비정규직지부 1차 간부파업, 6~8일 1차 경고파업 |
| 10.8 | LG비정규직지부 1차 경고파업(~11) |
| 10.11 | ~12 남양주 레인보우 힐링캠프 "어깨동무" (남양주희망어울림사업단) |
| 10.15 | 다산콜센터지부 임단협 타결 (임금인상, 상여인상, 안식휴가, 병가, 모성보호시간, 육아휴직 후 연차사용, 각종 경조휴가 등) |
| 10.25 | 비정규직 철폐 민주노총 결의대회 (MBK 앞) |
| 11.7 | 씨앤앰 사회공헌사업 보고대회 |
| 11.12 | 씨앤앰 비정규직지부 임정균, 강성덕조 합원 서울신문 광고판 고공농성 돌입 |
| 11.17 | LG비정규직지부 전면파업 돌입 |
| 11.18 | 씨앤앰지부 전면파업 돌입 |
| 11.20 | SK비정규직지부 전면파업 돌입 |
| 11.21 | 통신 파업투쟁 결의대회 |
| 12.2 | 케이블방송통신 1차 결의대회 |
| 12.10 | 씨앤앰지부 맥쿼리 면담투쟁 진행 |
| 12.29 | 다산콜센터 직고용 전환 로드맵 발표 |
| 12.31 | 씨앤앰, 씨앤앰 비정규직지부 임단협 타결 |

사업장 담벼락을 넘어 지역과 더불어

〖 2015년 〗

| | | | |
|---|---|---|---|
| 4 | 4.3 6년차 정기총회 (4기 지도부 선출 : 공동위원장 김태진, 윤진영 / 사무국장 : 박재범) | 11 | 다산콜센터 무기한 농성 돌입<br>아버지학교 진행(희망씨, 희망연대노조 공동주관)<br>전국노동자대회(씨앤앰지부 전태일상 수상) |
| | 4.26 SK, LG 고공농성 승리보고 결의대회 | | |
| | SK브로드밴드비정규직지부 타결 | 12 | 케이블방송비정규직티브로드지부 조인식 |
| 5 | LG유플러스비정규직지부 타결 | | 씨앤앰·티브로드 사회공헌사업 보고대회 |
| | 5.11 티브로드 정규직 지부 건설 | | |
| | 케이블방송비정규직티브로드지부 쟁의행위 돌입 | | 다산콜센터 직접고용 전환 과정 합의 |
| | 케이블3지부 공동투쟁 결의대회 | | 희망연대노조 벌금 마련을 위한 후원주점 |
| | 희망연대노조 가족캠프 진행 (희망씨, 희망연대노조 공동주관) | | 방송통신공공성 강화와 이용자 권리보장을 위한 시민실천행동 구성 |
| 7 | 7.9 희망연대노조 투쟁의 의의와 성과, 향후 과제 토론회 | | 삼성전자서비스지회와 공동투쟁 모색 |
| | 씨앤앰지부 조인식 | | |
| | 케비지부 조인식 | | |
| 9 | 케이블통신·콜센터 노동자 힐링캠프 진행(희망씨 주관) | | |
| 10 | 희망연대노조 조합원 가을야유회 (서울대공원·서울랜드, 조합원 가족 포함 약900명 참석) | | |

## 3장 사업장 담벼락을 넘어 지역과 더불어

**'노동자의 행복한 삶'을 위한 조건**

오늘을 살아가는 노동자의 삶은 피폐하다. 잔업과 야근을 반복해도 삶은 어제보다 조금도 나아지지 않는다. 그 속에서 노동자들은 이웃과 더불어 사는 삶보다는 다른 이들을 밟고 일어서며, 언제 끝날 지 모르는 철로 위로 스스로를 무작정 내던지고 있다. 사람들 마음속에 내재한 분노는 언제 터질 지 모르는 화약고처럼 커져 간다. 우리가 사는 이곳을 '헬조선'이라 부를 만큼 끝없는 암흑의 세계로 삶은 곤두박질치고 있다.

신자유주의는 우리들의 삶을 잘게 조각내고, 서로를 비교하게 만든다. 사교육과 물신풍조를 더욱 만연하게 한다. 노동자와 그의 가족이 행복하게 살기 위해서는 무엇보다 노동자가 안전하고 즐겁게 일하는 환경이 필요하다. 일정한 생활수준을 유지하고 개선할 만큼의 임금과 고용을 보장받는 것이 중요하다. 그렇지만 이것만으로 노동자의 삶이 행복해지지는 않는다. 집값과 의료비, 교육비 같은 물가는 임금보다 훨씬 빠른 속도로 오른다. 사업장을 벗어나면 사보험, 사교육, 재테크로 또 다른 경쟁에 몰입하게 된다. 일하느라 가족과의 소통이 단절되고 다양한 인간관계를 통해 기쁨을 느끼는 일도 어려워진다.

## 최근 10년간 노동자 평균임금과 가로수길 월평균 점포 시세 변화 비교

MBC  PD수첩

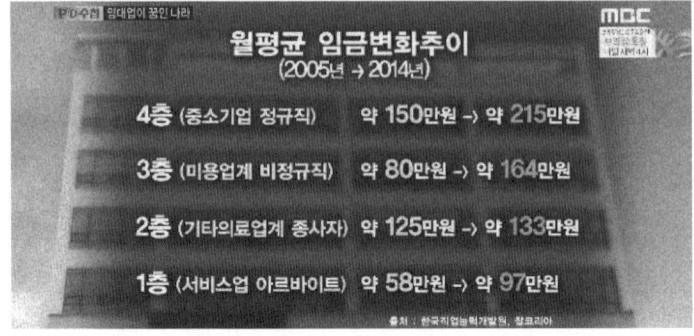

|  | 2005년 | 2014년 | 기준 | 출처 |
|---|---|---|---|---|
| 월 평균 임금변화 추이  4층(중소기업정규직) | 약 150만원 | 약 215만원 |  | 한국직업능력개발원, 잡코리아 |
| 3층(미용업계 비정규직) | 약 80만원 | 약 164만원 |  |  |
| 2층(기타 의료업계 종사자) | 약 125만원 | 약 133만원 |  |  |
| 1층(서비스업 아르바이트) | 약 58만원 | 약 97만원 |  |  |
| 건물주가 받는 월 평균 월세 | 약 1400만원 | 약 8000만원 | 1층 기준면적 148$m^2$, 4층 건물 기준 | 위더스 에셋 인베스트먼트 |
| 가로수길 건물 매매시세 | 약 30억원 | 약 200억원 | 대지가격 약 300$m^2$기준 | 위더스 에셋 인베스트먼트 |

그래서 묻고 싶다. 노동자 삶의 양식은 이처럼 달라지지 않고 있는데 '노동조합'이라는 특정 공간에 갇혀 있는 민주적 삶 혹은 변혁적 삶은 어떤 의미가 있는가. 작업장에서는 머리띠를 묶으며, '진보'를 꿈꾸지만 현실에서는 전혀 진보적이지 않은 삶을 살고 있지는 않나. 자신도 모르게 어느 측면에서는 더욱 자본주의화된 삶을 살아가고 있는 우리의 삶은 어떻게 변화될 수 있을 것인가. 삶의 변화 없이 자본주의 너머 대안세계를 꿈꾸는 새로운 운동은 가능한 것일까. 이것이 바로 희망연대노동조합 고민의 출발점이었던 것처럼, 희망연대노조는 설립 이전부터 가져왔던 꿈들을 '생활문화연대운동'이라는 조직적 과제로 설정하고, 다양한 실험을 하고 있다.

    노동자들의 생산 공간과 재생산 공간을 아울러 조합원들의 삶의 가치를 변화시키는 것. 이를 위해 제일 먼저 필요한 것은 희망연대노조 조합원 삶의 고민지점을 짚어 내는 것이었다. 공동체적 삶에 익숙하지 않은 조합원들에게 '내 삶의 문제를 함께 풀어보자'라는 노동조합의 섣부른 제안은 쉽게 다가오지 않는다. 따라서 희망연대노조는 조합원의 생애사적 특성을 파악하고, 그 특성에 맞는 고민들을 차근차근 풀어 가기 위해 다양한 생활문화연대 사업을 목적의식적으로 작은 것에서부터 시작했다.

삶을 바꾸는 것은 조합원 혼자서는 불가능하다. 사보험이나 사교육 같은 일상적 경쟁에 익숙해진 가족들의 삶도 함께 변화해야 한다. 단시간에, 그것도 어느 한 영역에서 이룰 수 있는 부분이 아니다.

그러나 역설적이게도 그 답은 아주 가까이에 있다. 바로 지역이다. 삶의 재생산 공간이 자리한 지역사회에서, 지역과의 일상적 교류와 연대를 통해 지역공동체의 싹을 틔워보는 계기를 만들면서 한 발 한 발 진전할 수 있을 거라는 믿음을 가지게 됐다. 이것은 지역연대사업을 기획하고 설계하는 밑거름이 됐다. 아주 개인적이고 사적인 공간에서 고도로 발전된 자본주의의 공격에 무방비로 노출돼 있던 조합원과 그의 가족을 모두의 공간에 초대하는 일은 그 자체로도 쉬운 일이 아니었다. '지역연대'사업이라는 내용을 가지고, 지역과 노조 모두 의지가 있는 주체가 확인된 지역부터 그 싹을 틔우기 위한 논의가 시작됐다.

문제는 지역사회에서 '노동조합에 대한 부정적 인식'이 뿌리 깊게 박혀 있다는 것이었다. 희망연대노조는 노동과 지역이 만나서 사회변화를 끌어내는데 노조 알레르기가 걸림돌이 되고 있다는 점에 주목했다. 한국 사회 문제들을 헤쳐 나가기 위한 통 큰 연대단위가 필요한 시점에, 오히려 개별화되고 쪼개진 부문별 운동들의 현재 모습은 자본의 역습을 받는 구조가 될 수밖에 없다. 노동과 지역은 그래서 반드시 만나야 한다. 새로운 노동운동을 펼치고자 출범한 희망연대노조가 '지역사회운동노조'로서 가치와 지향을 갖게 된 또 다른 배경이다.

지역사회에는 낯설지만 수많은 노동자들이 존재한다. 알바(파트타임) 노동자, 고령노동자, 중소영세 사업장 노동자, 경력단절 여성 노동자, 단기간 계약직 노동자, 가사노동자, 돌봄노동자, 자영업자인 듯 위장된 노동자, 이주노동자…. 이들은 정부의 노동 관련 통계에도 잡히지 않는다. 불안정한 저임금 일자리에서 수레바퀴 돌 듯 순환하며 살아간다. 한동네 살고 있는 우리 이웃, 동네 노동자를 조직하는 일이 야말로 우리 지역사회와 함께 풀어야 할 과제다.

박근혜 정부가 '쉬운 해고'를 밀어붙이고 있는 상황에서 정작 일상적인 해고에 노출돼 있는 동네 노동자들은 아무런 말이 없다. 일찌감치 노동법의 보호 아래 있지 않았기 때문은 아닐까. 더 걱정스러운 것은 그들 중 일부는 매우 급격하게 정치적으로 보수화되고 있다는 점이다. 궁극적으로 이들과 함께하는 노동조합이 있어야 한다. 우리 동네 노동자들이 함께 활동하며, 삶의 조건을 동시에 변화시킬 수 있는 사회적 변화 담론을 담은 노동조합이 필요하다.

지금의 피폐한 노동자의 삶에는 자본의 분할과 통제, 경쟁 이데올로기가 내재돼 있다. 이러한 삶의 생산과 재생산 영역에서의 변화를 위해, 노동과 여성·장애·청소년·성소수자·이주노동자·생태·평화·통일운동 등 여러 부문 운동들이 함께 연대하며 사회변화를 꿈꾸기 위해, 수많은 동네 노동자들을 조직하기 위해서 희망연대노조는 "사업장 담벼락을 넘어 지역과 더불어 생활문화연대운동을 실천해 가자"라는 조직적 지향점을 공유하고 실천하고 있다.

희망연대노조를 규정하는 큰 특징 중에 하나인 생활문화연대운동은 크게 생활문화연대사업, 지역연대사업, 나눔연대사업이라는 3가지 사업으로 살펴볼 수 있다.[1]

---

[1] 혹은 4가지 사업으로도 구분할 수 있는데, 국제연대사업을 나눔연대사업에서 분화해 생활문화연대사업, 지역연대사업, 나눔연대사업, 국제연대사업으로 이야기하기도 한다.

덧붙이는 글
'노동조합의 지역연대활동, 필요성과 실천방안'

김하늬

### 사업장 투쟁만으로는
### '사업장에서의 권리'조차 제대로 확보할 수 없다.

사업장 단위의 투쟁만으로 권리를 확대하려면 그 사업장의 수익성이나 지불능력을 높여야 한다. 때문에 노동자에게는 또 다시 "매출과 이익을 늘리기 위해 더 많이 더 적은 비용(투자)으로 일해야 한다"는 논리가 부메랑으로 돌아온다. 임금을 높이더라도 직장생활이 더 힘들어지거나 더 치열한 경쟁 속에서 스트레스를 받기도 한다. 또 수많은 실업자들과 비정규·저임금 노동자들로 둘러싸인 사회가 유지되는 한, 안정적이고 질 좋은 일자리를 보장하려는 사용자의 노력은 줄어들 수밖에 없다. 끊임없이 구조조정, 비정규직화, 해고 등의 위협에 부딪치게 된다.
　　사업장에서 해당 조합원들의 이해만을 실현하는 노동조합 활동으로는 자신의 투쟁에 대한 사회적 지지 여론이 형성되기도 어렵다. 투쟁이 사회적으로 고립되고 힘겨운 싸움을 벌이다 패배하거나, 승리하더라도 '집단이기주의'라는 마땅찮은 꼬리표를 달게 되기도 한다. 사업장만이 아니라 사회를 함께 바꾸는 투쟁, 일상적으로 지역 사회와 호흡하며 서로 돕는 노동조합 활동은 결국 사업장에서의 권리 확보 투쟁에서도 밑거름이 된다.

### 노동자의 노동이 사회적으로 더욱 가치를 가지려면
### 지역사회 구성원들과 만나야 한다.

자본주의 사회에서 노동은 자본의 '이윤'을 창출하는 역할을 하고 있다. 노동자들은 노동의 결과물을 분배하는 과정에서 이윤이 아닌 '임금' 등 노동자의 몫을 늘리기 위해 투쟁한다. 반면 노동자의 노동은 사회적으로 필요한 제품이나 서비스를 만들어냄으로써 다른 사회구성원들의 필요를 충족시킨다. 그런데 이 과정에서 자본의 이윤 욕구가 끼어들면 많은 왜곡이 일어난다. 정작 필요한 것을 만들기 위한 투자보다는 돈이 되는 것에

투자하는 경우가 많다. 시청자들이 좋은 품질의 방송을 볼 수 있게 하는
투자보다는 수익성이 좋은 결합상품을 판매하는 데 더 투자하는 경우처럼.
좋은 여행 프로그램을 만들기보다는 관광객들이 제휴 매장에서 쇼핑을
더 많이 하도록 만드는 여행사처럼. 더구나 이런 경우에는 임금 인상이나
생존권을 위해 어쩔 수 없이 또는 적극적으로 자본과 합심하기도 한다.
그러는 동안 자신의 노동의 사회적 가치에 대해 회의하게 되고 노동자로서의
자긍심은 낮아질 수밖에 없다. 자신의 노동이 사회적으로 가치를 인정받기
위해서는 사업장 내에서의 투쟁만으로는 한계가 있다.

케이블방송통신 노동자들이 시청자인 지역주민들과 연대해 노동자-
시청자의 권리를 함께 요구하는 등 노동자가 지역사회 구성원들과 연대해야
이런 한계를 극복할 수 있다. 동시에 생활 현장에서 나의 권리가 다른
노동자의 권리와 어떻게 맞닿아 있는지를 생각하고 함께 할 수 있을 것이다.

**일상활동을 풍성하게 함으로써 임단협에 매몰되지 않는
역동적인 노동조합으로 만들기 위해 필요하다.**

임단협이 끝나면 조합원들이 보이지 않는 노동조합은 힘을 유지하기 어렵다.
임단협 외에 조합원들이 주체가 되는 일상활동이 이뤄지지 않으면, 조만간
임단협을 힘 있게 진행할 힘마저 모이지 않게 되는 경우가 많다. 임단협
시기에 반짝 관심이 모이지만, 그마저도 스스로의 투쟁으로 쟁취하기보다는
간부들이 잘 협상해서 따내길 바라는 실리주의로 기울고 이른바 '자판기
노조'가 된다. 연대와 단결의 정신을 투쟁할 때만 외치는 것이 아니라
일상적인 토론과 활동을 통해 몸으로 체득해 나가야 한다. 지역연대활동은
이러한 일상활동을 풍성하게 할 뿐만 아니라, 자신의 권리뿐만 아니라
다양한 계급·계층의 권리를 쟁취하기 위한 연대로 확장할 수 있는 계기를
만들어 준다.

출처 : 「2011년 희망연대노동조합 조합원 토론회 자료집」

**삶의 문제를 함께 고민하는 생활문화연대사업**

희망연대노조는 생산-재생산공간에서 조합원의 삶의 가치를 바꾸기 위해 많은 시도를 하고 있다. 특히 조합원 생애주기에 맞는 고민들을 어떻게 현실화할 것인가에 초점을 맞춘다. 줄세우기·무한경쟁·길들이기에 익숙한 조합원 삶의 변화는 한순간에 오는 것이 아니기에 일상적인 생활에서 생활문화연대사업은 강조되고 있다.

### 소모임

희망연대노조 초기에는 본조 간부들 중심으로 소모임을 꾸리고 운영을 지원해 왔다. 독서토론소모임인 <그린나래>, 국제연대소모임인 <아름연대>, 지역연대소모임인 <희망c>, 다양한 문화와 인문학적 경험을 높이기 위한 <놀깨>가 그것이다. 희망연대노조의 특성 중 하나는 소모임 구성원을 조합원으로 국한시키지 않고 각 부문에 관심있고 열의 있는 외부 전문가까지 참여하고 있다는 점이다.

지역연대소모임 <희망c>는 초창기에 씨앤앰지부와 희망연대노조 개인가입 조합원으로 구성되어 '지역연대사업'을 어떻게 펼쳐 나갈 것인지를 논의했다. 지역연대사업이 무엇인지 개념도 없는 상황이었지만 '어쨌건 지역과 함께하는 활동은 의미 있지 않을까'라는 생각에 무턱대고 지역단체 탐방에 나서기도 했다. 처음 방문했던 곳이 성북 지역의 다솔지역아동센터였다. 근무를 마치고 늦은 시간에 찾아갔지만 아이들이 많아서 놀랐다. 그곳 아이들은 스스럼없이 요리를 만들고 있었다. 지역아동센터가 무엇을 하는 곳인지 처음 알게 됐다. 그렇게 지역을 탐방하며, 지역연대 소모임 중심 활동으로 무엇을 할 것인지 논의가 제법 진지하게 펼쳐졌다. 몇 번의 논의 끝에 <희망c>는 강동 지역 사회공헌사업과 결합해 '희망의 집수리' 자원봉사를 하는 것으로 의견이 모아졌다.

<아름연대>도 초창기엔 국제민주연대 활동가와 함께 '국제연대의 필요성'에 대한 세미나를 열기도 하고, 서울시내 곳곳에 있는 이주노동자 거점 식당을 탐방하면서 활동 계획을 모색했다. 그러던 중 네팔 나눔여행을 떠나 보자는 의견이 나왔다. 2012년 가을 조합원, 비조합원 할 것 없이 네팔 나눔여행단을 모집해 떠났다. 네팔 나눔여행과 아름연대의 활동은 이후 희망연대노조의 네팔 나눔연대 사업을 설계하는데 큰 영향을 끼치게 된다.

<그린나래>는 조합원들의 인문학적 소양을 넓히기 위해 구성된 모임이다. 개인가입 조합원들을 주축으로, 다양한 책읽기와 토론회가 진행됐다. 현재는 활동을 쉬고 있다. <놀깨>는 현장 조합원들에게 가장 인기 있는 소모임이다. 야구경기 관람, 스키타기, 산행 등 매달 다양한 놀거리를 개발하면서 조합원들의 문화적 욕구도 충족시키고, 인문학적 소양도 넓혀 가는 활동을 병행하고 있다.

희망연대노조는 조합원의 소모임 활동을 적극 장려한다. 생활문화연대사업 계획을 가지고 있는 2개 지부, 3개 지회 이상 조합원들로 구성된 소모임에 대해서는 특별한 운영지원을 하고 있다. 지역별·권역별로 그리고 다층적으로 지부와 지회가 다른 조합원들이 모여 조합원들이 관심있어 하고 좋아하는 '일'에서 출발하여 지역과 교류하며, 생활문화연대사업을 펼칠 수 있도록 유도하는 하나의 장치다. 실제 희망연대노동조합 소모임 중 일부는 지역의 일반 주민들까지 함께하는 모임으로 확장됐다. 또한 다양한 지역의 나눔활동이나, 연대활동과 결합된 사업을 펼쳐 가고 있다.

대표적으로 <놀깨>의 강동 지역 희망의 집수리사업과 텃밭사업을 꼽을 수 있다. <놀깨>는 매달 둘째주 토요일이면 아침 8시30분에 서울 명일역에 모여 강동 지역 사람들과 희망의 집수리에 나선다. 뿐만 아니라 2015년에는 경기 남양주 사릉의 텃밭을 일구면서 수확한 야채를 조합원끼리 나누기도 하고 남양주 외국인복지센터나 도시락사업을 하는 사회적 기업에 기부하기도 했다.

2015년 놀깨의 텃밭사업

다산콜센터지부의 <다몸펴>는 감정노동의 대명사인 콜센터 노동자들의 몸과 마음을 돌보는 소모임이다. 2015년 현재 2년째 운영 중이다. 조합원뿐만 아니라 지역의 활동가와 교수, 약사, 공무원 등 다양한 직종의 사람들이 참여한다. 이외에도 야구 소모임인 <허브>는 야구를 통해 지역 청소년들과 교류하고 있다.

## 가족프로그램

희망연대노조는 노동조합 활동에 대한 가족 지지는 물론, 가족과 함께 조금은 '다른 삶'을 꿈꿀 수 있도록 가족프로그램에 대한 공을 많이 들이고 있다. 초창기 조합원들은 "노조에서 주최하는 가족프로그램은 역시나 '노동조합스러울 것'이다"라는 편견을 가지고 있었다. 가족들의 반응은 더 말할 것도 없었다.

그래서 희망연대노조는 참가자 모두가 즐거운 프로그램으로 만들기 위해 정성을 쏟는다. 처음에 기획할 때부터 가족과 지역을 염두에 둔다. 프로그램을 권역별·지역별로 설계하고, 기획과 강사섭외 그리고 참가대상 역시 지역에 있는 사람들과 함께할 수 있도록 노력하고 있다. 2013년에 진행됐던 조합원 자녀 미디어교육은 용산 지역의 '스스로미디어넷'과 함께 준비했다. 2014년 목공교실은 남양주 지역의 '전교조 구리남양주지회'에서 장소와 강사를 지원해 줬다. 목공교실의 경우 참가대상을 조합원으로 국한하지 않고 연대하는 지역단체까지 확장했는데 '새누리 장애인부모회 남양주지회'에서 참여해 의미 있는

2014년 목공교실

시간이 될 수 있었다.

　가족프로그램 가운데 조합원과 가족들의 열렬한 지지를 받고 있는 프로그램은 단연 '조합원 가족 가을나들이'와 '가족 힐링캠프'다. 조합원 가족나들이는 2012년 씨앤앰지부의 가족 가을나들이를 전체 노조 차원으로 확대시킨 것인데 2013년, 2015년 두 차례 진행됐다. 가을나들이를 위해 희망연대노조는 서울랜드와 서울대공원의 입장권과 자유이용권, 식권 등을 준비했다. 조합원 가족들과 함께 즐거운 한때를 보낼 수 있도록 기획했다. 비용부담 없이 가족들과 함께 놀이공원에서 신나게 하루를 보낼 수 있다는 점에서 조합원들에게 뜨거운 반응을 얻었던 프로그램이다.

　가족 가을나들이는 모든 조합원과 가족이 참여한 반면에 가족 힐링캠프는 프로그램의 질을 높이기 위해 참여대상 가족을 한정했다. 그런 단점에도 불구하고 아이들을 위한 강사진과 성인을 위한 강사진을 별도로 구성하면서, 일상으로부터 지친 몸과 마음을 온전히 내려놓고 서로에 대한 믿음과 신뢰를 찾아갈 수 있었다는 점에서 의미 있는 프로그램이다. 2014년, 2015년 연이어 진행됐다. 2016년에는 재정 상황을 봐서 전국적으로 확대할 예정이다. 조합원들은 가족힐링캠프에서 배우자의 눈을 바라보고 등을 맞대면서, 노동조합이 없던 시절 주중주말 구별이 없던 고된 노동에 가족과 함께하지 못했던 시절들을 생각했다. 노동조합을 만들었지만 파업과 투쟁으로 가족과 함께하지 못하고 가슴 속에 응어리로 남았던 것들을 풀어 놓았다. 조합원과 그의 가족들이 서로를 이해하고, 행복해 하는 모습을 보면서, 이것이 희망연대노조가 조합원 가족들의 삶 속으로 들어가는 과정이라는 생각이 들었다. 함께하는 것만으로도 감동적이었다. 이렇듯 가족캠프를 통해 조합원과 가족이 쌓은 신뢰는 2014년 파업투쟁의 힘겨운 여정 속에서 가족의 열렬한 지지로 돌아왔다.

　　아버지학교는 2015년 처음 열렸다. 아버지이기 이전에 누군가의 아들이고, 남자인 노동자들의 어깨를 묵직하게 누르고 있는 짐을 조금이나마 덜고, 위안이 되는 시간을 만들기 위해 기획됐다. 1박2일 캠프를 통해 아버지와 아이들이 소중한 추억을 만들 수 있도록 세심하게 설계했다. 희망연대노조가 조합원의 삶을 고민하면서, 이러한 가족프로그램들을 기획하고 실행할 수 있었던 힘은 공동체를 중요하게 여기는 노동조합의 조직문화가 뒷받침하고 있기 때문이다.

　　가족프로그램을 진행하면서 프로그램에 참여한 조합원과 가족들이 소감을 나누는 자리는 언제나 희망연대노조에 엄청난 에너지를 준다.

> 저에게는 이번 캠프가 고등학교에 들어가는 선물 같아요. 아빠랑 이렇게 시간을 보내고, 놀고, 음식 만들고 했던 기억이 거의 없어요. 아빠를 조금이나마 이해하게 됐어요. 고등학교에 들어가서도 기회가 된다면 다시 오고 싶어요.
>
> 　　　　　　　　　　　　　아버지학교에 참가한 청소년(중학교 3학년)

> 아빠가 노동조합 한다 하니까 하나보다 했어요. 그런데 파업을 하더라고요. 낮에는 파업하고 밤에는 아르바이트 하고. 그렇게 몇 달 동안 하니깐 '이젠 그만 좀 하지'라는 생각도 들었어요. 아빠랑 광고탑 위에 올라가 있는 사람들 농성하는 데 간 적이 있었어요. 그거 보면서는 도대체 뭐하는 짓인가 싶었어요. 그런데 오늘 와 보니 알 것 같아요. 아빠가 너무 자랑스럽고, 감사해요.
>
> 　　　　　　　　　　　　　힐링캠프에 참가한 청소년(고등학교 3학년)

> 정말 생소한 체험이었어요. 하지만 시간이 지날수록 낯선 것에 대한 불편함보다 미처 느끼지 못하고 고민하지 못한 경험들이 설렘으로 다가왔던

것으로 기억됩니다. 프로그램도, 준비과정도 수준이 높았던 것 같아요. 각 프로그램마다 높은 수준의 퀄리티가 느껴져 좋았습니다. 조금 아쉽다면 '생' 초자라 아무것도 모르고 찜질방 따뜻한 아랫목에 배 깔고 명상하는 정도로 알고 왔다는 점이에요. 준비성 없는 이 무모함이란!

힐링캠프에 참가한 여성 조합원

집을 떠나서 아들과 함께 했던 시간이 설레어 걱정도 됐지만, 다른 가족의 또래 아이들과 금방 친해지고 재미있게 노는 모습에 마음이 편해졌어요. 처음으로 아들과 둘만의 대화를 편하게 하면서 아빠의 마음을 아들에게 솔직하게 전달할 수 있어서 좋았습니다. 아들과의 거리가 조금은 더 가까워진 시간이었습니다.

아버지 학교 참가한 남성 조합원

2015년 아버지 학교

2014년 부부 힐링캠프

마을과 노동, 희망으로 엮다

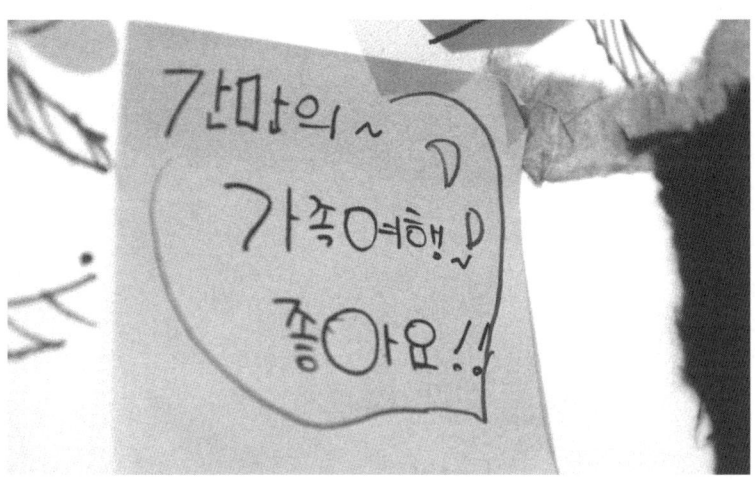

2015년 가족캠프

## 새롭고 다른 삶을 꿈꾸다

희망연대노조는 가족프로그램과 소모임 외에도 '다른 삶'을 꿈꿀 수 있는 다양한 시도를 하고 있다. 연애강좌, 인문학강좌, 보고 싶고 볼만한 영화 함께 보기 등. 조합원들의 가슴 속에 있는 감수성을 자극하는 사업들을 진행하고 있는 것이다.

아울러 고공농성투쟁이나 장기간의 파업투쟁 등을 진행하면서 몸과 마음에 생채기가 난 조합원들을 치유하고자 명상수련이나 힐링캠프, 심리정서 지원사업도 한다. 이 밖에도 다양한 인문모임을 통해 함께 성장하는 삶을 그려 보는 자리를 갖고 있다.

대표적인 것이 행복세미나 모임 <다행콘서트>다. 한마디로 '행복이란 무엇일까?', '우리들은 지금 행복한가?'를 주제로 한 행복 찾기 여정이라고 할 수 있다. 2015년 첫 모임을 열었다. 조합원들의 행복한 삶을 위해 무엇이 필요한가를 연구하면서 행복찾기 탐방, 세미나, 초청강연 등을 기획하고 실행하고 있다. 다행콘서트에는 희망연대노조 조합원 뿐만 아니라 청년, 작가, 지역단체 회원이 함께한다. 다양한 사람들의 마음속에 내재돼 있는 '행복'이라는 키워드에 대해 지금도 줄기차게 연구하고 있다.

2015년에는 <벙글노동> 모임도 첫선을 보였다. 노동인권 감수성을 높이고 청소년노동 같이 '소리 없이, 보이지 않는 노동'을 하는 사람들을 주목하고, 개선할 방향을 찾아보는 모임이다. 노동인권모임 <벙글노동>은 2015년 초 "희망연대노조 청소년 노동인권교육"이 계기가 됐다. 인권관련 세미나도 열고 우리 주변의 인권 이야기를 나누며, 「빵과 장미」, 「푸드주식회사」 같은 영화도 보면서 매달 정기모임을 이어 가고 있다. 또 최근 가장 기대를 모으는 프로그램은 희망연대노조 다큐멘터리 제작이다. 지역사회가 적극 제안하고 노동조합이 함께하는 <케이블노동자 미디어영상 워크숍팀>은 조만간 조합원 자신들의 이야기가 담긴 다큐를 선보일 예정이다. 물론 직접 촬영했다.

행복세미나팀 <다행콘서트> 정기모임

**빵과 장미**

노동인권 활동을 하면서 인권연구소 '창' 류은숙 활동가의 강연을 종종 듣게 된다. 사실 강연이 좋아서 기회만 있으면 요청하기도 한다. 그가 강연 때마다 빠뜨리지 않고 하는 말이 있다. 「빵과 장미」이야기다.

켄 로치(Ken Loach) 감독의 영화로 유명한 「빵과 장미」는 노동자들의 생존과 존엄을 지키기 위해 투쟁하는 것을 의미하는 상징적 단어다. 실제 빵과 장미는 미국의 시인 제임스 오펜하임(James Oppenheim)의 시 제목이다. 그는 시카고 여성노동운동가들을 위해서 이 시를 썼다. 1912년 로렌스 직물노동자 파업 당시 "우리는 빵을 원한다. 그러나 장미도 원한다"라는 피켓을 들고 나온 것에서 영감을 얻었다고 한다. 1900년대 미국의 여성노동자들의 투쟁은 당시 백인 남성노동자 중심의 미국 노동운동계 내에서, 여성노동자 특히 여성 이주노동자의 노동조건 보장과 여성의 지위향상을 내건 투쟁이라는 측면에서 의미가 크다. 우리는 사회적 연대의 힘이 투쟁을 승리로 이끌었다는 데 더 주목한다.

주 60시간에 가까운 장시간 노동과 저임금에 시달리던 로렌스 지역의 여성 직물 노동자들. 그들은 생산 수단인 바늘과 실까지 노동자가 사야 할 정도로 힘겹게 일했다. 이런 상황에서 매사추세츠주가 여성과 아동노동자에 대한 노동시간을 단축했다. 이를 고깝게 생각한 공장주들이 임금삭감으로 맞대응하면서, 노동자들의 파업에 불을 질렀다. 여성노동자들은 임금인상과 잔업수당 인상, 임금삭감 없는 노동시간 단축을 내세우며 거리로 쏟아져 나왔다. 하지만 백인 남성 중심의 미국노동연맹에서는 이들을 외면했다. 주정부는 경찰병력으로 여성노동자들의 파업투쟁을 진압하기 시작했다. 그러나 수백 명으로 시작했던 여성노동자들의 파업은 세 달이 지나서도 지속됐고, 오히려 수천 명이 동참할 정도로 확산됐다. 이런 과정에서 두드러진 것은 지역연대의 힘이었다. 여성노동자들의 파업으로 그들의 어린 자녀들이 굶주리게 되자 지역에서 자발적으로 아이들을 맡아서 보살피겠다는 움직임이 일어났다. 파업하는 여성노동자들의 자녀들을 자신의 식탁으로 초대하기 시작한 것이다.

주정부와 공장주들은 식사 초대를 막으려고 혈안이 됐다. 급기야 기차역에서 파업 여성노동자와 아이들을 향해 무자비하게 폭력을 휘두른 사건이 벌어졌다. 이를 기점으로 로렌스지역 여성노동자 파업은 전 사회적 관심을 받게 된다. 연대의 분위기가 폭발적으로 일어나며 결국 이 투쟁은 승리했다. 연대의 힘이 당시 미국 사회의 가장 '밑바닥 노동자'였던 여성 이주노동자들의 투쟁을 승리로 귀결시킨 것이다.

**덧붙이는 글**
**「인권을 외치다」**

류은숙

서부여성들의 슬로건
"모든 이에게 빵을, 그리고 장미도"

제임스 오펜하임, 1912년

환한 아름다운 대낮에 행진, 행진을 하자.
헤아릴 수 없이 많은 컴컴한 부엌과 잿빛 공장 다락이
갑작스런 태양이 드러낸 광채를 받았네.
사람들이 우리가 노래하는 '빵과 장미를, 빵과 장미를'을 들었기 때문에.

우리는 행진하고 또 행진할 때 남성을 위해서도 싸운다네.
남성은 여성의 자식이고, 우린 그들을 다시 돌본다네.
태어나서 죽을 때까지 우린 착취당하지 말아야만 하는데,
마음과 몸이 모두 굶주리네. 빵을 달라. 장미를 달라.

우리가 행진하고 행진할 때 수많은 여성이 죽어 갔네.
그 옛날 빵을 달라던 여성의 노래를 울부짖으며,
고된 노동을 하는 여성의 영혼은 예술과 사랑과 아름다움을 잘 알지 못하지만.

그래, 우리는 빵을 위해 싸우지. 또 장미를 위해 싸우기도 하지.
우리가 행진을 계속하기에 위대한 날들이 온다네.
여성이 떨쳐 일어서면 인류가 떨쳐 일어서는 것.
한 사람의 안락을 위해 열 사람이 혹사당하는 고된 노동과 게으름이 더 이상 없네.
반면에 삶의 영광을 함께 나누네. 빵과 장미를 함께 나누네.

'연대'를 이야기할 때, 가장 먼저 떠오르는 것은 신영복 선생님의 "연대란 우산을 씌워 주는 것이 아니라 함께 비를 맞는 것이다"라는 구절이다. 누가 누구에게 우산을 씌워 주는 것이 아니라 자유롭고 평등한 구성원으로서 '인간 존엄'을 지키며 살아갈 수 있도록 서로의 아픔에 공감하고, 때론 함께 모욕을 견디며 대안을 모색하는 과정이 아닐까 싶다. 그런 의미에서 혹자는 연대의 목적은 정치적이어야 한다고 이야기한다. 이런 의미라면 희망연대노조의 '지역연대'는 다분히 정치적이다.

**사업장 담벼락을 넘어**

희망연대노조는 '지역사회운동노조'라는 지향을 실현하기 위해, 노조 설립 초기부터 사업장 담벼락을 넘기 위해 다양한 시도를 했다.

이미 고도로 발전한 자본의 움직임은 소위 '조직된 노동자'를 사업장 담벼락 안에 가둬 두기 위해 '여론'과 '시장화'로 치밀하게 대응해 왔다. '기업하기 좋은 나라' '기업하기 좋은 도시'를 만들겠다는 정부의 슬로건에 노동자는 없다. 고용의 유연화와 각종 세제혜택, 기간산업의 민영화 등 오로지 1% 재벌 자본만 있을 뿐이다. 더불어 노동자들도 '성과'로 포장된 자본의 사탕을 덥석 물거나, 정리해고를 받아들이면서 노동자 스스로 고립과 분열의 길을 택해 온 사실을 간과해서는 안 된다.

자본은 노조를 사회적으로 고립시키려 '배부른 정규직 노조'나 '귀족노조' '시민을 볼모로 한 불법파업' 등의 숱한 비난들을 퍼부으며 노동조합을 사업장 안에 가둬 놓는 데 성공했다. 민주노총 일부 간부의 비리를 대서특필하면서 노골적으로 부정적 이미지를 부각시키는

가 하면, 어용노조 사례를 보도하며 은근슬쩍 '노동조합은 다 그래' 식의 여론을 만들기도 했다.

노동조합의 대응은 더뎠다. 1987년 노동자 대투쟁 이후 산별노조 건설과 노동자 정치세력화라는 소위 '양 날개론'에 몰두하던 노동운동 진영은 어느새 정부와 자본의 '노동개악'을 막기 위해 발버둥치고 있는 상황이다. 더 나은 세계를 위한 대안적 모색은 더 이상 찾아보기 힘들다.

씨앤앰지부 파업투쟁을 마무리되면서 희망연대노조는 설립 초기부터 가져왔던 고민을 실천에 옮겼다. 조합원들과 지역이 만나는 접점을 어떻게 만들 것인가를 논의했다. 이러한 논의 과정에서 지역단체 활동가들을 초청해 의견을 나눴다. 지역단체도 방문하고 여러 차례 간담회를 진행하면서 큰 틀의 연대방안을 모색했다. 논의의 핵심은 지역에서 갖고 있는 노동에 대한 부정적인 시선을 어떻게 해소할 것인가로 모아졌다.

노동과 지역이 만나는 자리를 마련하면서 제일 많이 들었던 이야기 중 하나는 "노동조합은 필요할 때는 노동자 다 죽는다면서 연대를 호소하다가도 투쟁이 끝나면 지역에서 보이지 않는다"는 것이었다. 일상적인 연대와 지속적인 관계의 실종을 지적하는 말이다. 신뢰를 회복하기 위해서는 무엇보다 '약속'을 지키는 것이 우선이라는 생각이 들었다.

희망연대노조의 지역연대는 두 가지 축으로 진행됐다. 조합원들의 이타심으로 발현되는 '나눔' 형식의 지역연대사업(나눔연대사업)과 더불어 지역 현안에 연대해 투쟁하는 방식이다. 여기에는 임단협이라는 노사의 역학 관계를 활용해 '사회공헌기금'을 조성한 다음 지역사회와 함께 사업을 모색하는 방안도 포함돼 있었다.

## 사회공헌사업의 출발

희망연대노조는 일터의 근로조건 개선이나 임금인상만큼 지역사회의 연대를 어떻게 실현할 것인가에 많은 관심을 갖고 있다. 사회공헌기금은 그 결과다. 사회공헌기금은 임단협을 통해 '기업의 사회적책무'와 노동조합의 '지역사회 나눔 실현' 측면에서 도입됐다. 2011년 씨앤앰지부의 임단협 요구안으로 사회공헌기금 출연을 요청한 것이 첫 시도였다. 기금 조성 첫 해, 1억5천만원이 쌓였다. 이듬해 기금은 3억원으로 늘었다. 당시 씨앤앰지부 조합원 임금의 1%에 맞먹는 비율이다. 씨앤앰지부 조합원들의 사회공헌사업에 거는 기대와 자부심을 확인할 수 있다.

임금인상도 중요하지만 몇 년째 지속돼 온 노동조합의 사회공헌사업이 자신들이 일하고 있는 일터에서 보다 확장되기를 희망하는 마음의 표현이었다. 그러하기에 기꺼이 노동조합의 우선순위 임단협 요구안으로 회사측에 요청할 수 있었다. 교섭을 하면서 씨앤앰지부는 사회공헌기금의 확보야말로 절대 양보할 수 없는 사안이라고 회사측에 전달했다. 2015년 씨앤앰지부 임단협 교섭 과정에서도 2016년 사회공헌기금을 예년과 동일하게 확보했다. 당시 매각을 염두에 두고 현금보유고를 늘리려 했던 씨앤앰은 끝까지 이 요구안만은 받아들이기 어렵다고 고집했지만 씨앤앰지부의 강경한 대응으로 결국 회사가 출연하는 것으로 합의됐다. 씨앤앰지부 조합원들의 확고한 신념이 없었다면 불가능한 일이었을 것이다.

희망연대노조 지역연대사업 논의 초기에는 지역연대와 나눔연대가 명확하게 정의되지 않았다. 조합원들은 '나눔활동'을 통한 지역사회연대의 개념 정도로 인식했다. 씨앤앰지부 임단협이 타결되면서 사회공헌기금이 확보되고, 본격적인 사업에 착수했다. 어떻게 하면 조합원들과 이 사업을 함께할 수 있을 것인가에 대한 논의도 본격화했다.

2011년 희망연대노조 정기총회에서는 이와 관련해 중요한 결정들이 이뤄졌다. 그해 사업계획으로 지역연대사업 추진을 결의한 것이다. 이후 희망연대노조 운영위원회에서 몇 차례 걸쳐 지역연대사업 계획을 논의했다. 이 과정에서 서울 성북과 강동 지역의 지역아동센터에 대한 지원을 비롯해 아동청소년 교육복지와 관련된 사업을 지역 단체들과 함께 전개하는 방안이 주요하게 검토됐다. 씨앤앰지부 쟁의대책위원 수련회에서 사업방향과 계획을 간략히 공유하는 시간이 있었다. 이 자리에 성북 지역 사회단체 활동가들이 참여해 지역 아동청소년 교육복지 현황과 관련 사업의 필요성에 대해 이야기를 나눴다.

## 2011년 성북·강동 지역 단체들과의 첫 만남

사회공헌기금 관련 논의가 본격화될 즈음, 희망연대노조는 서울 성북 지역과 강동 지역 단체 관계자들과 만났다. 주로 지역아동센터나 지역 교육복지·나눔사업단체들이다. 단체 현황과 활동을 공유한 후 지역에서 필요로 하는 사업이나 재정지원 관련한 부분을 구체적으로 논의했다.

성북 지역의 경우 '성북지역 아동청소년네트워크'가 이미 구성돼 있었다. 여기에는 26개 지역아동센터가 가입한 지역아동센터성북협의회와 어린이도서관, 청소년자활지원단체, 교육운동단체가 결합해 활동하고 있었다. 성북 지역은 운동 성향이 있는 풀뿌리 단체들이 모여 '교육운동'을 통한 지역운동을 펼치고 있었다. 그들은 희망연대노조가 지역연대를 위한 첫발을 디뎠을 때 두 팔 벌려 환영했다. 그들이 먼저 노풀연대(노동조합과 풀뿌리 지역단체 간 연대)의 단초를 마련할 수 있을 것이라는 기대감을 한껏 표현해 줬다.

강동 지역에는 6개 지역아동센터를 비롯한 지역 내 사회단체들이 '강동키움네트워크 준비위원회'를 구성하고 지역적 차원의 교육복지 연대활동을 전개하기 위한 사업을 준비하고 있었다. 당시 지역아동센터 서울시지원단에서는 아동돌봄을 지역사회에서 체계화하고, 자원들의 효과적인 연계를 통해 소외되는 아이들이 없도록, 그리고 아이들의 건강한 성장과 발달을 지원하기 위한 시스템으로서 지역사회네트워크 결성을 적극 돕고 있었다. 희망연대노조는 지역아동센터 서울시지원단의 자문을 받아 강동키움네트워크 준비위원회측과 만났다.

2011년 희망연대노조는 성북과 강동의 2개 네트워크에 협력단체로 참여하면서 지역연대사업의 보조를 맞춰 가기 시작했다.

**사회공헌기금 마련하다**

희망연대노조의 지역나눔연대를 말할 때 빼놓을 수 없는 것이 사회공헌기금이다. 사회공헌기금이 현실화된 것은 씨앤앰지부 임단협이 2011년 6월에 마무리되면서다. 그해 단체협약에 "노사 공동의 사회공헌활동"을 명시했다. 씨앤앰 노사는 특히 성북과 강동 지역을 포함해 4곳을 대상 지역으로 선정하고 지역아동센터에 대한 지원사업을 노사 공동으로 벌인다는 데 합의했다. 이를 위해 회사측이 3억원의 기금을 조성하기로 했다. 기금 사용과 노사 공동 사회공헌활동의 구체적 내용에 대해서는 추가 교섭을 통해 윤곽을 잡았는데 '회사는 노조가 지정하는 곳에 재원을 지원한다'는 내용이 골자다. 노조는 이어 그해 9월 2일 진행된 하루주점을 통해 얻은 수익금의 60%를 지역연대사업기금으로 확보했다. 지역사업의 첫발을 내디딘 순간이었다.

## 사회공헌사업의 네 가지 방향

2011년 지역연대사업, 즉 나눔사업의 방향은 네 가지로 요약할 수 있다.

첫째, 조합원들이 '주체'로 즐겁게 참여하는 것이다. 씨앤앰지부의 임단협 성과로 따낸 사회공헌기금을 이용해 지역사회단체들의 사업에 재정적 지원을 하거나 노동조합 간부들이 중심이 된 상층연대는 의미가 없다. 조합원들이 자원봉사나 단체와의 결연, 공동투쟁 등 다양한 형태로 결합하면서 이 과정에서 스스로 보람과 즐거움을 느낄 수 있어야 한다. 이를 위해 지부–지회에서 조합원들과 함께 지역연대사업에 관한 토론을 진행하면서 공감대를 형성해 나갔다. 조합원들의 창의적 아이디어와 문제의식들이 최대한 존중하면서 사업을 풀어 갔다.

둘째, 시혜적 차원의 지원이 아니라 상호 연대 속에서 공동사업을 추진해야 한다는 점을 명확히 했다. 연대는 우리가 가진 것이 많아서, 불쌍한 사람들이니까 '도움을 베푼다'는 개념이 아니다. 누구나 어려운 상황에 처할 수 있다는 공감, 그런 어려움을 초래한 사회의 구조적 문제를 개선하려는 공통의 목표, 일방적으로 도움을 주는 것이 아니라 서로에게 필요한 것을 나누고 지원하는 상호적 관계가 필요하다. 따라서 상호연대·지원하는 과정에서 서로에게 도움이 되고 함께 성장할 수 있는 방향으로 공동사업을 추진해야 한다.

셋째, 일상적이고 지속적인 사업으로 중장기적인 안목을 가지고 추진해야 한다. 한 번 지원해 주고 그치는 것이 아니라 꾸준히 관계를 형성하면서 지속적·일상적 사업으로 만들어 가야 한다. 중장기적으로 연대의 폭을 넓혀 나갈 수 있도록 해야 한다.

넷째, 집중점을 형성하고 모범적 사례를 만들면서 확장해 간다. 한꺼번에 많은 지역에서 많은 사업을 벌이는 것이 아니라, 가능한 지역에서 지역사회연대의 모범적 사례를 만들어 내고, 우리 자신도 경험과 역량을 쌓아 나가야 한다. 실제로 2011년에 강동 지역과 성북 지역에서 출발한 사회공헌사업은 2015년 현재 서울·수도권 11개 지역으로 확산됐다. 사단법인 희망씨가 주최가 돼서 과일나눔사업을 전개하는 지역도 생겼다. 이제 희망연대노조만의 사업이 아니다. 다른 노동조합도 함께할 수 있도록 지역나눔사업은 계속 뻗어 나가야 한다.

**아동청소년에 주목하다**

'한 아이를 키우려면 온 마을이 필요하다'라는 아프리카 속담이 있다. 아이들의 건강한 성장과 발달을 위해서는 지역사회 공통의 노력이 필요하다. 요즘처럼 1세대 가구가 보편화된 상황에서는 특히 그렇다. 특히나 부모의 '노동'이 불안정한 구조에서는 더욱 그렇다. 대물림되는 가난은 공부할 기회, 건강, 사회적 관계까지 가리지 않고 나타난다. 한 아이가 '문제아' 혹은 '왕따'가 되는 이유는 국가가 당연히 보장해야 할 기본적인 사회권(주거권·교육권·건강권)이 보장되지 않아서다. 아동청소년의 어려움에 공감하고, 지역사회의 지원시스템을 함께 만들어 가기 위해 노력하는 것 자체가 지역과 노동조합이 다양하게 만날 수 있는 매개가 될 것이라고 희망연대노조는 판단했다.

희망연대노조는 지역의 아동청소년에 대한 방과후 돌봄을 하고 있는 지역아동센터에 먼저 문을 두드렸다. 지역아동센터는 저소득층 가정의 아이들에 대해 방과 후 학습 지원과 돌봄을 실행하는 공간으로서, 서울시의 각 자치구마다 적게는 5~6개에서 많게는 수십 개가 분포해 있다. 지역아동센터를 직접 방문하여 교류 방안을 모색하기도 하고, 지역아동센터 서울시지원단과의 정기적인 만남을 통해 지역사회 내에서 다층적인 네트워크 구성에 대한 의견을 나누기도 했다.

아동청소년 지원 활동의 고유한 특수성 때문에 지역사회 지역아동센터를 매개로 한 지역의 교육·복지·나눔사업을 하는 사회단체들이 네트워크를 구성하기도 한다. 아직 네트워크를 구성하지 않았지만 필요성에 공감하는 지역도 많다. 아동청소년 관련 활동에 대해 노동조합이 알면 얼마나 알겠는가. 아동청소년 사업을 하면서 지역과 공감을 넓히는 과정은 자연스럽게 지역의 풀뿌리 사회단체들과 만나 관계를 형성하는 계기가 됐다. 사회적 박탈감과 소외감을 느끼거나 경제적인 어려움을 겪고 있는 아이들이 행복하게 자라 건강한 사회인(노동자)가 될 수 있도록 지원하는 것은 건강한 사회를 위해서도, 건강한 노동자의 재생산을 위해서도 필요한 활동이다. 그래서 희망연대노조는 아동청소년 관련 영역에서 사회공헌사업을 시작했다.

덧붙일 이야기가 하나 있다. 서울시에서는 2012년부터 서울시 중점사업으로 명예지역아동센터장을 위촉하고 있다. 2015년 지역아동센터 서울시지원단 추천으로 희망연대노조 전현직 간부 20명이 서울시 명예지역아동센터장으로 위촉되는 뜻깊은 사건이 일어났다. 명예지역아동센터장이 된 전현직 간부들은 사는 곳 혹은 일하는 곳으로 각각 배치됐다. 2년의 임기 동안 지역과 밀접하게 호흡할 수 있을 것으로 기대된다.

**사회공헌사업의 성장**

2011년부터 2016년 현재까지 사회공헌사업으로 총 16억5천만원이 투여됐다. 대상 지역은 2곳에서 이제 11곳으로 확장됐다. 어떻게 성장할 수 있었을까.

2011년 씨앤앰지부 임단협의 성과로 총 3억원의 사회공헌기금을 마련했다. 2011년 1억5천만원, 2012년 1억5천만원이 각각 지원됐다. 지역나눔사업의 종잣돈이 모이자 희망연대노조는 성북 지역과 강동 지역을 시작으로 본격적인 노사 공동 사회공헌사업에 들어갔다.

2011년 초, 성북 지역에는 교육복지 네트워크 논의가 활발했다. 희망연대노조도 하나의 주체로 참여했다. 지역의 아동청소년 교육·복지·돌봄 영역의 모든 단체를 포괄하는 '성북아동청소년네트워크'라는 네트워크가 구성됐다. 비슷한 시기, 강동 지역 역시 아동청소년의 성장과 발달을 지원하는 민간네트워크를 구성할 것을 고민하고 있었다. 희망연대노조가 결합하면서 '강동희망키움넷'이 창립됐다. 첫해에는 성북과 강동 지역의 네트워크 지원 외에도 남양주 하늘소 장난감도서관 지원, 구로 지역의 푸른지역아동센터 도서지원 등 개별 단체에 대한 지원도 이뤄졌다. 그러나 연대관계를 형성할 정도로 실질적인 활동은 이뤄지지 않았다.

2011년부터 정기적인 만남을 지속해 오던 지역아동센터 서울시지원단과 논의해 2012년 하반기에는 구로, 용산, 송파, 성동 지역까지 사업을 넓혔다.[1] 아울러 전국지역아동센터교사협의회에 대한 지원도 했다. 지역에서 실질적인 사업은 2013년에 본격화됐다. 2013년은 씨

---

[1] 2013년에는 지역아동센터 서울시지원단과 희망연대노조가 보다 밀접한 협력관계를 유지하기 위해 '협약'을 체결하기도 했다.

앤앰 비정규직으로 구성된 케이블방송비정규직지부와 케이블방송비정규직티브로드지부가 설립되고 투쟁에서 승리한 중요한 해다. 그해 티브로드 협력사협의회와 티브로드지부가 함께 노사공동 사회공헌사업을 진행하기로 임단협을 통해 확약했다. 이는 2014년 사회공헌사업을 경기 지역까지 확산하는 계기가 됐다.

  2014년에는 전체 사업비가 6억원에 달했다. 씨앤앰 노사의 사회공헌 사업비 3억원과 티브로드 협력사협의회와 지부의 사회공헌사업비 3억원이 모아졌다. 사업 지역도 서울·수도권 11개 지역[2]으로 늘면서 사회공헌사업이 급격하게 성장했다. 같은 해 씨앤앰 사회공헌사업비로 네팔 포카라 지역에 '희망학교'를 건립하고 운영을 지원하는 활동도 전개했다.

  씨앤앰 사회공헌사업 사업지역 및 사업내용, 사업비는 2015년에도 거의 비슷했다. 그러나 티브로드 사회공헌사업은 티브로드 사측의 거부로 2015년 추가기금 조성 없이 2014년 잔여기금으로 사업이 집행됐다. 사업지역은 2014년과 동일하다.

---

2 씨앤앰 사업 지역(성북, 성동광진, 강동, 송파, 구로, 남양주), 티브로드 사업 지역(노원, 강북, 강서, 안양, 안산)

## 언론보도
### 강동구, 돌봄 필요한 어린이 위한 심리·정서 지원 협약

노용석 기자
2011.10.20

서울 강동구(구청장 이해식)는 사회적으로 돌봄이 필요한 아동, 청소년들이 안전한 환경에서 건강하게 성장할 수 있는 심리 정서 지원을 위해 강동희망키움네트워크(이하 키움넷), ㈜씨앤앰, 희망연대노동조합과 지난 19일 상호교류 협약을 체결했다고 20일 밝혔다.

키움넷은 '강동시민연대, 강동송파교육희망네트워크, 강동희망나눔센터, 열린사회강동송파시민회, 어린이책시민연대강동지회, 천일어린이도서관웃는책, 한살림동부지부, 강동 지역아동복지센터'의 지역사회 8개 기관이 참여한다.

협약식에서는 사회적 돌봄이 필요한 아동, 청소년을 '심리, 정서적 지원, 몸튼튼, 마음튼튼 사업' 등을 통해 적극적으로 돌봄으로써 취약계층 아동들이 미래 사회구성원으로 건강하게 성장할 수 있도록 상호 협력키로 했다.

이에 키움넷은 사업운영 전반, ㈜씨앤앰과 희망연대노조는 재정지원 및 사업 활성화를 구에서는 효과적인 사업수행을 위한 행정지원을 약속했다.

마을과 노동, 희망으로 엮다

한편 강동구는 지난 6월 16일 강동구 지역아동센터연합회 주관으로 '나홀로 방임 아동, 청소년 안전망 구축'을 위한 토론회를 열어 방임아동에 대한 심각성을 인식하고 해결 방안을 함께 고민하는 자리를 가지기도 했다.

강동구는 이번 협약식을 바탕으로 사회적으로 돌봄이 필요한 아동문제 해결을 위한 지역사회의 관심을 유도하고 탄탄한 복지네트워크를 구성해 나간다는 방침이다.

출처 : 읽고싶은뉴스 더리더(www.theleader.kr)

## 사회공헌사업의 진행방식

희망연대노조의 사회공헌사업은 대기업의 사회공헌사업과 본질적으로 다르다. '기금'만 지원하는 형식이 아니라 낮은 곳으로의 연대를 실천하고 있다. '관계맺기'를 가장 중심에 두며, 함께 참여하는 사회공헌사업이다.

중요한 점은 기금의 성격이 경직되지 않았다는 것이다. 희망연대노조의 사회공헌사업은 노동조합이 주관하지만, 회사와 협의하는 과정을 거쳐 진행되는 사업이다. 노동조합이 지역별 사업단 주체로 참여해 함께 논의하고 실천하고 만들어 간다. 그리고 각 지역별 사업들에 대한 기금의 쓰임새를 누구보다 잘 알고 있다. 기금운영의 투명성이나 시의적절성에 대해 사업단 주체들이 함께 판단하고 있다. 때문에 각각의 사업단은 독자적으로 사업의 지속성과 변경, 중단 등을 판단하고 결정할 수 있고, 사업의 책임성 또한 주체들에게 있다.

사업 지역을 선정할 때에는 조합원들이 많이 거주하고 있거나 노동조합 활동이 활발한 지역을 선택한다. 희망연대노조 조합원들이 지역사회에 일상적인 '나눔활동'에 참여를 조직적으로 뒷받침하기 위해서다.

보통 사업은 이런 방식으로 진행된다. 해당 지역의 아동청소년 관련 주요 활동을 하는 핵심단체를 찾아가 취지를 설명하고, 함께 사업을 펼쳐 나갈 수 있는 지역단체들과의 간담회 자리를 요청한다. 몇 차례의 간담회 등을 통하여 지역별 특성에 맞는 사업 대상과 사업 내용을 확정한다. 이후 '○○지역 사업단' 형태의 조직을 발족하고, 사업을 시작하는 과정을 밟는다.

사업 과정에서 노동조합이 지역사회 네트워크 구성을 강조하는 이유는 명확하다. 첫 번째로 지역과 노동의 만남은 일방적인 시혜가 아닌 쌍방향으로 소통하는 연대의 관계를 믿음으로 만들어 가는 것이 무엇보다 중요하다는 확신 때문이다. 두 번째는 네트워크 형태. 이를 통해 노동조합과 조합원의 참여가 가능해진다. 지역사회와 직접 소통하고, 대면하는 과정을 통해 자연스럽게 '더불어 사는 삶'에 대한 가치는 높아질 수 있다.

사업단에서 노동조합은 주로 사업단을 지원하거나, '노동인권' 교육을 하는 주체 역할을 맡고 있다. 청소년, 학부모, 아동청소년을 돌보고 있는 교사 등 다양한 사람들을 만나 노동에 대해 이야기하며 노동에 대한 부정적 인식을 개선하는 역할을 한다. 조합원들은 다양한 형태로 사업에 참여한다. 해당 지역에서 살거나 일하는 조합원들은 자신의 자녀들 역시 지역사회의 아동청소년이기 때문에 관심 있는 사업에 적극적으로 참여한다. 또한 강동 지역의 '희망의 집수리'[1]나, 강서 지역의 '이주노동자 의료지원사업'[2], 성동 지역의 '푸른아이 성장교실'[3] 등의 사업이 진행될

---

1    희망연대노조 지역연대 소모임이었던 희망C가 주축이 돼 2012년부터 진행한 사업이다. 매월 둘째주 토요일에 정기적으로 집수리 자원봉사 활동을 하고 있다. 2015년 현재 노조의 문화인문소모임인 '놀깨'와 사단법인 희망씨가 주체가 돼 4째째 사업을 이어 오고 있다.

2    티브로드 노사의 사회공헌사업으로 2014년 실시됐다.

3    2013년 성동 지역에서 진행됐던 사업이다. 초등학생들을 모집해, 격주로 요리와 놀이를 통한 심리정서지원 활동을 벌였다. 부모를 상대로 노동인권교육도 동시에 진행했다.

때 자원봉사자로 참여하기도 한다.

강서 지역의 사업은 희망연대노조 사회공헌기금으로 시작하고 '강서양천민중의집 사람과공간'이 매개가 돼 이화의료원지부, SH공사집단에너지사업단노조, 금속노조 삼성전자서비스지회 등 지역 노동조합들이 참여해 지역 공동의 사업단으로 자리매김했다. 2013년 성동 지역에서 진행된 '푸른아이 성장교실'의 경우는 지역의 전교조 조합원들이 놀이 강사로서 사업에 결합했다. 경기 남양주 지역 역시 '목공교실'을 진행하는 과정에 전교조 조합원들이 목공지도와 장소를 제공해 줬다.

이렇듯 희망연대노조 사회공헌사업은 지역의 단체들뿐만 아니라 지역의 노동조합과 연대할 수 있는 틀거리를 제공한다. 지역사회에서 다양한 '관계'를 다층적으로 구성하는 계기를 만들고 있다 해도 과언이 아니다. 이 역시 네트워크 형태의 사회공헌사업이 아니었으면 이룰 수 없었을 성과다.

2014년 남양주 레인보우힐링캠프

2015년 강동 텃밭 가꾸기

2015년 강동 희망의 집수리

2015년 안양 과일나눔

2014년 강서 의료지원사업

사업장 담벼락을 넘어 지역과 더불어

**다양한 부문과 영역, 지역사회로 나오다**

희망연대노조의 사회공헌사업은 한마디로 유연하다. 사업내용도 다양하고 사업단의 형태도 다채롭다. 하지만 그 중심에는 조합원들이 함께하는 사업으로 만들어간다는 원칙이 확고하게 서 있다. 사실 이 과정은 생각만큼 쉽지 않다.

그럼에도 사업이 지속되는 이유는 '노동과 지역이 만나는 연결고리'라는 가장 큰 전제를 덮어 두더라도 실질적으로 지역사회에 도움이 되고 있다는 사실이 순간순간 확인되기 때문이다.

남양주와 성동 지역이 대표적이다. 네트워크 형태의 지원사업이 이뤄지다 보니, 장애인가정 당사자들에게는 지역사회로 발을 내딛는 계기가 되고, 지역주민에게는 장애에 대한 인식이 개선되는 효과가 나타났다. 사업을 진행하면서 가장 놀랐던 점은 장애가정의 변화다. 그들의 얼굴에 당당함과 자신감이 깃들었다. 그리고 함께 참여하는 이들도

"사람은 서로 다르지 않구나!" "모두 그만큼의 어려움은 다 가지고 있구나!" 하며 서로의 아픔에 공감하고 연대하는 시간이 됐다.

"예전에는 그냥 동네 케이블방송 아저씨였다. 한국 사회의 노동조합 이런 것에 관심도 없었다. 그런데 서로를 알게 됐고, 누구누구네 아빠가 차가운 길거리에서 노숙농성을 하고 있다는 소식을 들으면 너무 가슴이 아팠다."

2014년 케이블 노동자 투쟁 과정을 지켜보며, 남양주 지역에서 조합원들과 캠프를 같이 떠났던 결혼 이주민 여성의 말이다. 만남이 서로를 격하게 이해하고 포용하는 힘을 준 것이다.

네트워크 방식의 사회공헌사업은 지역의 다양한 노동조합과 풀

뿌리단체가 만나는 계기를 제공했다. 물론 네트워크라는 특성상 운영이 잘못될 경우 책임주체가 명확하지 않다는 단점도 존재한다. 이를 보완하기 위해 각 사업단에서 사업단장과 코디네이터를 선정해 사업이 책임있게 집행되도록 하고 있다. 이 과정을 통해 사업단은 자립기반을 만들어 가며 실질적인 지역 민간 네트워크로서 위상을 가질 수 있다.

지금까지의 과정이 순탄한 것은 아니었다. 숱한 어려움이 있었다. 지역사회 안에서도 뜻이 맞지 않는 단체들이 있기 마련이고, 노동조합과 사업하는 것에 대한 부담감을 직접적으로 혹은 간접적으로 표현하는 곳도 있었다. 일부 지역에서는 "사업이 충분한 논의 없이 진행됐다"며 불편함을 표현하기도 했다. 생각만큼 조합원 참여가 많지 않아 우려를 제기하는 지역도 있었다. 그러한 과정을 두루두루 거치면서 희망연대노조도 지역사회와 호흡하는 법을 배우게 됐다.

특히 나눔사업에 함께하는 조합원들의 변화를 주목하지 않을 수 없다. 노동조합의 담벼락을 넘어 지역과 더불어 사는 연대를 만들고자 진행한 사업이 노동조합에 대한 신뢰와 믿음으로 돌아오고 있다. 투쟁이 '내 것만을 위한' 것이 아닌 '더불어 나누는' 실천과 연대를 향해 가고 있음을 다시 한 번 느낄 수 있었다.

**사회공헌사업을 진행하면서 어려웠던 이야기**

네트워크 방식의 사회공헌사업이 매 순간 순조로웠던 것은 아니다. 티브로드 사회공헌사업이 급하게 추진되면서 지역과 공유하고 논의하는 시간이 부족했던 측면이 있다. 희망연대노조가 왜 사회공헌사업을 하는지 충분히 소통하지 못한 채 사업을 펼치다 보니 진행 과정에 크고 작은 어려움들이 나타났다. 네트워크를 구성하는 과정, 지역에 필요한 사업을 선정하는 과정 그리고 함께 연대하는 과정에서 그랬다. 어쨌든 어려움을 딛고 서로가 익숙해질 무렵, 티브로드 회사측의 거부로 사회공헌사업이 중단돼 아쉬움이 더 컸다.

티브로드 사회공헌사업에서의 또 하나의 어려움은 '조합원 참여' 부분이다. 티브로드 역시 처음에는 권역별 조합원 회의에서 사업의 내용에 대한 의견을 모으고, 지회별로 사업을 추진할 연대차장을 선출하는 등 의욕을 보였다. 그러나 2014년 임단협 투쟁이 공격적 직장폐쇄로 이어지면서 조합원들이 지역에서 어떤 일을 진행하고 실천하기가 매우 어려운 구조로 흘러가기 시작했다. 물론 그 속에서도 틈틈이 이주노동자 의료지원사업 등에 자원봉사 활동을 하는 조합원들도 있었다. 하지만 티브로드 본사 앞에서 노조의 사활을 건 투쟁에 대다수 조합원들이 집중하고 있어 애초에 그렸던, 그리고 지역과 약속했던 사업을 추진하는 데 큰 어려움이 존재했다.

지역단체들과 사업에 대한 공유와 공감의 부족, 준비했던 것만큼의 조합원 참여가 어려웠던 투쟁의 과정, 지역사회에 대한 노동조합의 이해 부족, 사측의 완강한 저항 등으로 티브로드 사회공헌사업은 사업진행에 여러 가지 우여곡절을 겪었다. 그럼에도 어려움을 하나씩 극복하면서 지금에 이르기까지 한발 한발 전진할 수 있었던 것은 끊임없는 서로 소통하고 공감하려는 노력이 있었기 때문이다. 작은 발걸음부터 함께한다는 이해와 노력이 존재할 때 지역과 노동은 한층 가까워질 수 있다. 희망연대노조 사회공헌사업은 이를 몸소 배울 수 있는 소중한 기회가 됐다.

## 사회공헌사업단 연석회의

각 지역별 사회공헌사업단의 내용을 공유하고, 노동조합 간부들과 소통하기 위해 희망연대노조는 '사회공헌사업단 연석회의'를 운영하고 있다. 연석회의는 2012년 희망연대노조의 사회공헌사업 보고대회 및 토론회를 계기로 2013년부터 본격적으로 시작됐다. 연석회의에는 각 지역별 사업 주체들과 노동조합의 현장 간부들-해당 지역별 지회장까지 포함한-이 참여한다. 서로의 사업 내용을 공유하고, 지역에서 만날 수 있도록 하는 것을 일차적 목표로 삼았다. 사업단마다 희망연대노조의 사회공헌사업에 대한 이해가 다르고, 특히 네트워크 방식의 사업에 대한 이해의 편차가 존재하기 때문에 이를 통일하기 위해서라도 연석회의가 반드시 필요했다.

연석회의는 조합원들과 지역 사회의 결합 방법을 마련하고, 조합원들이 참여할 수 있도록 지역별 사업의 수준을 맞추는 역할도 했다. 노동조합 상황에 따라 격월 혹은 분기별로 회의를 했다.

연석회의에서는 해마다 사업을 총괄·정리·평가하는 보고대회와 토론회를 한다. 토론 주제는 주로 "희망연대노조 조합원의 사회공헌사업 결합 방안"이다. 현장 간부들과 지역단체가 함께 '희망연대노조 조합원들이 활발하게 사업에 참여할 수 있는 방법은 무엇일까' 고민하고 의견을 나눈다. 이를 통해 눈에 띄는 변화들이 나타났다. 2014년부터 각 사업단별로 희망연대노조 조합원과 함께하는 프로그램들이 늘어나기 시작한 것이다. 조합원들이 객체가 아니라 프로그램 주체로 참여할 수 있는 방안을 마련하고자 노력했던 것들이 드디어 빛을 보게 된 것이다.

## 조합원 참여후기

### 1

'완전' 좋았습니다. 전에 저는 사회공헌기금이란 게 뭔지 몰랐어요. 노조 하면서 내가 할 수 있는 일이 있구나, 나도 누군가를 도와줄 수 있구나 하는 생각에 정말 뜻깊은 하루였어요. 전에는 몰랐는데 지금은 노조하길 참 잘 했다고 생각이 들어요. 임단협 결과에 약간 실망은 했었지만 그런것 쯤 이제 훌훌 털어버리게 됐습니다. 다음 임단협에는 꼭 사회공헌기금을 만들어가요. 임금 못 올리더라도 사회공헌기금은 이제 양보 못합니다.

강동 텃밭 모임에 참여한 SK브로드밴드 조합원

### 2

과일나눔사업을 하면서 학생들을 만나 앞으로 무엇을 해야 더 친밀해질 수 있는지에 대해 이러저런 이야기를 나눴어요. 그리고 좋은책 추천하기, 함께 영화보기 등 학생들과 함께 밑그림을 그려 봤습니다. 함께한다는 점, 공통점을 찾아간다는 점에서 우리의 투쟁과 많이 닮았네요. 이런 게 삶이겠지요.

안양군포 지역 과일나눔 사업에 참여한 간부

2015년 희망연대노조 사회공헌사업 보고대회

2014년 희망연대노조 사회공헌 사업보고대회

사업장 담벼락을 넘어 지역과 더불어

〖 희망연대노동조합 사회공헌 사업 지역별 참여 단위 〗

| 지역 | 사업 시작 연도 | 결합단위 (2015년 기준) | 결합 지부(지회) | 특이사항 |
|---|---|---|---|---|
| 강동 | 2011년 하반기 | 강동희망키움네트워크 | 씨앤앰지부 | |
| | | 참여기관 : 어린이책시민연대 강동지회, 강동시민연대, 열린사회강동송파시민회, 강동송파교육희망네트워크, 한살림동부지부, 강동희망나눔센터, 북소리 (책읽어주기 자원활동가 동아리), 개인참여 | 강동송파지회 | |
| | | 협력기관 : 강동지역아동복지센터, 굿네이버스 강동지부, 천일도서관 웃는책, 건강사회를 위한 치과의사회 | | |
| | | 협약기관 : 강동구, 희망연대노동조합, (주)씨앤앰 | | |
| 성북 | 2011년 하반기 | 성북아동청소년네트워크 | 케이블방송 | |
| | | 강북성북교육희망네트워크, 길음종합사회복지관, 나눔과미래, 나무와 열매, 놀이나무(주), 마음복지관, 마음새미술치료센터, 생명의 전화 종합사회복지관, 서울우리내과, 서울북부두레생협, 성북교육복지센터, 성북나눔연대, 성북나눔의 집, 성북작은도서관네트워크, 성북지역아동센터협의회, 성북청소년자활지원관, 시민모임즐거운교육상상, 에듀닥터바른배움(주), 월곡교회, 인디학교, 작은문화공동체 다솔, 장애인문화예술관, 장애인배움터너른마당, 장위종합사회복지관, 청소년희망재단, 키득키득맘키드, 풍경소리, 하나다문화센터 다린, 하름이 청소년 성문화센터, 희망연대노동조합, 개인참여 | 비정규직지부 팀스지회 | |

| 지역 | 사업 시작 연도 | 결합단위 (2015년 기준) | 결합 지부(지회) | 특이사항 |
|---|---|---|---|---|
| 광진 성동 | 2012년 하반기 | 광진성동 두근두근 뚝섬넷 | 케이블방송 비정규직지부 | |
| | | 도깨비방망이 지역아동센터, 성동근로자복지센터, 서울동부비정규노동센터, (사)희망씨, | 이플러스지회 | |
| | | 두근두근인권탐험대, 성동장애인자립생활지원센터, | 케이블방송 | |
| | | 즐거운청년커뮤니티 e끌림, 성동겨레하나, 성동책모임, | 비정규직 | |
| | | 광진주민연대, 광진장애인부모회, 희망연대노동조합, | 티브로드지부 | |
| | | 개인참여 | 광진성동지회 | |
| 구로 | 2013년 | 구로지역아동센터협의회 | | |
| 용산 | 2013년 | 용산아동복지네트워크(준) : 2013년 현재 | 씨앤앰지부 중부기술지회 중부마케팅 지회 | 사업종료 |
| 남양주 | 2014년 | 희망어울림 사업단 | 씨앤앰지부 경동지회 | |
| | | (사)새누리장애인부모연대, 남양주시 외국인복지센터, 남양주YMCA, 전국교직원노동조합 구리남양주지회, 희망연대노동조합 | 케이블방송 비정규직지부 기가지회 | |
| | | • 협력하는 단체 : 남양주사회적기업협의회 외 | | |
| 송파 | 2014년 | 송파 아동청소년 지원네트워크 | 씨앤앰지부 | |
| | | 송파시민연대, 즐거운 가, 희망연대노동조합, (사)희망씨, 개인참여 | 강동송파지회 텔레웍스지회 | |
| 안양 | 2014년 | 안양군포의왕 아동청소년사업단(2014년 현재) | 케이블방송 | 2015년 |
| | | 대안과 나눔, 난치병아동돕기 희망세움터, | 비정규직 | 2개 단체 |
| | | 인생나자 작업장 사회적협동조합, | 티브로드지부 | 지원 |
| | | 아시아의 창, 뇌병변장애자녀부모회 열손가락, | 안양권역 | |
| | | 안양군포비정규직센터, 푸른어린이도서관, | 4개 지회 | |

| 지역 | 사업 시작 연도 | 결합단위 (2015년 기준) | 결합 지부(지회) | 특이사항 |
|---|---|---|---|---|
| 안산 | 2014년 | 안산지역 취약계층지원 자녀학습 및 반찬지원 사업단 '아이♥찬' | 케이블방송 비정규직 티브로드지부 안산권역 3개 지회 | 2015년 현재 사업단 회의 격월 진행 |
| | | 안산·시흥지역노동자생활공제회(준), 밥심소풍가 협동조합, (사)안산여성노동자회, 안산의료복지사회적협동조합, 안산·시흥비정규노동센터, 신나는 문화학교 자바르떼, 희망연대노동조합, 안산·시흥비정규네트워크, 안산지역청소년노동인권교육 강사네트워크, 안산지역 성평등교육강사단 | | |
| 노원 | 2014년 | 노원희망자람사업단 | 케이블방송 비정규직 티브로드지부 도봉노원지회 | |
| | | 노원구지역아동센터협의회, (사)희망씨, 노원노동복지센터, 노원청소년자활지원관, 노원도시농업네트워크, 마들창조학교, 어린이책시민연대 노원지회, 함께 노원 함께걸음의료복지사회적협동조합, 희망연대노조힐링협동조합, 느티나무 <숲이랑> | | |
| 강북 | 2014년 | 강북 사업단 | 케이블방송 비정규직 티브로드지부 강북기술지회 | |
| | | (사)녹색마을사람들, 강북교육복지센터, 강북교육지원센터 도깨비, 두루두루배움터, 마을예술창작소 다락방, 배움터 이다, 산 지역아동센터, 서울시립 강북 I will센터, 열린사회북부시민회, 작은도서관 함께놀자, 해든 마음돌봄사회적협동조합, 희망연대노동조합 티브로드지부 | | |
| | | 강서양천 행복나눔사업단 | | |

마을과 노동, 희망으로 엮다

| 지역 | 사업 시작 연도 | 결합단위 (2015년 기준) | 결합 지부(지회) | 특이사항 |
|---|---|---|---|---|
| 강서 | 2014년 | 강서양천민중의집 사람과공간, 서울강서양천 | 케이블방송 | |
| | | 여성의전화, 동서융합병원, 서울의료생협, | 비정규직 | |
| | | 보건의료노조 이화의료원지부, | 티브로드지부 | |
| | | 희망연대노동조합, 서울도시가스노조, | 강서권역 2개지회 | |
| | | 금속노조 삼성전자서비스지회 양천분회, | SK브로드밴드 | |
| | | SH공사집단에너지사업단노조 | 비정규직지부 | |
| | | | 강서지회 | |

## 사단법인 희망씨 싹을 틔우다

2013년 희망연대노조는 사회공헌사업 3년간의 성과를 계승하고, 안정적으로 나눔사업을 할 수 있는 방안을 적극적으로 모색하기 시작했다. 노사관계에 좌지우지되지 않고 주체적으로 사회공헌사업을 펼칠 조직이 필요했다. 아무래도 노동조합은 당면한 투쟁 앞에서는 모든 것을 쏟아부을 수밖에 없다. 노동조합 존폐를 가름하는 싸움이 진행될 때에는 더욱 그러하다. 이런 상황에서 안정적이고 지속적인 생활문화연대사업, 나눔사업을 이어 가기란 여간 어려운 일이 아니다. 희망연대노조는 어느 순간에도 놓치지 않고 이 사업을 지속하기 위해, 그리고 전문적으로 사업을 집행하기 위해 한걸음 나아가는 그림을 그리기 시작했다.

　　노동자 중심의 건강한 기부문화와 나눔문화를 확산하고, 보다 전문적인 생활문화연대사업을 체계적으로 진행하기 위해 조합원뿐만 아니라 지역의 활동가들도 함께하는 나눔연대 법인 설립이 가시화된 것이다. 희망연대노조는 2013년 조합원 총회에서 이 문제를 다뤘다. 그리고 희망연대노조 모든 간부와 조합원들이 토론을 한 끝에 다소 무모한 도전을 하게 됐다. 2013년 하반기에 지역주민들과 함께 '대중적 나눔연대 법인'을 표방하는 '더불어 사는 삶 사단법인 희망씨'를 출범시킨 것이다.

사단법인 희망씨는 희망연대노조 조합원들의 조직적 결의를 통해 만들어진 단체다. 노동조합의 생활문화연대사업과 사회공헌사업을 지원하는 역할을 한다. 현재는 희망연대노조 조직체계 밖에서 노조와의 협력기관으로 자리매김하고 있다. 앞으로 더 많은 노동자의 나눔연대 공간으로 확장되길 기대하고 있다. 다른 노동조합은 물론 모든 사람들과 함께하는 사단법인으로 사업 범위를 넓혀 갈 계획이다.

2015년 현재 (사)희망씨는 정관상 아동청소년의 성장과 발달을 위한 지원을 주요 사업 내용으로 하는 아동복지법인이다. 따라서 노동조합 협력사업 외에도 그와 관련한 독자적인 사업을 하고 있다. 독자사업을 구분하면 나눔사업과 소통사업, 인권사업이 있다.

나눔사업은 아동청소년의 올바른 성장과 발달을 지원하는 사업이다. 현재는 희망연대노조의 사회공헌사업을 지원하는 역할을 주로 한다. 더불어 희망연대노조 조합원과 (사)희망씨 회원들이 대중적이고 쉽게 참여할 수 있는 (사)희망씨 대표사업으로 '나눔사업'을 모색하고 있다. 2015년 현재는 '취약계층 아동 과일나눔 사업'을 안양·용산·동대문 지역에서 진행 중이다. 2016년에는 위기 아동청소년 발굴과 지원사업 그리고 교복지원 및 장학금 사업에 착수했다. 네팔 어린이돕기 사업도 2016년부터 희망씨가 도맡아 진행한다.

소통사업은 아동청소년의 부모와 가족을 지원하는 사업이다. 가족캠프나 아버지 학교, 비정규 노동자 힐링캠프, 명상수련 사업이 여기에 해당한다. 2014년에는 희망연대노조 조합원 가족 캠프가 열렸다. 이때는 희망연대노조 조합원 가족들만 모였다. 하지만 이듬해에는 지역

노동자 가족들과 함께하는 가족캠프, 아버지학교를 개최했다. 또 서울시 지원을 받아 명상수련 사업을 새로 시작했다. 이 사업은 지역주민 혹은 지역의 노동자를 대상으로 한 첫 사업이다. 이후 서울노동권익센터가 주최하고 (사)희망씨가 공동으로 주관한 2015 학습지노동자 힐링캠프를 여는 데 촉매제가 됐다.

2015년 공정일터사업 - 힐링캠프

2015년 공정일터 사업 - 명상수련

인권사업은 존엄한 인간으로서 아동청소년을 비롯한 노동자 민중이 존중받는 사회환경을 만들기 위한 사업이다. 현재 노동인권교육, 인권소모임, 인문학 강좌 등을 진행하고 있다. (사)희망씨 설립 이후 가장 활발한 활동으로 꼽히는 '노동인권교육'은 희망연대노조 사회공헌사업을 하는 대부분 지역에서 진행되면서, (사)희망씨의 대표사업으로 불린다. 지역의 다양한 사람들과 '노동'을 주제로 만나며 노동조합에 대한 부정적 인식을 해소하는 과정이다. 노동인권교육 수강 이후 "우리 동네 케이블 인터넷 설치 수리 기사님들, 씨앤앰 작업복만 보아도 가슴이 설렌다"고 이야기하는 사람들이 있을 만큼 '노동'이 지역과 친근해지는 데 크게 기여하고 있다.

**지역과 노동이 만나는 노동인권교육**

희망연대노조는 지역사회에서 생활하는 다양한 이들의 '노동'을 노동인권교육에서 다루고 있다. 첫 출발은 청소년 노동의 문제를 청소년 당사자들과 함께 논의하기 위해 2012년부터 실시한 청소년 노동인권교육 사업이다. 희망연대노조에 노동인권교육팀을 꾸려 진행했는데 아이들과 "노동자의 관점으로 세상을 바라본다는 것은 어떤 것일까"에 대해 다양한 토론을 벌였다. '안전하게 일할 권리! 죽지 않고 다치지 않고 일할 권리! 노동하지 않을 권리!' 등 노동자 권리 목록을 설정하기도 했다.

희망연대노조 청소년 노동인권교육 사업은 성북 지역에서 청소년 인권캠프를 준비하며, 청소년 노동인권교육을 담당하게 된 것이 도화선이 됐다. (사)희망씨가 설립되면서 2014년에는 '희망씨-희망연대노동조합 노동인권팀'으로 재구성됐다. 이 팀을 중심으로 한 '지역별

노동인권 활동가 양성교육'과 '후속모임 지원' '학교로 들어가는 청소년 노동인권 교육사업' 등이 지금도 활발하게 진행되고 있다. 2015년 서울노동권익센터가 설립되면서 지역별로 노동인권활동가 양성교육이 본격화했는데 2016년에는 지역별·단체별 청소년 노동인권교육이 더 활성화할 것으로 보인다.

청소년뿐 아니라 이들을 돌보는 선생님들의 '노동' 역시 주목해야 한다. 희망연대노조는 이들 스스로 노동의 주체가 되기 위한 과정을 돕고자 지역아동센터 교사를 위한 노동인권교육을 별도로 진행하고 있다. 구로 지역이 대표적인데, 2013년 처음 시도됐다. 당시에는 두 시간 동안 '노동자의 눈으로 세상 바라보기'라는 주제로 교육을 한 뒤 다른 관점, 구조적인 관점으로 세상을 바라볼 수 있었으면 좋겠다는 메시지를 던졌다. 이듬해에는 보다 체계적으로 진행하기 위해 2시간씩 3회에 걸쳐 교육프로그램을 운영했다. '우리들의 아름다운 노동을 위하여'라는 제목으로, 지역아동센터 교사 스스로의 노동에 주목하도록 했다. 이와 함께 청소년 노동에 대한 이해를 중심으로 2시간씩 3회기 동안 노동인권교육을 진행했다. 이 밖에도 노원지역아동센터 교사들을 중심으로 한 노동인권교육, 전국지역아동센터교사협의회 교사들을 중심으로 한 노동인권교육을 각각 한 차례씩 운영했다. 광진성동사업단 구성원으로서 진행한 광진·성동 지역 엄마, 아빠들에게 "자녀와의 관계를 질문한" 부모 인권 실태조사라든지, 후속사업으로 2016년 진행할 예정인 '찾아가는 부모교육'은 지역사회에 새로운 바람을 일으킬 것으로 전망된다.

(사)희망씨는 희망연대노조 조합원 대상으로 하는 노동인권교육도 하고 있다. '벙글노동'이라는 팀명을 가지고 매월 정기적으로 모임을 한다. 여기에서는 노동과 인권에 대한 다양한 시각과 관점을 상

학교로 찾아가는 '청소년 노동인권교육'

호 토론하는 형식으로 진행된다. 이러한 모임을 통해 다소 경직됐다는 비판을 받는 기존 노동운동이 가지는 한계를 극복할 수 있는 희망을 찾지 않을까 하는 기대를 걸어 본다.

(사)희망씨는 노동자 나눔연대법인으로서 더 많은 노동자 서민과 함께할 방안을 모색하고 있다. 희망연대노조와 협력관계를 유지하면서, 여타 노동조합 그리고 지역에서 만나는 주민들과 함께 보통사람들의 참여와 연대 속에서 이뤄지는 '나눔'을 실천하기 위한 발걸음을 떼는 과정이다. 동시에 (사)희망씨가 할 수 있는, (사)희망씨만이 할 수 있는 나눔사업에 대한 고민을 지속하고 있다.

## 사회공헌사업의 위기와 도전

희망연대노조 사회공헌사업에 대해 최근 사용자측의 음해와 왜곡이 도를 넘어서고 있다. 2015년 1월 6일 경총이 발표한 보도자료를 보자.

경총은 보도자료를 통해 "티브로드 협력업체 대표단 자체 조사 결과, 희망연대노조가 2013년 받은 16억원의 복지기금과 사회공헌기금 중 상당액을 조합 간부 활동비 및 파업 자금, 조합 차량 구입 등에 유용했다"고 주장했다. 그러나 이러한 경총의 주장은 전혀 사실이 아니다. 노동조합은 지역별 사업단을 꾸리고, 사업 내용과 관련해 협력사협의회와 협의하는 과정을 거친 후 사업을 확정한다. 회사가 기금을 지원받는 단체에 직접 지원하는 방식을 채택하고 있기 때문에 사회공헌사업기금은 노조 통장을 거치지 않는다. 그럼에도 이렇듯 음해하는 이유는 무엇일까. 다음의 칼럼에서 그 속내를 파악할 수 있다.

**칼럼**
**CEO가 알아야 할 노무관리**

경총 2015년 2월

노조는 단체교섭에서 '사회공헌기금' 조성을 위한 회사의 재원 출연을 요구하기도 한다. 노조는 회사의 발전에 지역 및 업종 근로자들의 기여가 크다고 주장하며, 지역사회 발전, 원하청 상생, 소외계층 보호 등을 위해 회사가 사회공헌기금 조성에 앞장서야 하며, 사회공헌기금의 관리 및 집행을 위해 노사공동위원회를 구성해야 한다고 주장한다. 하지만 노조의 실제 의도는 사회공헌기금을 노조 간부 활동비 지원, 조직화 사업 지원 등 노조활동 재원으로 활용하려는 것으로 보인다.
　　　　실제로 희망연대노조는 SK브로드밴드와 LG유플러스 협력업체와의 단체교섭에서 사회공헌활동을 위한 재원 제공을 회사에 요구했다. 희망연대노조는 '조합이 사회공헌활동을 수행하는 데 필요한 재원을 매년 제공'하고, '규모는 매년 임단협 교섭에서 결정'할 것을 요구했다. 또한 희망연대노조는 '조합은 사용자단체가 업무를 수행하는 지역에서 사회공헌활동 내용과 계획을 수립해 진행'하고, '사용자단체는 조합이 선정한 사업과 내용에 대해 의견을 제시할 수 있다'는 요구안을 제시했다.
　　　　즉 노조가 사회공헌활동 내용과 계획을 수립하는 등 기금

운용의 주체가 되고, 회사는 노조가 수립한 사회공헌활동 내용과 계획에
대한 의견만을 제시하도록 요구하고 있다. 따라서 노조가 노조간부를
사회공헌활동 인원으로 활용해 활동비를 지원하고, 조직화 사업 대상 지역
중심으로 노조 관련 교육을 실시하면서 기금을 사용하더라도 회사는 이를
견제할 수단을 갖지 못하게 된다.

(중략)

또한 사회공헌기금의 목적이 직접적인 근로계약 관계가 없는 다른 회사
근로자의 근로조건을 위한 것이거나, 노조활동 지원을 위한 것일 경우
회사는 이를 부담할 의무를 부담하지 않는다. 이러한 기금은 조합재정에서
사용돼야 하며 기금조성에 회사가 참여할 경우 지배 및 개입에 따른
부당노동행위에 해당할 우려가 있으므로 이에 대한 요구는 단호하게
거부해야 할 것이다.

출처 : KEF e-magazine
(http://emagazine.kef.or.kr/archives/8439)

경총 주관 잡지인 KEF e매거진에 실린 칼럼이다.

희망연대노조는 2011년 씨앤앰 사회공헌사업을 시작하면서 지역사회공헌사업단과 노사 간 공동행보를 위해 무진 애를 썼다. 사측 대표를 초대해 기금전달식을 하기도 하고, 지역단체와의 간담회·사회공헌사업 보고대회에 초청하기도 했다. 그러나 기금 전달식[1] 외 어떠한 자리에도 회사측은 나타나지 않았다. 2015년 티브로드 사회공헌사업비 집행 여부가 확정되지 않았을 때, 티브로드 협력사협의회 대표와 티브로드 사회공헌사업단 대표들과의 간담회가 한 차례 있었을 뿐이다. 이 자리에 참석했던 티브로드 협력사협의회 대표들의 얼굴에는 불편한

---

1  실제 2011년에는 강동 지역, 성북 지역에서는 기금 전달식을 했고, 2014년에는 티브로드 사업 지역- 안양, 강북 등-에서 기금 전달식을 하며 사업단과 사용자 대표 간 상견례를 진행했다.

기색이 역력했다. 희망연대노조는 사용자측의 참여를 이끌어 내기 위해 지역의 사업단 회의에 나와 의견을 제시할 것을 권유했지만 티브로드 협력사협의회에서는 그 누구도 참여하지 않았다. 사측에서 기금 업무를 담당하던 담당자는 노조의 계속된 사회공헌사업 참여 요청에 이렇게 대답했다.

"회사가 사회공헌기금이 언제 중단할지도 모르는데, 자꾸 만나다 보면 거절하기 힘들어져요. 우리가 그래요. 그냥 기금 지원하고, 기부금 영수증 처리에 문제만 없으면 되죠."

사실 씨앤앰 노사의 사회공헌사업이 시작되면서 씨앤앰 서비스 지역 주민들 사이에서 브랜드 인지도가 가파르게 오르는 효과를 톡톡히 봤다. 노사관계가 악화되기 전인 2014년까지만 해도 일부 주민들은 "일부러 씨앤앰에 가입했다"거나 "씨앤앰 회사 로고만 봐도 가슴이 두근거리고 좋다"고 했다. 그저 기금만 지원하던 다른 회사의 사회공헌사업과 달리 노동자들이 주민들을 직접 만나고 함께하다 보니 기업에 대한 호감도 높아진 것이다. 그랬던 지역 주민들에게 노동자를 일방적으로 해고하는 동네 케이블방송사의 이미지는 어떻게 비춰졌을까. 사회공헌사업이 노사관계를 악화시킨 것이 아니다. 그렇다면 처음 노조가 제시했던 것처럼 지역방송으로서의 가치를 되살리고, 지역민들과 한층 가까워지는 자리를 애써 거부하지 말았어야 했다. 경총이 주장하는 것처럼 노조가 제안하는 사회공헌사업이어서 자신들의 노조에 대한 우위를 점하기 위해 '법조문까지 뜯어고치며 과도하게 적용한 결과'가 빚어낸 소탐대실의 결말이 아니었을까.

사용자들은 경총의 사회공헌사업에 대한 입장을 충실히 따랐다. SK브로드밴드·LG유플러스· 티브로드 협력사들은 사회공헌기금에 대해 '절대불가' 입장을 들고나왔다.

## 지역의 시선 1
## "난 희망연대노조를 생각하면 가슴이 벅차오른다"

안영신 즐거운 교육상상 공동대표
2013년 4월 25일

지금도 난 희망연대노조를 생각하면 가슴이 벅차오른다. 2011년 희망연대노조에서 사회연대사업을 지역 단체들과 기획하여 진행하고 싶다고 사무실에 찾아왔다. 한창 지역의 네트워크가 태동하고 있을 때였고 이러저러한 사업을 기획하고 있을 때여서 가뭄에 단비를 만난 듯 반가웠다. 심지어 노동조합에서 지역과 함께 하는 사업을 고민해 제안한 것 자체가 경이로운 소식이었다.

그해 희망연대노조 간부 수련회에 참여해 지역연대 사업을 태동시켰던 그들의 선언을 난 아직도 가슴 떨리게 기억한다. "노동조합, 사업장 담벼락을 넘어 지역사회로 뛰어라!"라는 선언은 우리나라 노동조합 운동사에 또 다른 획을 그을 수 있겠다는 생각이 들었고 그 역사의 현장에 함께 한다는 자부심마저 들었다.

이 아름다운 '연대'의 선언이 모든 노동조합과 단체들에 확산돼 자본과의 싸움에서 연대만이 살 길임을 증명하는 계기가 되기를 바란다.

### 노동조합만이 할 수 있는 일

기업의 사회공헌사업은 대체로 지역에 기반하지 않는다. 기부 및 봉사, 교육 및 장학, 음악회, 공연과 같은 문화행사 개최, 스포츠 이벤트 개최 등의 몇 가지 유형으로 구분된다. 노동자의 노동력을 바탕으로 이윤을 창출한 자본은 이윤창출의 주인공인 노동자는 뒤로한 채 자신들의 이름으로 선심을 쓰듯이 사회공헌사업을 진행해 왔다. 그런 의미에서 희망연대노조 씨앤앰지부가 단체협약을 통해 사회공헌사업기금의 일부를 노동조합의 사회연대기금으로 조성한 것은 큰 의미가 있다. 이윤 창출의 주인공인 노동자가 실질적으로 만들어낸 자본 이윤을 사업장의 주체가 되어 꼭 필요한 곳에 나누는 일을 시작한 것이다. 그것을 우리는 사회공헌사업이 아닌 '사회연대사업'이라 부른다. 사회연대사업 기금을 단체협약 사항으로 넣은 것부터 노동의 가치 인정과 진정한 사업장 주체로서의 선언이라고 생각한다.

### 씨앤앰 로고만 봐도 좋다

지역 풀뿌리단체에도 노동조합 활동을 적극적으로 지지하는 활동가들이 많이 포진해 있다. 하지만 함께할 수 있는 일들이 많지 않았기에 노동조합과 거리가 있었다. 그런데 희망연대노조가 지역의 문을 먼저 두드려 왔다. 최근에 씨앤앰에서 케이블방송비정규직지부가 출범했다. 동네를 돌아다니다가 씨앤앰 로고가 있는 차만 봐도 그렇게 반가울 수가 없다. 운전하는 노동자를 바라보며 '저 분은 조합원일까 아닐까'를 생각하는 스스로의 모습을 보면서 깜짝 놀란다. 이렇게 깊숙이, 함께 동네에 살고 있었으면서도 서로의 존재를 잘 확인하지 못한 채 살아왔다. 그런데 이제는 그들이 남 같지 않고 '동지'라는 생각에 그이들의 노동현실을 외면할 수 없다. 특히나 희망연대노조의 사회연대사업을 통해 청소년들을 만나 노동인권을 얘기하는 입장에서 더욱 더 외면하기 어려운 일이다. 이렇듯 서로의 실천 가운데 만들어진 연대야말로 큰 힘이 있다고 생각한다.

### 더불어 함께 변하는 지역

성북은 작년에 인권조례를 공포하고, 올해 성북구 주민인권선언을 준비하고 있다. 주민인권선언단을 모집하는데 인권교육강사 양성과정에 함께 했던 희망연대노조 조합원을 추천했다. 노동자의 입장에서 성북구의 주민인권선언을 바라보고 의견을 제시해 줄 것을 주문했다. 사회연대사업을 통해서 성북의 주민인권선언이 노동인권 감수성으로 보완될 수 있는 자리를 마련한 것이다. 내가 선 자리를 바꾸는 것부터 사회를 바꾸는 것은 시작된다. 희망연대노조의 사회연대사업을 통해 지역의 어린이, 청소년, 부모들이 조금씩 변화하고 있다. 그리고 노동조합에 거부감을 가지고 있었던 활동가들이 노조에 대한 잘못된 인식을 깨기 시작했다. 지역의 다른 노동조합들에게 희망연대노조의 지역연대 사례를 얘기하고 있다. 이제 성북 어느 곳에서나 희망연대노조의 국제연대사업인 '네팔 아이들에게 희망을' 저금통을 볼 수 있다. 이렇게 조금씩 지역은 더불어 함께 변화를 도모하고 있다.

### 주인공은 조합원

희망연대 사회연대사업을 통해 강동에서는 조합원들과 함께 텃밭 가꾸기와 집수리를 진행한다고 들었다. 성북에서는 청소년인권캠프와 진로교육에 조합원들이 함께해 노동인권 교육 프로그램을 진행했다. 인권교육 강사 양성과정에도 함께한다. 지역아동센터를 방문하기도 했다. 텃밭을 가꾸고, 집수리를 하며 지역을 돌아보고 서로를 이해하는 자리가 됐으리라 짐작한다.

인권캠프에서 노동인권교육을 진행하며 요즘 청소년들의 생각을 확인할 수 있었을 것이다. 노동인권교육을 전혀 진행하고 있지 않은 학교의 실태를 생각했을 때 청소년들과 함께 하는 노동인권교육은 큰 의미가 있다. 인권공부모임에서 '성소수자'나 다른 소수자들의 이야기를 만나며 생각이 많아졌다는 얘기도 들었다. 자신의 소중한 시간을 쪼개 사회연대사업에 함께한 조합원들의 성장과 변화 또한 분명히 있었으리라 생각하며 많은 조합원들이 조금 더 긴 호흡으로 지역 안에서 함께 할 수 있기를 바라본다.

### 케이블방송에 대해 다시 생각하다

2011년 9월 주민참여예산제의 의무시행에 따라 전국의 거의 모든 시·군·구가 주민참여예산제를 시행하고 있다. 주민참여예산제의 외국사례 가운데 케이블방송의 역할과 관련해 참고할 만한 사례가 있어 소개한다. 미국 뉴햄프셔주 런던데리의 지역 케이블 방송국에서는 마을 주민이라면 누구나 방송을 할 수 있다. 마을 사람들은 자신의 취미생활부터 자영업에 대한 광고, 드라마와 영화제작까지 오로지 스스로 프로그램을 만들어 방송한다.

사소한 이야기에서부터 정치적 발언들까지 특별한 경우를 제외하고는 방송 내용에 대한 제한이 없는 매우 자유로운 방송국이다. 방송에 대해 문외한인 마을 주민이라고 할지라도, 기획부터 방송장비를 다루는 방법까지 모두 무상으로 교육을 해 준다. 물론 1987년 케이블 방송국의 기지국이 만들어질 때 마을 주민들이 필요한 모든 노동력을 무상으로 제공하는 대신 이 케이블 TV의 채널 몇 개와 마을 자체 방송국 운영비를 지원받는 방식의 프랜차이즈 계약을 맺었고, 이런 방식으로 지금까지 방송국을 운영하고 있다는 점에서 우리 사회에서 받아들이기는 상당히 어려운 조건이긴 하다.

하지만 지역 케이블방송국이 지역 주민들과 함께 만들어 나가는 공공재라는 인식으로 접근을 하면 지역 소식만 다루더라도 꽤 높은 시청률을 올릴 수도 있을 것이다. 런던데리에서 주민들이 지역케이블 방송국을 활용하여 주민참여사업을 제안하며 주민들의 동의를 이끌어 내듯이 우리나라에서도 주민참여제가 확산되는 시점에서 지역 케이블방송국이 그런 역할을 하면 좋겠다.

현재 시청자제작 콘텐츠가 분량이나 비용에서 변화가 없는 상황이라면 무리한 요구일 수 있다. 하지만 지역의 케이블방송으로 제대로 자리를 잡으려면 시청자제작 콘텐츠를 지금보다 크게 늘리고 형식적인 시청자위원회가 아닌 지역에서 활동하는 사람들이 참여하는 시청자위원회를 구성하여 권역의 지역민과 밀착한 콘텐츠를 함께 고민할 수 있어야 할 것이다. 무엇보다 케이블방송이야말로 시청자위원회가 제 기능을 했을 때 통신방송국이나 IPTV와 구분되는 지역공동체 안에 케이블 방송으로 거듭날 수 있다는 사실을 기억해야 한다.

희망연대노조가 사업장의 담벼락을 넘어 지역과 하나가 돼 가고 있듯이 지역 케이블방송은 자본을 넘어 지역 공동체와 함께해야 한다. 그것이 지역 케이블방송의 정체성을 살리고 그 안에서 일하고 있는 우리의 이웃인 노동자들의 삶의 질을 달라지게 할 수 있다.

출처 : 「케이블TV 방송실태와 지역공공성 확보방안 토론회 자료집」

### 지역의 시선 2
### 지역과 노동의 만남이 노원의 어린이, 청소년을 행복하게 합니다

박미경 노원희망자람사업단 단장
2015년 11월

2014년 희망연대노조와 (사)희망씨를 만난 건 '감동'이었다. 평소 SNS에 지역활동 소식을 자주 올렸던 나는 희망연대노조 한 간부로부터 연락을 받았다.

"저희 회사와 노동자가 공동으로 마련한 기금으로 노원 지역에서 나눔연대사업, 어린이·청소년 사업을 추진하려 합니다. 이에 대해 조언을 구하고 의견을 나누고 싶어 메시지 보냅니다."

그렇게 희망연대노조와 첫 만남을 갖고, 희망연대노조의 사회공헌사업에 대해 들었다. 듣는 내내 가슴이 뛰었다. 현장의 노동자들이 현장을 넘어 지역과 연대하고자 하는 마음이 있다는 것을 알고는 있지만 실제로 현장에서 일하고 투쟁하다 보면 마음만큼 지역연대를 하기 쉽지 않다는 걸 잘 알고 있다. 그런데 희망연대노조는 몇 년 전부터 사회공헌사업으로 지역연대활동을 잘 펼쳐 왔다. 더 단단하고 넓게 활동하기 위해 (사)희망씨를 만들어서 활동하고 있었다. 그 과정이 정말 놀라웠다. 더군다나 기업이 어느 한 단체에 일방적으로 기부하는 것이 아니라 지역의 네트워크를 만들어 그 속에서 그들이 주체가 되고, 함께 논의해 다양하게 기부가 이뤄지는 방식은 정말 훌륭하다고 생각했다.

작년에 희망연대노조를 만나고 노원구지역아동센터협의회, 노원노동복지센터, 노원도시농업네트워크, 노원청소년자활지원관, 마들창조학교, 어린이책시민연대 노원지회, 함께걸음의료복지사회적협동조합, 함께노원, 힐링협동조합 느티나무 <숲이랑> 등이 함께하는 노원희망자람사업단이 탄생했다. 그리고 노원희망자람사업단은 티브로드협력사협의회와 희망연대노조 케이블방송비정규직 티브로드지부가 후원하는 사회공헌기금의 정신과 노력이 헛되지 않도록 열심히 어린이·청소년을 만나고 있다.

**따뜻한 주말밥상**

2015년 참여단체 모두가 함께하는 공동사업을 진행하기로 했는데, 어떤 공동사업을 할까 고민과 토론이 많았다. 서울시의 대단위 영구임대아파트 25%가 노원구에 밀집돼 있고, 어린이·청소년 비율도 서울시 자치구 중 가장 많다. 특히 청소년기 연령층에서 기초생활수급자와 차상위계층을 합친 비율이 7.93%에 달한다. 이에 노원구는 민관 모두 교육복지사업을 열심히 하고 있지만 여전히 많이 부족하다는 것을 의미한다.

노원 지역의 저소득 취약계층 아동들 중 지역아동센터와 복지관 등에서 돌봄서비스를 받고 있는 아이들도 있지만 그렇지 않은 아이들도 많이 있다. 돌봄을 받고 있다 하더라도 주말에는 돌봄이 이뤄지지 못하는 경우가 허다하다. 때문에 주말에도 저소득 취약계층 아동들을 돌볼 수 있는 지역사회 역할이 필요하다고 생각했다.

그 무엇보다 음식나눔에 주목했다. '나'를 살뜰하게 배려하고 보듬어 주는 밥상을 마주하는 일을 시작으로 마음의 치유를 시작하면 좋겠다고 생각했다. 더불어 가난으로 인해 소외되고 있는 다양한 분야의 교육을 경험하게 함으로써 인성·지성·감성이 풍부하고 자존감이 높은 아이로 자라날 수 있도록 토대를 마련하면 좋겠다고 생각했다. 그래서 탄생한 것이 '따뜻한 주말밥상'이다.

4개월 프로그램으로 기획한 따뜻한 주말밥상에서 매주 토요일, 오후 3시부터 5시(밥상모임이 있는 날은 6시)까지 ▲텃밭체험 ▲성·장애 인권 감수성 교육 ▲어린이책 읽어주기 ▲숲속나들이 ▲따뜻한 밥상나눔 등을 진행했다.

홍보를 시작하자마자 지역의 호응과 참가신청이 많았다. 따뜻한 밥상나눔 자원활동가 신청도 계속 이어졌다. 우리의 마음이 전해지고 함께 하고자 하는 사람들이 모여 시작이 즐거웠다.

1기는 4월 모집을 시작해 5~8월까지 진행했다. 2기는 9월부터 현재 진행 중이다. 어른들은 참 이 활동이 즐거운데 우리 아이들은 어떨까 항상 궁금했다. 지난 8월 22일 1기 따뜻한 주말밥상 활동을 마무리하면서 어린이들로부터 이런 이야기를 들었다. "저희 계속 참여하면 안 되요? 계속 하고 싶어요!"라고 말하는데 완전 뭉클…. 활동을 진행하는 우리만 좋아서 하는 게 아니었음을 확인하며 아이들한테 고마웠다. 따뜻한 주말밥상에 대한 확신도 생겼다.

1기 활동을 기반으로 2기가 진행되면서 따뜻한 주말밥상이 좀 더 체계적으로 잘 진행되고 있다. 앞으로 더욱더 잘 만들어 나가 우리 아이들의 행복한 공간으로 나날이 커 나가면 좋겠다.

### 노동이 숨 쉬는 마을

노동자로 살아가는 우리, 그리고 앞으로 노동자로 살아갈 우리 청소년들이 노동감수성을 가지고 살아갈 수 있도록 하는 것은 굉장히 중요하다. 이에 2015년 1월 '노원 노동인권 지킴이, 우리가 한다!'를 진행했다. 약 30여명이 참가했고, 그 중 10명이 후속모임으로 노원청소년노동인권교육 강사단모임을 진행하고 있다. 3월부터 격주 1회 모여 노동인권 관련 책을 읽고 토론하고 있으며, 관련 활동가 및 전문가를 모시고 워크숍을 진행했다. 12월부터는 직접 청소년들과 노동인권에 대해 얘기 나누기 위해 학교로 들어간다. 우리는 노동자지만 노동자라는 말이 낯선 시대, 이 시대에 노동을 청소년들과 함께 얘기 나누는 그 자체가 참으로 소중하다.

### 진로교육프로그램
### 이런 경험 처음일걸?
### 색안경 끼고 들여다보는 청소년의 꿈, 진로이야기

청소년노동인권교육과 더불어 청소년 대상으로 진로교육 프로그램을 진행했다. 학교에서 진행하고 있는 진로교육 프로그램들을 보면 진로를 직업으로 한정 짓고 있는 것 같아 아쉬운 생각이 들곤 한다. 몇 년 전에 비하면 다양한 시도를 하고 있는 것은 사실이지만 현장체험의 경우도 1회 몇 시간 직업을 경험하는 체험에 지나지 않아 아쉬움이 남는다. 이에 기존의 프로그램들의 강점과 보완점들을 반영해 단순히 직업을 선택하는 개념의 진로교육이 아닌 성인이 된 후, 어떤 직업을 선택하든 자존감을 키울 수 있는 생각(내면)의 힘을 키우기에 필요한 주제들을 단계로 나누어 장기적이고 지속적인 교육프로그램을 진행했다.

다시 한 번 돌아보니, 간결하면서 알찼다. 처음에 막연하게 우리 어린이·청소년에게 필요하다고 생각했던 활동들을 실제로 진행해 보니 구체화되고 확신을 갖게 되는 과정이었다. 특히 이를 위해 지역의 네트워크를 구성해 그만큼 많고 다양한 지역 활동가 및 주민들이 모여 함께 진행해서 취지와 목적, 목표, 계획 등이 어린이·청소년에게 진정성 있게 다가가고 있는 것 같다. 이런 활동을 하면서 당연히 지역에서는 티브로드 협력사협의회와 희망연대노조 케이블방송비정규직 티브로드지부에 관심과 고마움이 커지고 있다.

내년이면 벌써 3년차다. 이제 노원희망자람사업단은 네트워크를 다시 튼튼히 세우고 더 많은 지역 단체 및 주민들과 함께 하기 위해 더욱 노력하고자 한다. 또한 우리 지역에 사는 케이블방송 노동자들과 더욱 자주 만나기 위해 다양한 활동과 자리를 마련할 예정이다.

희망연대노조가 각 지역에 뿌리고 있는 씨앗, 이것이야말로 지역과 노동의 아름다운 연대의 시작이다. 파릇파릇 싹을 틔우기 시작한 새싹이 잘 자라 우리 어린이·청소년에게 커다란 나무가 되어 줄 것이라 확신한다.

## 지역의 시선 3
### 희망연대노조와 함께 한 사회공헌사업의 뒷이야기

김지수 인생나자사회적협동조합
2015년 11월

　희망연대노조와 2014년 사회공헌사업으로 처음 만났다. 많이 생소했다. 그런 느낌이 든 건 아마도 다른 노동조합의 경우 사회공헌사업을 예산 지원의 형태로 진행하는데, 희망연대노조는 예산지원뿐만 아니라 조합원들과 함께 사업을 추진하는 것을 제안했기 때문이다.
　사실 예산만 지원받아 사업을 추진하면 사업 추진이 빠르기도 하고, 원하는 사업을 편안하게 진행할 수 있다. 그런데 노동조합과 함께 사업을 추진한다는 건 서로 함께 만나야 하고, 함께 합의해 나가야 한다. 할 일들이 많아질 수밖에 없는 구조다. 서로가 모르는 상태에서 공동의 사업을 추진하는 것은 더 많은 에너지가 필요하다. 사업에 대한 이해가 없을 때는 이해시키는 과정이 지속적으로 필요하기도 하고, 때로는 사업추진 과정들을 끊임없이 보고하고 허락을 받는 듯한 느낌이 드는 등 불필요한 일들을 하게 한다는 생각이 들기 때문이다. 서로 가능한 일정을 맞춰야 하고, 서로가 원하는 방식을 최대한 맞춰 가는 노력이 별도로 필요하기도 하다.
　물론 더 많은 사람들의 참여는 더 좋은 내용들을 만들어 내고 더 좋은 방식으로 갈 수 있다고 생각된다. 그럼에도 불구하고 일정과 시간과 행사 내용들을 노동조합에 최대한 맞춰야 하는 경우들이 발생하기 때문에 사업을 진행하는 쪽에서는 함께하는 것이 불편하다. 가끔은 이해 정도가 다르기 때문에 홍보하기 좋은 그럴싸한 연출을 필요로 하는 듯한 느낌을 받아 마음이 불편해지기도 했었다.
　그렇지만 한편으론 노동조합이라는 거대한 조직이 지역의 일을 함께한다니 천군만마를 얻은 것 같은 느낌이 들기도 했다. 조합원들과 함께 해 볼 수 있는 다양한 방식의 사업들을 만들어 볼 수 있을 것 같아 내심 기쁘기도 했다.
　결과적으로는 노사 간 관계가 악화되면서 실질적으로 조합원들이 참여하는 사업은 거의 못해 아쉽지만 그래도 뭔가 연결된 고리가 하나 만들어진 것에 서로에게 든든함이 생기는 것 같다.
　어쨌거나 서로의 다름을 이해하고 신뢰의 관계를 맺어 가는 데에는 시간이 필요하다. 서로가 추구하는 것에 대해 합의하고 실천해 가는 것도

시간이 필요하다. 그런 시간들을 충분히 가지고 사회공헌사업이 추진될 수 있다면 더할 나위 없이 좋을 것이다. 그런데 사회공헌기금이 사측으로부터 나오다 보니 노사관계가 좋지 않으면 사회공헌사업 비용도 안정적으로 확보하기가 어렵다는 한계도 존재한다.

실제 2015년 그런 문제가 발생했다. 지난 1년간 뭔가 좀 해 볼 수 있겠다하는 희망을 가졌었는데 기금 중단에 대한 대비가 전혀 없었기에 결과적으로 함께한다는 것이 유명무실해져 아쉬움이 크다.

공익사업과 노사관계는 사실 별개로 봐야 하는 문제다. 노사관계가 악화되면서 사측과 싸우기 위해 연대가 필요했던 노조는 함께 사업을 추진했던 지역시민사회단체에 성명서 연명을 부탁하는 등의 일이 생겼다. 농성장에 지지방문을 가기도 했다. 그러면서 사측은 노사문제와 사회공헌사업을 별개로 생각하고 싶지 않았을 것이다. 결과적으로는 2014년 노사관계가 나빠지면서 2015년 사회공헌사업은 제로가 됐다.

물론 이러한 연대가 불필요하다고 생각하는 것은 아니다. 다만 조합이 사회공헌사업 비용을 사측에서 받아 운영했기 때문에 발생하는 문제라고 생각된다. 사회공헌사업이 안정적으로 지속가능성을 확보하려면, 그래서 서로가 신뢰의 관계를 만들어 가기 위해서는 이 비용을 어떻게 안정적으로 확보할 수 있을 것인가에 대한 새로운 방법을 모색해야 한다.

사측이 제공하는 사회공헌사업기금으로 사업이 추진되는 것은 위험하다. 노동조합과 지역이 함께 만들어 낼 수 있는 지역기금 조성방식을 고민해 볼 필요가 있다. 사측에서 사회공헌을 위한 재원을 '시드머니' 형태로 조성하고 이를 기반으로 조합원과 지역이 함께 기금을 조성할 수 있는 다양한 방법을 개발한다면 지속가능한 사회공헌 사업을 전개할 수 있을 것이다. 지역이 노동조합과 함께 만드는 지역기금들을 조성하는 방식은 서로에게 불편함을 덜어 줄 수 있다. 더 좋은 관계로, 더 튼튼한 관계로 만들어 줄 수 있는 수단이 될 것이다.

또한 노동조합이 지역사업을 고민한다면 적어도 지역의 필요와 요구들을 우선적으로 조사하고 파악하는 것은 기본이 돼야 한다. 사회공헌사업에 대한 조합원들의 자발적인 참여를 끌어내기 위해서는 노조 간부들과 함께하는 사업이 아니라 지역에 살고 있는 조합원들이 지역과 관계를 맺으면서 주체적으로 할 수 있는 사업이 필요하다. 지역에 살고 있는 조합원들이 결합한다면 자신들의 일상적 삶을 살아가는 지역에 대해 관심을 촉발시킬 수 있을 뿐만 아니라 자신의 삶의 문제들을 끌어내고 그 문제들을 해결하기 위한 다양한 활동들을 보다 쉽게 만들어 내고 참여할 수 있는 방식을 찾아낼 수 있다. 자신이 살고 있는 지역을 더 좋은 지역사회로 만들기 위해 필요한 것들을 노조가 지원할 수 있도록 만들 수 있다.

또한 조합원들이 '조합원'으로서가 아니라 지역 생활인으로 지역주민으로의 정체성을 가지고 사회공헌을 할 수 있도록 다양한 교육들이 있어야 한다. 함께 교육도 받고 함께 대화할 수 있는 공론의 장도 마련한다면 조합원으로서가 아니라 지역주민으로 참여할 수 있다. 스스로의 삶을 변화시키는 주체로서 충만한 기쁨도 누릴 수 있지 않을까.

지역단체와의 결합을 넘어 지역의 다양한 그룹들과의 만남을 통해 일상생활과 밀접한 문제들을 개선해 가는 지역주민으로서 사회활동에 참여해 사회공헌사업을 바라보고 실천해 나갈 수 있지 않을까.

노동조합의 조합원으로서가 아니라 지역주민으로서의 참여를 만드는 공동의 사업 참 멋지지 않은가.

## 지역의 시선 4
### 우리가 연대를 통해 진정한 이웃이 되는 순간

이은선 남양주 장애인복지관 간사
2015년 9월

남양주복지관은 희망연대노조 사업으로 2014년과 2015년 우리지역의 다문화가정, 장애인가정, 노동자가정을 만날 수 있었다. 절대적인 신뢰와 관심을 토대로 한 연대를 통해 남양주시에 있는 소외받는 아이들과 가정을 지원하는 일을 맡았다.

희망연대노조의 사회공헌사업은 단순히 돈만 지원하는 것이 아니라 지역의 어려움을 함께 개선하기 위해 노력하고 지역에서의 연대를 지속적으로 확장시킨다는 점에서 큰 감동을 줬다. 다른 사회공헌사업은 돈을 주고, 돈을 사용한 것에 대한 증빙에 급급한 반면 희망연대노조는 직접 대상자를 만나고 함께 연대할 수 있는 것이 무엇일까 고민하는 면에서 지역 활동가, 지역연대모임 같은 느낌을 받았다.

함께 모여 회의를 할 때마다 어떻게 하면 지역의 아동들이 더 안전하고 행복하게 살아갈 수 있을지 고민했다. 또 사회의 부조리를 해결하기 위해 어떤 노력이 필요한가도 고민할 수 있었다.

남양주시는 종합사회복지관이 없다. 그렇다 보니 복지 사각지대에 있는 사람이 많다. 어려움이 있어도 본인이 직접 해결야 하는 부분이 있는 것이다. 이를 다각적으로 돕고 문제를 해결할 수 있는 방법은 그리 많지 않다. 그런데 희망연대노조의 사회공헌사업 네트워크를 통해 각 기관의 어려움을 공유하고 도울 수 있는 방법을 함께 모색하면서 종합복지관의 역할을 해냈던 것이 기억에 남는다.

희망연대노조 사업 중에 어깨동무캠프가 있다. 각기 다른 특성을 가진 다문화가정, 장애인가정, 노동자가정이 함께 만나서 어울리고 서로를 알아가는 시간이다. 캠프를 시작하기 전 우리는 서로를 이해하기 위한 인식개선 프로그램을 진행했다. 장애인가정, 다문화가정, 노동자가정을 이해하고 서로의 어려움을 듣고 이를 이해하는 시간이었다. 인식개선 프로그램을 진행한 뒤 캠프를 이어 갔는데 이 캠프를 통해 참가자 모두 큰 감동을 받았다. 잊지 못할 추억이 생겼다. 각기 다른 어려움을 가지고 있는 가정들이 만나 서로 위로하고 안아주고 돌봐 주는 모습을 보면서 '세상에 아직 희망이 존재하는구나'라는 생각을 했다. 지역 안에 살고 있지만 남으로 만났던 우리가 연대를 통해 이웃이 되는 순간이었다.

캠프를 진행하면서 나는 '세상은 특별한 몇 명이 변화시키는 것이 아니라 한 사람, 한 사람의 연대를 통해 서서히 변화하는구나'라는 깨달음을 얻었다. 연대를 통해 더불어 살아가는 세상을 만들 수 있겠구나 하는 용기를 얻었다.

개인적으로 굉장히 아쉬운 것이 작년에 캠프가 특별했던 만큼 올해 캠프를 위해 다양한 준비를 했는데 메르스로 인해 연기돼 매우 아쉽다.

어깨동무캠프에 참가했던 베트남에서 시집온 봉선희씨가 이런 말을 했다.

"전엔 인터넷 설치 기사님이 오시면 오나 보다 생각했어요. 그런데 이제 기사님이 오시면 혹시 우리 딸이 모국어를 할 수 있도록 지원해 주시는 분은 아니신지 궁금해서 여쭤 보고, 차라도 한 잔 더 내어 드리게 되더라고요. 얼마 전 뉴스에서 고공농성을 하시는 모습을 봤어요. 캠프에서 만난 분들은 아닌지 고공농성을 하시는 분의 가족들은 얼마나 힘든 시간을 보내고 있을지 마음이 아팠어요. 불편한 장애인 친구들을 보면 캠프에서 만난 장애인청소년 어머니들이 생각나서 마음이 찡했죠. 며칠 전에는 장애인복지관에 딸과 같이 봉사활동도 다녀왔어요. 뭔가 저희도 역할을 해야죠. 안 그러면 마음이 불편하고 죄송스럽더라고요."

연대의 이유가 따로 있는 게 아니다. 봉선희씨의 이야기가 바로 연대의 힘이다. 나 혼자 도움을 받고 나 혼자 살아가는 것이 아니라 내 주변을 돌아보고, 자신이 할 수 있는 만큼 이웃을 돌보며 살아갈 수 있는 방법을 희망연대노조의 사업을 통해 배우고 있는 것이다.

덧붙이자면 노동자로 살아가는 희망연대노조 조합원들의 가족들을 만나면서 장애와 다문화 말고도 사회에서 치열하게 살고 있는 사람들이 참 많다는 것을 알게 됐다.

여유롭고 부자여서 누군가를 돕는 것이 아니라 평범한 사람들이 어려운 사람들을 위해 마음을 모아 주고 서로를 위해 힘쓰고 있다는 사실을 깨닫게 됐다.

우리 역시 단순히 도움을 받는 입장이 아니라 우리 능력 안에서 어떤 도움을 드릴 수 있을까를 고민할 수 있는 시간이었다.

마지막으로 아쉬운 점이 있다면 어떻게 하면 이 사업을 지속적으로 확장할 수 있는가 하는 점이다. 그런 면에서 이제는 이웃이 모두 참석하는 캠프도 좋지만, 일 년에 한 번 만나는 것이 아니라 지속적으로 만남을 가질 수 있는 프로그램을 개발해 보면 어떨까 고민하고 있다.

출처 : 「희망연대노조 사회공헌사업단 연석회의 사업 보고 발제문」

## 4장 먼 친척보다 가까운 이웃이 낫다

### 지역연대

대한민국 어떤 노동조합도 자본이 마음먹고 덤비면 버티기 어려울 것이다. 사업장 안에서 내 것만 지키려 아등바등할수록 내 것조차도 지키지 못한다는 것은 수년간 선배 노동자들의 투쟁을 통해 몸으로 익혀 왔다. 87년 노동자 대투쟁 이후, 95년 민주노총이 건설되기까지 지역을 기반으로 성과를 만들어 가던 노동조합들이 '산별노조' 논의에 다다르자 점점 먼 친척들이 돼 갔다. 희망연대노조 사례를 나누기 위해 찾았던 경기 안산 지역 한 활동가의 말이 기억에 남는다.

"예전에는 옆집에 불나면 불 끄러 달려왔어요. 양동이 들고 밤이든 새벽이든 달려왔거든요. 이제는 옆집에 불나도 불이 났는지도 몰라요. 멀리 부산으로 광주로 가야 하는 것은 알겠는데, 정작 우리 집에 불이 나면 어떻게 될까요. 다 타버리기 전에 불 끄러 오는 사람이 없어서야 되겠습니까?"

이 말만큼 지역연대의 필요성에 대해 적절히 표한 말은 없다고 생각한다. 케이블 투쟁 과정에서 지역 풀뿌리단체까지 함께하는 광범위한 지역대책위원회가 구성됐다. 케이블 지역대책위다. 희망연대노조가 다년간 지역사업을 진행한 성과라 할 수 있다. 2014년 희망연대노조는 사활을 건 투쟁을 전개했다. 2014년 상반기부터 시작된 케이블방송통신 3개 지부의 파업과 비정규노동자들의 계약해지와 직장폐쇄. 그리고 이어진 통신비정규직의 파업. 두 번의 고공농성, 세 번의 원청 면담투쟁, 뜨거운 여름날을 달궜던 교황 면담 투쟁 등 수천명의 노동자들이 거리로 나와 몇 달 동안 일터로 돌아가지 못했다. 이들의 생계비 마련을 위해 '채권'을 판매하며, 오로지 투쟁 승리만을 바라보고 전 조직의 힘이 실리던 시기였다. 여기서 무너지면 이후 아무것도 담보할 수 없다는 생각으로 매진했다. 2015년 4월 투쟁이 마무리되기까지 1년간 희망연대노조의 전력을 쏟을 수밖에 없었는데, 가장 의지가 됐던 것은 '사회적 연대'였다.

수많은 시민사회단체와 지역단체들이 장기간 지속된 희망연대노조 조합원들의 투쟁을 끝까지 지지하고 연대해 줬다. 특히 지역에서 다양한 실천들이 일어나 조합원들에게 큰 힘이 됐다. 간접고용 노동자들의 투쟁은 원청이 움직여야 '비용'의 문제가 해결되는 구조적 한계가 있어 결코 쉬운 싸움이 아니다. 그러나 지역별로 연대단체와 함께 진행하는 협력업체 규탄집회, 선전전, 기자회견, 항의방문 등은 말 그대로 제 살 깎아 먹기 식 경쟁 일변도의 업계 특성상 원청에도 적잖은 부담이 됐다. 우리가 이길 수 있었던 힘이다.

2014년 우리의 투쟁을 지지하는 모임인 케이블 지역대책위가 구성된 지역은 노원, 강북, 성북, 마포·서대문, 용산, 강동, 송파, 성동, 광진, 안양, 고양·파주 등이다. 지역대책위까지는 아니어도 상당수 지역에서 지지와 연대를 보내 줬다. 각 지방에 있는 민주노총 지역본부와 단체들까지 희망연대노조 중앙에서 챙기지 못하는 면까지 세세히 챙기며 희망연대노조가 어려운 시기를 잘 이길 수 있도록 응원해 줬다.

## 언론보도
### '고객님'이 우리 동네 케이블기사님들을 응원합니다

<오마이뉴스>
시민기자 김일웅
2014.06.23.

케이블방송 씨앤앰과 티브로드의 정규직, 비정규직 노동자들이 공동 파업을 진행하고 있는 가운데 티브로드가 케이블방송을 서비스하는 지역인 강북구 주민 70여명이 티브로드 비정규직 노동자들의 파업을 지지하는 성명서를 발표해 눈길을 끌고 있다.

더불어 사는 희망연대노조 소속 씨앤앰지부, 케이블방송비정규직지부, 케이블방송비정규직티브로드지부(이하 티브로드지부)는 2014년 임단협 투쟁 승리와 '생활임금 쟁취! 다단계하도급 금지! 공생협력! 고용보장! 지역방송 공공성 쟁취!' 5개의 공동요구안을 내걸고 6월 23일 현재, 11일차 파업을 진행하고 있다.

이미 지난해 투쟁을 통해 케이블방송 현장에서 일하는 비정규직 노동자들의 열악한 노동환경이 알려져 사회적으로 큰 파장을 불러온 바 있다. 설치와 개통, 철거, A/S 등의 업무를 담당하는 케이블방송 비정규직 노동자들은 막대한 이윤을 남기고 있는 원청 사업자가 아닌 협력업체라 불리는 하청업체 소속으로, 그것도 다단계 하도급 구조 속에서 노동권을 보장받지 못한 채 일했다.

간략히 살펴보면 1주간 노동시간이 70시간에 육박하고 휴가도 1년에 3일 정도밖에 사용하지 못할 정도의 살인적인 장시간 노동에 시달려 왔다. 고용노동부가 지난해 5월 20일부터 31일까지 (주)티브로드홀딩스 본사 및 계열사(사업부 1개사), 외주업체인 기술센터(19개소) 및 고객센터(10개소) 등 전국 41개소에 대해 실시한 근로감독 결과에 따르면 '최저임금' '연장·야간·휴일근로수당' 등으로 노동자들에게 미지급된 금액이 4억8000만 원에 달하는 것으로 드러날 정도로 근로기준법조차 지켜지지 않는 열악한 상황에서 일을 해 왔다.

또한 업무의 특성상 위험한 작업환경에서 일하지만 기본적인 보호장비조차 지급받지 못한 채 안전과 생명까지 위협받으며 일했다. 지난 해 노동조합 결성과 단체협약 체결 이후에도 많은 부분이 개선되지 못했고 케이블방송 노동자들은 앞서 언급한 5가지 공동요구안을 내걸고 공동파업에 돌입한 것이다.

유독 티브로드 협력사들은 파업이 시작된 지 5일 만에 공격적 직장폐쇄 조치를 취했고 원·하청 관계의 특성상 이 과정에서 원청인 태광 티브로드의 개입과 지시가 있었다는 의혹이 제기되고 있는 상황이다.

### '고객님'과 '케이블기사'의 연대 선언

한국 사회의 비정규직, 특히 간접고용의 문제는 매우 심각한 사회문제가 된 지 오래다. 현재 비정규직 노동자의 수는 1천만에 육박할 것으로 추산되고 있으며 제조업 사내하청 노동자의 수는 200만~300만명으로 추산되고 있다. 나머지 600만~700만명은 다양한 형태로 산재돼 존재하고 있으며 케이블방송 비정규직 노동자들처럼 시민과 직접 대면해 서비스를 제공하는 형태의 노동자들이 상당 부분을 차지할 것이다.

특히 서울처럼 산업구조상 제조업의 비율이 높지 않은 도시 지역의 경우 이 비중은 더욱 클 것으로 추산할 수 있다. 서울 지역의 경우 정부 통계에 의하더라도 전체 취업자 수의 35%, 실제로는 50%에 육박하는 노동자가 비정규직으로 추산되고 있다. 이는 '고객님'으로 서비스를 제공받는 시민 두 명 중 한 명은 동일한 비정규직일 가능성이 크다는 이야기다.

하기에 '고객님'들이 '케이블 기사'들의 파업을 지지하는 것은 간접고용 비정규직 문제 해결을 위해 같은 처지의 노동자들이 연대의 힘을 보내는 것이며 노동이 존중받는 사회를 함께 만들어가기 위한 중요한 한 걸음이라고 할 수 있다. 그런 의미에서 이번 강북구 주민들의 티브로드지부 파업 지지 선언은 매우 의미 있는 시도다.

지난해 말 유례없이 장기간 지속됐던 철도 노동자들의 파업에 국민은 적극적인 지지의 움직임을 보였다. 철도를 비롯한 공공부문의 사유화, 민영화가 사회적으로 파국을 가져올, 결국 나의 문제라고 봤기 때문이다.

전체 노동자의 절반 가까이가 비정규직 형태로 고용돼 있고 국제노총이 조사한 노동권 현황에서 최하위 등급인 5등급(노동권이 지켜질 거라는 보장이 없는 나라)으로 분류될 만큼 기본적 노동권이 보장되지 못하는 한국 사회에서 간접고용 비정규 노동자들의 파업투쟁을 지지하는 지역 주민들의 선언은 케이블방송의 가입자이자 시청자인 지역 주민들도

결국 많은 수가 비정규직이며, 티브로드 비정규직 노동자들의 투쟁이 나와
무관하지 않음을 드러내는 것이다.

특히나 지지선언문에서 원청인 태광 티브로드가 사태 해결에
적극적으로 나설 것을 주문한 것은 대부분의 대기업들이 바지사장 뒤에 숨어
간접고용 비정규직 문제를 방치하고 있는 상황에서 '진짜 사장'인 재벌의
사회적 책임을 요구한다는 측면에서 의미를 가지고 있다고 할 것이다.

또한 얼마 전 케이블방송 노동자들과 함께 공동 투쟁문화제를
진행하고 투쟁하겠다는 결의를 밝힌 간접고용 노동자들-삼성전자서비스,
현대자동차, LG유플러스, SK브로드밴드-이 모두 우리나라 굴지의 재벌
대기업 소속이라는 점에서 의미심장하다.

### '호갱님' 아닌 케이블방송 공공성 확보의 주체로

또한 이번 파업과 관련해 주목할 만한 것은 케이블방송 노동자들이 단순히
노동자의 이익만을 위해서가 아니라 케이블 방송의 공공성을 강화하기
위한 요구를 내걸고 투쟁에 나섰다는 것이다. 지지선언에 동참한 강북구
주민들은 선언문을 통해 무엇보다 지역에서 시청자들을 직접 만나서
케이블방송을 설치하고 수리하는 이 노동자들이야말로 시청자와 직접적인
이해관계자이며, 이들의 노동이 제대로 존중받는 사회가 케이블방송
공공성의 첫걸음이라며 연대의 뜻을 밝혔다.

그동안 '호갱님'으로 취급받아 오며 케이블방송을 운영하는
대자본의 이윤을 보장해 주는 역할을 해온 가입자들이 케이블방송 공공성
확보의 한 주체로 나서겠다는 의미를 담고 있다는 점이다.

현재 전국 가시청가구의 90% 이상이 케이블방송과 IPTV 등
유선방송을 통해 TV방송을 시청하고 있다. 이는 유료방송은 사실상
공공서비스의 성격을 갖고 있으며 더 이상 자본의 이윤추구를 보장하기 위한
사적 영역으로 방치해서는 안 된다는 것을 보여준다.

더군다나 케이블방송의 경우 여전히 허가 및 재허가 심사
요건으로 "지역적·사회적·문화적 필요성과 타당성"과 "지역사회 발전에
이바지한 정도"가 포함돼 있는 것에서 알 수 있듯이 애초 지역성과
공공성의 구현이 중요한 자기의무였다. 하지만 대기업들이 대부분의
SO(종합유선방송사업자)를 인수, 합병하며 케이블방송 시장을 장악한 이후
케이블방송의 공공성과 가입자의 권리는 공중으로 흩어져 버렸다.

실제로 대부분의 국민이 가입되어 매달 꼬박꼬박 사용료를 납부하는 케이블방송 시장의 규모는 엄청나다. 그리고 가입자들은 매달 사용료를 납부하기만 할 뿐 채널 편성에 대한 선택권이나 채널 방송 프로그램 추천권 등은 전혀 행사하지 못하고 있다. 이는 종합유선방송사업자의 매출에서 큰 비중을 차지하는 홈쇼핑 채널이 지상파 채널 사이사이, 앞번호를 부여받고 있다는 것에서 단적으로 알 수 있다.

케이블방송이 거대 자본의 이윤을 보장하기 위한 수단으로만 운영될 때 노동자들의 노동권도, 가입자들의 권리도 케이블방송 사업자들에게는 전혀 고려해야 할 사항이 아니다. 그렇기에 노동자들은 다단계 하도급 구조와 장시간 노동 그리고 영업과 실적압박으로 고통받아 왔고 가입자들은 당연히 보장받아야 할 권리조차 알지 못한 채 금전출납기의 역할을 하는 '호갱님'으로 취급받아 왔던 것이다.

강북구 주민들의 이번 지지선언은 가입자인 지역 주민들이 케이블방송의 공공성을 강화하기 위한 하나의 주체로 나설 것이며, 공공성 강화의 첫 걸음은 바로 '케이블 기사'라고 불리는 비정규 노동자들의 노동권이 보장되는 것이라는 연대의 선언이기도 한 것이다.

## '지역'과 '노동'이 만나려는 다양한 시도가 이어져야

이러한 연대의 흐름이 지속되려면 노동조합의 지속적인 노력 또한 매우 중요하다. 대부분의 사람들이 노동으로 생계를 유지하고 노동권이 제대로 보장되지 않는 사회에서 노동조합의 투쟁이 대중들의 지지를 받지 못하는 상황에 대한 반성과 이를 바꾸기 위한 계획들이 필요하다.

노동조합의 싸움이 노동자들 중에서도 상대적으로 나은 정규직 노동자들의 투쟁으로만 비춰지는 것이 아니라, 노동조합의 투쟁이 조합원들의 이익만을 위한 싸움이 아니고 사회의 공공성을 강화하고 전체 노동자를 위한 싸움으로 받아들여져야 철도 파업처럼 국민의 광범위한 지지를 받을 수 있다.

또한 유난히 노동 의제에 대해 무관심한 지역사회로 스며들어 지역에서부터 노동조합의 활동이 인정받고 노동이 존중받는 사회를 만들고자 하는 노동조합의 투쟁이 결국 모두의 문제라는 인식을 확산시켜야 할 것이다.

그런 측면에서 희망연대노조의 지난 활동들은 주목할 만하다.

희망연대노조에는 나눔연대사업국, 지역연대사업국, 생활연대사업국 등 다른 노동조합에서는 찾아보기 어려운 집행부서들이 설치돼 있다. 그리고 2011년부터 진행해 온 사회연대사업 소개자료에 따르면 희망연대노조는 단결과 연대를 통한 '더불어 사는 삶'을 지향하면서 조합원들의 삶을 바꿔내기 위해서는 결국 지역사회를 바꿔야 한다는 것에 고민이 미쳤고 이를 위해 지역의 다양한 영역과 소통, 교류하고 지역사회와 생활문화연대를 확장하는 것을 노동조합의 주요한 사업으로 진행해 왔다고 밝히고 있다.

이를 위해 아동·청소년 사업을 우선적인 사업방향으로 설정하고 지역 내 지속가능한 돌봄 안전망 구축을 위해 지역 단체와 네트워크를 구축하는 사업을 진행해왔으며 지난 2011년 씨앤앰 노사 공동 사회공헌사업으로 시작돼 강동구와 성북구를 중심으로 모델사업을 추진해 왔다.

이후 2012년 송파, 용산, 구로, 성동의 4개구로 사업 대상지역을 확대하였고 2013년에는 남양주권역과 네팔 포카라지역의 학교짓기 사업을 추가적으로 진행했고 노동자 중심의 건강한 기부문화를 확산하고 생활문화 연대를 실현하기 위해 (사)희망씨를 출범시켰다.

2013년 티브로드지부의 단체협약 과정에서 티브로드 협력사협의회-노동조합 공동의 사회공헌기금을 조성하였고 이를 바탕으로 사업지역이 확대되면서 노동조합은 지난 3월 강북구에서의 사업을 제안했다. 이후 3개월여간의 논의 끝에 강북구 지역의 20여개 아동·청소년 관련 단체들이 참여하는 강북아동·청소년 희망네트워크가 발족해 사업을 진행 중에 있다.

지역에는 서울시에서 진행하는 마을공동체 사업을 포함해 기업의 사회공헌사업 조직 등 여러 곳에서 기금이 유입되고 있고 재정적으로 충분하지 않은 많은 지역 단체들은 이러한 기금을 통해 여러 사업을 진행하고 있는 것이 사실이다. 그런데 희망연대노조의 노사 공동 사회공헌기금이 여타의 기금들과 다른 점은 먼저 기금만을 지원하는 것이 아니라 노동조합이 사업의 한 주체로서 함께하며 조합원들의 참여를 점차 늘려가고자 한다는 점이고 나눔과 연대를 통한 '더불어 사는 삶'이라는 지향과 목적을 명확히 한다는 데에 있다.

실제 사업이 4년째 진행되고 있는 성북과 강동 지역에서는 희망연대노조의 사회공헌기금을 모태로 조직된 네트워크가 지역의 대표적인 아동·네트워크로 성장하는 등의 성과를 보여주고 있다. 노동운동이 지역과 만나려는 노력을 계속하고 있는 지금, 희망연대노조의 노력과 성과가 보여주는 시사점은 매우 크다고 할 것이다.

필자는 지난해부터 '케이블방송·통신 공공성 확보와 비정규직 노동인권 보장을 위한 공대위' 공동대표로 활동해 왔고 올해 출범한 '강북아동·청소년 희망네트워크'의 집행위원장을 맡아 활동하고 있다. 그 과정에서 지역에서 일상적으로 고객과 서비스노동자로 만나는 지역 주민들이 같은 노동자로서 서로를 인식하며 연대하는 것이 매우 중요함을 새삼 깨달았다.

또한 노동이 함께하는 속에서 나눔과 연대의 원리로 지역사회를 바꾸려는 노력을 해나가는 것이 노동의 가치가 존중받는 더불어 사는 삶으로 한 걸음 나아가는 데 매우 큰 힘을 발휘할 수 있다는 것을 체감하고 있다.

어찌보면 작은 사건일 수 있지만 티브로드 비정규 노동자들의 파업에 대한 강북구 주민들의 지지 선언과 희망연대노조의 사회연대활동은 노동이 천대받는 우리 사회를 바꾸는 거대한 사회적 연대를 만들어 가는 마중물이 될 수 있으며 진보진영 내에서 이러한 흐름들을 확대하기 위한 다양한 시도와 공동의 노력들이 지속적으로 이루어지면 좋겠다는 생각을 하고 있다. 아울러 이를 위해 작은 힘과 노력이라도 지속적으로 보태 나갈 생각이다.

## 조합원들의 자발적 지역연대

지역은 여론이 생성되고 세력화하는 곳이다. 그래서 지역에서의 일상적인 투쟁은 전체적인 투쟁의 성패를 좌우하기도 한다. 지역 풀뿌리단체들은 지금껏 '민심'을 '천심'으로 불러일으키는 활동들을 맡아 왔다. 이 과정에서 '노동'의 영역은 찾아보기 힘들었던 것이 사실이다.

희망연대노조 조합원들은 세월호 사건의 진상규명을 위한 투쟁이나 2015년 최저임금 인상투쟁 등 크고 작은 투쟁을 지역에서 함께하고 있다. 또한 서울 용산지역의 화상경마장 반대투쟁, 서울 강동 지역의 청소업체인 고려정업을 상대로 한 연대투쟁, 서울 성북 지역의 동구마케팅고 해직교사의 복직투쟁, 경기 안양 지역의 코오롱 해고자 원직복직을 위한 투쟁 등 지역 현안 투쟁에도 함께하고 있다. 2014년 정말 길고 어려웠던 투쟁의 여파로 조합원 한 명 한 명 생계문제로 어려운 상황에서, 민주노조를 사수하기 위한 현장에서의 투쟁이 버겁긴 하지만 그래도 우리가 할 수 있는 범위에서 지역과 함께하기 위해 최선의 노력을 하고 있다.

뿐만 아니라 지역단체들과 함께 어렵고 소외된 이웃들과 함께하는 여러 가지 '나눔'활동에도 조합원들은 적극적으로 결합하고 있다. 2014년 그 힘든 투쟁의 시기에도 지속됐던 '의정부 조합원들의 영아원 자원봉사' '사랑의 김장담그기' '산타잔치' 등 서울·수도권 곳곳에서 조합원들 나눔활동이 이어지고 있다. 또한 지역사회 구성원들과 생태·환경·평화·인권 등의 가치를 실현하기 위한 여러 가지 공동체 활동에 자발적으로 참여하는 조합원들이 늘고 있다. 이들이 희망연대노조의 '희망의 씨앗'이 되고 있는 것이다.

**국제연대**

신자유주의 투기자본은 국경 없이 자신들의 부를 축적하고 있다. 2015년 5월 조사한 통계치에 따르면 우리나라에서만 1억원 이상의 상장사 주식을 소유한 어린이(만 12세 이하)는 121명이다. 이 중 100억원 이상의 상장사 주식을 소유한 어린이는 무려 8명이나 된다고 한다.

빈곤의 늪에서 허덕이며, 온 가족이 죽음의 길을 선택하는 대한민국, 자살률이 OECD 1위인 대한민국의 두 얼굴이다. 이렇듯 자본은 자신의 부를 축적하기 위해 수단과 방법을 가리지 않는다.

한국 미술사상 최초로 베니스 비엔날레 은사자상을 수상한 영화

「위로공단」에서도 국경을 넘어선 자본의 잔악성이 그대로 드러난다. 한국 기업들이 다수 진출한 캄보디아의 봉제공장 모습은 청년 전태일이 근로기준법을 품에 안고 산화했던 70년대 서울의 봉제공장 모습을 그대로 옮겨다 놓은 것 같다. 영화에서 캄보디아 여성 노동자들은 열악한 임금과 근로조건에 항의하며 파업에 돌입하게 된다. 그러나 캄보디아 정부는 노동자들의 파업을 경찰병력과 군대를 동원해 유혈진압한다. 결국 5명의 노동자가 사망하는 비극으로 이어진다. 더욱 비극적인 것은 이런 노동자들의 파업을 어떤 수단과 방법을 가리지 말고 진압해 줄 것을 요청한 쪽이 '한국기업' '한국 대사관'이라는 의혹이 일고 있는 것이다. 현지 취재기자를 통해 공개된 영상자료에서는 태극마크가 찍힌 한국 군복을 입은 사람이 직접 노동자들의 파업을 진압하는 장면이 나온다. 유혈진압 뒤에 한국이 있다는 의혹을 가중시키고 있는 것이다.

우리나라에서도 노동자들의 피땀 어린 노동으로 만든 이윤을 가지고 '먹튀'하는 투기자본들의 모습을 수없이 목격했다. 자본은 이윤을 뽑아먹을 빨대를 꽂을 곳을 찾아 어디든지 이동한다. 이제 우리나라 기업도 제3 세계 국가로 향하고 있다. 그곳에서 악랄한 모습으로 2세대 투기자본 역할을 톡톡히 하고 있다.

자본은 국경을 넘나드는데, 노동자들은 '국경' 안에 갇혀 있다. 사업장 담벼락을 넘듯이 국경을 넘는 연대가 필요한 이유다.

**국경을 넘어 나눔연대 실천하다**

희망연대노조의 시선은 우리나라 안에만 머무르지 않는다. 국경을 넘나드는 자본에 대항하기 위하여 국제연대 소모임인 아름연대를 중심으로 네팔 민중과의 연대를 추진하고 있다.

　　네팔 민중연대는 소모임 아름연대가 정기적인 모임을 하면서 밑그림이 그려졌다. 아름연대 결성 당시부터 회원들은 국제연대의 목적과 방향, 대상을 진지하게 논의했다. 이 과정에서 '신미꿔' 소식을 접하고 네팔과의 교류를 추진하게 된다. 신미꿔는 한국에서 일하고 자국으로 돌아간 네팔 이주노동자들이 만든 단체다. 아름연대는 국내의 네팔식당을 방문하거나, 네팔 전문가인 이금연 천주교 수원교구관장과 간담회를 갖는 등 네팔과의 실질적인 연대방안을 마련하기 위해 힘을 쏟았다. 그리고 2012년 11월 아름연대는 신미꿔와 직접적인 연대방안을 논의하기 위해 네팔 나눔여행을 떠났다.

　　2012년 첫 번째 네팔 나눔여행에서는 네팔노총(GeFONT) 간담회, 신미꿔 회원들과의 간담회, 현지 마을 방문 등을 통해 교류와 연대방안을 논의했다. 히말라야 산맥으로 이어지는 아름다운 트레킹 코스를 짧게 트레킹하기도 했다.

　　우리가 방문한 마을은 뻘벗 지역과 포카라 지역이다. 두 곳 모두 채석장 마을이었다. 아직까지 신분제의 흔적이 남아 있는 네팔에서 최하층, 소위 천민들이 거주하는 곳이라 환경이 많이 열악했다. 특히 뻘벗 지역의 경우 학교는 있었지만 운영상황이 좋지 않았다. 한창 학교를 다닐 아이들이 채석장으로 나가 노동을 하고 있는 형편이었다. 포카라는 학교조차 없었다. 네팔 나눔여행단은 뻘벗의 주민 간담회에서는 학교급식 지원을, 포카라 주민 간담회에서는 학교 설립을 요청받았다. 학교에서 밥을 먹을 수 있다면 아이들은 더 이상 채석장에서 고된 노동을 하지 않아도 된다. 장거리 통학 때문에 배움을 포기해야 했던 아이들이 새로운 꿈을 꿀 수 있다는 이야기다.

　　네팔에서 돌아온 나눔여행단은 후속모임을 통해 네팔 아이들을 도울 방법을 고민했다. 뻘벗 아이들 학교보내기 저금통은 그때 만들어졌다. 그렇게 시작한 저금통 사업으로 2013년부터 매달 25만원씩 뻘벗 아이들의 급식을 지원할 수 있었다. 저금통 모금은 지금도 이어지고 있다. 저금통은 희망연대노조 조합원뿐만 아니라 지역의 어린이집이나 북카페, 지역단체 회원들의 가정에서도 볼 수 있다. 희망연대노조는 이주노조와 이주노동자후원회와 함께 경제사정이 빠듯한 네팔 활동가들에게 월 30만원의 후원비도 지원하고 있다. 2014년에는 씨앤앰 노사의 사회공헌사업비 일부를 포카라 학교 짓기에 투자해 '머시라버거르 희망학교'가 설립됐다.

2013년 11월 두 번째 네팔 나눔여행을 떠났다. 세 번째 나눔여행은 아직 이뤄지지 못하고 있다. 2014년에는 희망연대노조 케이블·통신 비정규직 파업으로, 2015년에는 4월에 발생한 네팔 대지진으로 사정이 좋지 않았기 때문이다. 하지만 희망연대노조 차원에서 포카라 학교 짓기 사업 점검과 뻘벗 지역의 지원 방안 마련을 위해 2014년 4월과 2015년 4월, 11월 세 차례 네팔을 찾았다.

네팔에서도 희망연대노조의 연대원칙은 변함없다. 시혜적 차원의 기금 지원이 아니라, 지역민 스스로가 자립할 수 있도록 그들과 함께 네트워크 방식의 사회공헌사업을 펼친다는 것이다. 포카라의 '희망학교 운영위원회' 역시 이러한 원칙에서 구성됐다.

사실 포카라 희망학교 이전에도 우리나라 단체들이 네팔에 설립을 지원한 학교는 많다. 그런데 네팔 현지에 가보면 텅 빈 들판에 건물 몇 개가 흉물스럽게 덩그러니 서 있는 모습을 목격하게 된다. 대부분 한국 자선단체가 지은 '학교' 건물이다. 네팔 현지인들과 교류 없이, 학교를 어떻게 운영할 것인가에 대한 고민이 없이 건물만 덜렁 지어 놓은 것이다. 그래서 요즘 네팔 사회에서는 이 건물들이 골칫덩이가 되고 있다고 한다.

　최근 희망연대노조가 설립한 포카라 희망학교가 네팔 현지인 사이에서 모범 사례가 되고 있다는 이야기를 들었다. 희망연대노조는 학교를 설립하기 전부터 운영위원회를 구성, 교사 위촉과 학생 모집에 관한 모든 사항을 네팔 현지 네트워크와 논의했다. 포카라 희망학교 운영위원회는 교사 대표, 학부모 대표, 마을 주민회, 네팔노총, 신미궈, 희망연대노조 등이 참여한다. 2014년 4월 포카라 희망학교 개교식에서도 운영위원회가 열렸다. 개교식에 참석한 방문단과 전체 주민들이 이를 지켜봤다. 포카라 희망학교 선생님들은 일부 전문교사를 제외하고 주민 가운데서 위촉했다. 주민 교사를 뽑기 위한 면접 또한 운영위원회가 전체 주민들 앞에서 실시했다. 주민들이 교사 후보자들에게 질문하는 모습은 이색적이지만, 소중한 경험으로 남아있다.

　포카라 희망학교 설립을 위해 네팔을 방문했던 우리들도 평생 잊지 못할 경험을 하게 됐다.

　2015년 4월 희망연대노조 네팔 방문단은 서울로 돌아오기 이틀 전, 박터푸르 유적지에서 네팔 대지진을 겪었다. 방문단 5명의 생사가 오가던 순간이었다. 방문단은 우여곡절 끝에 예정보다 이틀 늦게 귀국했다. 그들은 생각만 해도 끔찍한 악몽 같은 대지진을 겪고 돌아왔지만 천진난만한 네팔 아이들과 주민들의 모습이 눈에 선해 가만히 있을 수가 없었다. 희망연대노조와 (사)희망씨는 곧바로 '네팔 민중돕기 모금운동'에 나섰다. 조합원은 물론 지역단체들도 동참했다. 모금한 돈은 네팔 긴급 구호자금에 보탰다. 네팔 대지진 이후 현지의 정치 상황과 경제 사정 모두 악화되고 있어 지속적인 관심이 필요하다.

2015년 4월 희망연대노조·희망씨 네팔 방문단이 방문했을 때 간담회 모습

네팔 아이들 학교보내기 저금통

급식비 지원을 받고 있는 네팔의 뻘벗 지역 아이들

2015년 4월 뻘벗 학교운영 정상화를 위한 희망연대노조-희망씨 네팔 방문단과 주민들의 간담회 모습

마을과 노동, 희망으로 엮다

모금액과 구호품을 전달하는 신미귀와 이금연 천주교 수원교구관장

사업장 담벼락을 넘어 지역과 더불어

2015년 4월 네팔 방문 당시 귀국을 앞두고 지진 피해를 입은 네팔방문단

2015년 4월 희망연대노조가 씨앤앰 노사 공동 사회공헌사업비로 설립한 학교에서 1년 동안 공부를 마친 아이들의 졸업식이 진행된 날(한 학년 올라가는 모든 과정을 졸업식이라고 부른다)

마을과 노동, 희망으로 엮다

# 네팔 방문 후기
## 네팔 어린이돕기 실무점검 방문보고

최유홍
(사)희망씨 이사장

**1. 포카라 머시라버거르 희망학교**

2015년 4월 21일, 2년 전 방문했을 때와 다름없는, 아니 더욱 뜨거워진 주민들의 환대를 받았다. 이날은 때마침 학교 졸업식이 예정돼 있었다. 졸업식이 열리기 전 우리는 마을주민과 교사 그리고 다른 외부인과 인사를 나누고 새로 지어진 학교 건물을 둘러보았다. 한눈에 봐도 튼튼하고 깔끔하게 잘 지어진 것 같았다. 신축 교사는 'ㄱ'자 형태로 왼쪽부터 교실이 3칸, 교무실, 식당, 주방, 화장실 순으로 이어져 있었다. 운동장은 비교적 평평했는데 아직 고르지 않은 돌들이 많았다. 아이들이 뛰어 놀다가 다칠까 걱정됐다. 학교 담벼락은 쇠파이프로 기둥을 삼고 철망으로 둘러싸여 있었다. 비록 벽돌이나 돌담만은 못해도 없는 것 보다는 훨씬 나았다. 교실 안의 시설물이나, 벽면 마감 등은 부족한 것이 눈에 보였다.

졸업식이 시작되고 우리 일행을 포함해 학생들과 마을주민, 지역단체 인사 등 100여명이 참석했다. 졸업식은 2시간 넘게 진행됐다. 어린 학생들이 춤 공연이 세 차례 이어지고 마을 청년들의 듀엣 공연이 있었다.

축사도 했다. 학교운영회장, 네팔노총의 미나 구릉부위원장(포카라위원장 겸임), 정당 대표 크리시나 타파(포카라위원장), 네팔노총 누들리 카트리 부위원장, 그리고 (사)희망씨를 대표해서 나도 발언을 했다. 나는 짧게 어린 학생들이 건강하게, 튼튼하게 자라기를 소망하면서 작은 힘이나마 보태겠다. 마을 어르신들과 부모님의 관심과 사랑으로 아이들이 훌륭히 자라기를 바란다고 말했다. 다른 사람의 축사는 무척 길었다. 보통 10분 넘게 이어졌는데 통역이 없어서 무슨 말을 했는지 모르겠지만 마이크만 잡으면 하나같이 청산유수다. 자신 있게 말하는 모습이 좋았다. 네팔 사람들은 평상시에도 발표를 잘하는 사람들이다.

졸업식은 춤과 노래공연 그리고 축사에 이어서 우수졸업생 시상식 순으로 진행됐다. 마을잔치처럼 흥겨운 분위기였다. 그런데 행사 도중 불의의 사고가 있었다. 햇빛 가리개용 천막을 지탱하던 시멘트 블록이 거센 바람을 못 이기고 그만 최문호 이사의 오른팔을 스쳐 오른발 장딴지에 떨어진 것이다. 행사는 잠시 중단됐다. 최문호 이사가 병원으로 후송됐고, 졸업식은 끝까지 진행했다.

졸업식이 끝난 뒤 마을 주민들이 마련한 음식을 먹었다. 우리들은 교실과 툇마루, 마당에 놓여진 의자에 삼삼오오 모여 앉아서, 닭고기가 들어간 카레를 말려서 얇게 누른 쌀에 비벼서 먹었다.

식사를 마치고 교무실에서 학교운영위원회가 열렸다. 마을 주민 6명, 교사 3명, 보조교사 1명, 우리 일행 6명이 참석했다. 이날 간담회에서 나온 이야기를 종합하자면 이렇다.

학생 수는 점점 늘어날 것으로 보인다. 이웃에 있는 유치원과 MOU를 맺어 유치원을 졸업하면 이 학교로 진학할 수 있도록 약속했기 때문이다. 학습에 필요한 문구류를 좀더 구비해야 한다. 미술시간엔 스케치북과 크레파스가 필요하다. 음악시간에는 아직 선생님들이 다룰 수 있는 악기를 발견하지 못해 연구를 해야 한다. 체육시간은 운동장에 돌들이 많은 점을 감안해서 체육용품을 선정해야 할 것 같다. 줄넘기나 공기놀이가 괜찮은 듯 보였다. 중고 컴퓨터도 1~2대 더 필요하다. 프린터와 용지는 학교에서 직접 구입하는 것이 나은 듯 싶었다.

졸업식에 참석한 네팔노총 간부 6명과 정당 지역위원장은 학교 발전에 관심이 많았다. 특히 희망연대노조에서 학교를 후원한다는 사실이 그들에게는 매우 고무적인 일이라는 인상을 받았다. 전날 함께한 네팔노총 포카라 간부들(누들리 카트리 포카라부위원장, 릴라 카트 사무국장, 어디 가리 사무차장, 비슈누 카트리 포카라 운수노조위원장, 기수누 바하드르 타파 운수노조 지회장)으로부터 기대 이상의 환대를 받았다. 미나 구릉 네팔노총 부위원장도 매우 친근감 있는 태도로 다가왔다.

　　　　　간담회를 마친 후 오락가락하던 비가 그쳐 우리 일행은 네팔노총 포카라 지펀 사무실로 초대를 받았다. 간단한 티타임을 갖고 옆 건물에 위치한 운수노조 사무실도 견학했다. 2층 운수노조 사무실에는 10개 가량의 책상과 의자가 있었는데 시설이 훌륭했다. 3층 강당은 널찍해서 50~60명은 충분히 수용할 만한 공간이었다.

　　　　　끝으로 가장 중요한 안전 문제를 다시 한 번 언급하지 않을 수 없다. 우선 학교 또는 마을행사시 천막 등의 시설물에 대한 안전점검 꼭 필요하다. 최문호 이사가 의연하게 대처해 일행의 한 사람으로서 자랑스러웠지만 졸업식 때 같은 사고가 재발해서는 안 될 것이다. 학교에 대형 천막을 지원하는 것도 차후 고려해 볼 만하다. 학교운동장에도 돌이 많아 걱정스럽다. 아이들이 뛰어놀다 넘어질까 우려된다. 간담회 때도 주민 운영위원과 선생님들께 염려스럽다고 전했지만 계속 관심을 갖고 신미궈를 통해 연락해야겠다. 마을주민과 선생님이 돌 고르기 작업을 하는 것이 가장 바람직해 보인다. 만약 아이들이 넘어질 수도 있으니 응급시 필요한 구급약상자 지원이 필요하다. 복용약 보다는 상처에 바르는 연고제와 붕대, 밴드 등을 구입해서 11월 방문시 꼭 챙겨 가면 좋겠다.

## 2. 뻘벗 슈라믹 초등학교

　4월 22일 포카라에서 차로 2시간 가량 달려 오전 11시경 뻘벗 슈라믹 초등학교에 도착했다. 차에서 내린 선집과 나는 동네가게에서 사과를 50개 가량 사서 마을 가운데 길을 가로질러 학교로 향했다. 마을주민과 고학년 아이들이 밝은 표정으로 '나마스떼' 하고 인사했다. 학교 가까이 가니 전에는 없었던 벽돌 담장이 운동장을 둘러싸고 있었다. 학교에 들어서자 교장선생님이 반갑게 맞아주었다. 한 교실은 수업 중이었고, 아이들이 책상 의자에 가지런히 앉아 있었다. 주방일을 보는 보조교사가 그 곳을 지키고 있었다. 2년 전 보았던 풍채 좋은 여선생님은 아파서 카투만두 병원에 입원했다는 말을 들었다.

　　　　　우리가 잠시 학교를 둘러보는 사이 교실에서 간담회를 열 준비하고 있었다. 그리고 잠시 후 놀라운 일이 벌어졌다. 마을주민들이 한 분, 두 분 교실로 들어오기 시작했다. 할아버지, 할머니, 아저씨, 아주머니 20여명 그리고 갓난아기부터 2~3살 꼬마 대여섯 명이 들어왔다. 이어 학교 선생님 2명, 보조교사 1명, 신미궈 회원 2명, 우리 일행 5명이 자리하면서 금방 교실 안이 꽉 찼다. 준비된 의자를 다시 배치해서 앉았다. 먼저 교실 안에 있는 모든 사람이 한사람씩 자기소개를 했다. 나는 첫마디로 2015년 학교급식은 계속된다고 말했다. 내년과 후년도 계속 지원되도록 노력하겠다는 말도 잊지 않았다. 학교 운영에 많은 관심을 보여주고 크게 환대해 준 것에 감사드렸다. 급식비를 제일 먼저 언급한 이유는 카투만두 도착 다음 날 선집으로부터 4월 무렵 3일간 급식이 중단된 적이 있었다는 소식을 들었기 때문이다. 학교운영위원회 위원장은 급식비와, 학용품, 의복 등을 지원해줘서 고맙다면서 무엇이 더 필요하다고 말하기 어렵다고 했다. 다른 주민들도 비슷한 이야기들을 했다.

## "평범한 사람들이 아무 생각이 없을 때 만들어진 것이 악이다"

한나 아렌트가 독일 전범 '아이히만' 재판 과정을 보며 한 말을 아는가. 지극히 평범한 '공무원'이었던 아이히만은 600만명에 달하는 유대인을 학살하고도 "그저 국가가 나에게 지운 책임을 다한 것"이라고 일관되게 말했다. 그런 그를 보고 아렌트는 "평범한 사람들이 아무 생각이 없을 때 만들어진 것이 악이다"라고 결론지었다. 물론 아렌트의 이런 주장은 많은 비판을 받고 있다.

　　　EBS「지식채널ⓔ」의 "괴벨스의 입"편에는 나치당의 선전장관, 괴벨스 이야기가 나온다. 예술가가 되고 싶었던 청년 괴벨스는 스물여덟 살에 히틀러와 만나면서 전혀 다른 삶을 살게 된다. "대중을 지배하는 자가 권력을 장악한다"는 괴벨스의 이론은 효과적으로 나치의 정책을 독일과 전 세계에 유포한다. 그는 독일 전 국민에게 라디오를 공급하고, 히틀러의 일거수일투족을 라디오를 통해 중계했다. 그리고 1935년 세계 최초로 정기적인 TV방송을 시작하고, 또 세계 최초로 32개국에 베를린 올림픽을 송출했다. 라디오와 TV를 이용한 나치의 선전은 독일 패전 상황에서도 승리를 믿도록 만들 정도로 엄청난 파급력을 지녔다. "대중은 거짓말을 처음에는 부정하고 그 다음엔 의심하지만 되풀이하면 결국에는 믿게 된다"는 괴벨스의 말이 실현된 것이다.

'라디오와 TV 등을 정치에 활용한 최초의 인물'로 평가받는 괴벨스는 이런 말을 남겼다. "나에게 한 문장만 달라. 그러면 누구든지 범죄자로 만들 수 있다."

평범한 사람들이 아무 생각이 없을 때, 만들어진 것이 악이다. 매체를 통해 정권과 자본은 끊임없이 자신들의 논리를 쏟아부었다. 그리고 '99%가 거짓이다 하더라도 매체를 통해 1%의 진실을 끊임없이 설파하면서 99% 거짓마저도 진실로 만들어 버리는 상황'을 우리는 수없이 목격했다. 실로 무서운 일이 아닐 수 없다.

하지만 평범한 사람들이 함께 모여 생각하고, 제기하고, 행동에 나서면 권력과 자본은 자신의 의도를 관철할 수 없다. 평범한 사람들이 권력에 맞설 수 있는 유일한 길이다. 그러하기에 우리는 연대하는 것이다. 국경과 세대를 넘어 다양성을 존중하되, 모든 부문을 아울러 폭넓게 연대해야 한다.

**비결은 목적의식적인 교육**

희망연대노조는 교육 시간이든 투쟁 기간이든 조직화 과정에서든 조합원을 만날 때면 하는 이야기가 있다. 바로 '지역사회운동노조'로서 희망연대노조의 정체성이다. 교육할 때도, 사업계획에 대한 의견을 수렴할 때도 이 과정을 되풀이한다. 희망연대노조는 유독 교육이 많다. 근무시간 중 조합활동으로 확보된 교육시간 외에도 2011년, 2012년, 2013년 '노동자학교' 과정을 개설해 전 조합원이 의무적으로 이수하도록 했다. 이 과정을 통해 노동조합의 가치와 지향을 공유했다. 씨앤앰지부는 지금도 노동자학교를 진행한다. 어떤 해에는 전 조합원을 몇 개조로 나눠 1박2일 과정으로 노동자학교를 열기도 하고 또 다른 해에는 주말 하루 일정으로 교육과정을 개설하기도 한다. 이마저도 이수하지 못할 경우 평일 저녁시간을 비워서 조합원들이 반드시 교육을 받도록 한다. 조합원 교육에 엄청난 열정을 쏟아붓고 있는 것이다. 그러나 간접고용 비정규직은 이러한 교육과정이 쉽지 않다. 회사와 교섭을 할 때도 조합활동 시간에 얼마나 보장할 것인가가 핵심 쟁점 중 하나다. 때문에 비정규직지부는 각 특성과 상황에 맞게 전체 조합원을 교육시간을 확보한다. 틀은 달라도 교육을 일상화하려는 노력은 치열하다.

## 비결은 특별한 조직체계

희망연대노조는 다른 노조에서는 찾아볼 수 없는 부서가 있다. 생활문화연대국이 바로 그것이다. 생활문화연대국장과 나눔연대국장, 지역연대국장을 이 부서에 배치하고, 관련 사업만을 하도록 업무내용을 특화했다. 노동조합은 조직과 투쟁 시기에는 모든 역량을 한곳에 집중할 수밖에 없다. 그러나 생활문화연대사업 영역은 그침이나 쉼이 있는 성격의 사업이 아니다. 사업의 지속과 전문성을 위해서는 담당자를 두는 것은 무엇보다 중요하다. 이것은 때론, 그들만의 사업이 될 위험성도 내포하고 있다. 하지만 현재까지는 노동조합 절체절명의 위기 상황에서도 관련 사업이 끊임없이 진행되는 가장 큰 힘으로 작용하고 있다.

　각 지부뿐만 아니라 가장 하부조직인 지회까지 생활문화연대부장 또는 생활문화연대차장을 선임하려 노력하고 있다. 아직까지 지부의 생활문화연대 부·차장들은 투쟁을 지원하는 지역단위를 꾸리는 영역의 활동만 하고 있는 현실이기는 하나, 노동조합의 골간을 타고 생활문화연대사업이 흐를 수 있는 체계를 갖춰 놓았다는 점에서 중요한 조직이다.

**비결은 간부순환제**

희망연대노조는 조직운영 원칙으로 '간부순환제'를 채택하고 있다. 조합원 총회에서 결정한 조직 운영원칙이다. 현장에서 일하는 평범한 조합원 중에서 활동가를 끊임없이 양성하고, 노동조합 운영의 신선한 바람을 만들어 내며, 고정화된 틀에 갇히지 않는 노동조합이 되기 위함이다. 현재 결성 6년차에 접어든 씨앤앰지부의 경우 대부분의 조합원들이 최소한 지회 간부 이상의 경험을 가지고 있다. 전임자 역시 임기 이후엔 대부분 현장으로 돌아간다. 전직 간부가 현장에서 생활문화연대 사업과 지역연대 사업을 담당하는 게 조직적 풍토로 자리 잡았다.

## 5장 현재의 고민과 과제

### 희망연대노조는 실험 중

희망연대노조의 여러 가지 시도는 아직 실험 중이다. 아직은 희망연대노조의 시도가 실험 단계에 있다는 말이다. 지속적인 모색과 더 많은 실천이 필요하다는 말이기도 하다. 조합원들의 삶의 변화를 일궈 낸다는 의미가 어쩔 때는 매우 모호하기도 하다. 실제로 조합원들과 이야기 나눌 때면 스스로가 추상적이라고 느껴질 때도 많다. 좀 더 깊은 고민과 이를 구체화하는 작업이 필요하다. 변화는 단기간에 이뤄지지 않는다. 가랑비에 옷이 젖듯이, 백사장에서 진주 찾듯이, 그렇게 한 걸음 한 걸음 나아가고 있다.

### 중요한 것은 조합원들의 경험

생활문화연대사업의 중요성을 강조하지만 대다수 조합원들은 여전히 '노동조합에서 하는 일'이거나 '일과 후 시간을 내어 참여하는 노동조합 활동' 정도로 인식하는 것이 현실이다. 희망연대노조의 지향과 이념에 대해 몇 퍼센트의 조합원이나 동의하고 있을까. 아직은 고개가 갸웃거린다. 희망연대노조는 이러한 현실 속에서 사업을 기획하고 펼쳐야 하는 과제가 있다.

우리의 경험에 따르면 조합원들이 직접 참여하지 않으면 사업의 체감도가 현저히 낮아진다. 그래서 조합원들이 직접 경험해 보는 것이 가장 중요하다. 봉사활동이든, 가족프로그램이든, 텃밭사업이든, 소모임이든, 네팔 나눔여행이든, 저금통 모금사업이든 다양한 종류의 생활문화연대사업의 영역에서 한 가지라도 경험한 조합원들은 달라진다. 그들의 만족도가 사업의 새로운 동력이 된다.

이런 문제의식 속에서 노동조합의 사업 담당자들은 조합원들의 삶에 대한 고민과 관심 분야를 끊임없이 고찰하고 있다. 이러한 과정에서 발견한 '진주'같은 조합원들을 각 사업별·지역별 주체로 세워간다. 여기에는 전직 간부들의 활약이 대단히 중요하다.

지역별·권역별 조합원 모임을 활성화하고, 각 모임들이 자체적 생활문화연대 사업을 기획하고 실행할 수 있도록 해야 한다. 현재 노동조합의 담당자에게 실린 사업의 무게중심을 이제는 노동조합의 시스템이 안착되는 방향으로 옮기려 한다.

한편 수도권 중심으로 태동한 희망연대노조가 어느덧 전국 조직으로 외연이 확대됐다. 조합원 수가 급격히 늘어났고, 그만큼 조합원들의 삶터와 일터의 공간도 확장됐지만 노동조합의 사업 속도는 이를 못 따라간다. 희망연대노조는 생활문화연대사업의 전초기지로서 조합원들의 지역별·권역별 모임을 주목하고 있다. 조합원들이 전국에 분포하는 상황에서 가장 중요한 운영원칙이다. 지역별·권역별 모임을 통해 가능한 지역부터 지역지부를 만들어 가려고 한다. 희망연대노조는 지역지부 건설까지 내다보면서 사업 주체를 세우고, 권역별 사업체계를 어떻게 만들어 가느냐를 고민하고 있다. 이 문제는 향후 몇 년간 지역사회운동노조로서 희망연대노조의 가치를 실현해 가는 데 분수령이 될 것이다.

**험난한 미래**

2009년 희망연대노조를 설립한 이후 많은 모험과 실험들이 있었다. 아무런 재정적 뒷받침 없이 신규 조직을 만들고 파업투쟁을 승리로 이끌기까지. 희망연대노조 원년 멤버들의 희생과 헌신이 있었기에 가능한 일이었다.

그리고 6년의 세월이 흐른 지금, 조직이 급격히 확장되면서 조직 운영면에서 여러 가지 어려움에 직면해 있다. 희망연대노조가 전국 조직으로서 사업의 틀을 갖추려면 앞으로 2~3년의 시간이 필요하다. 재정적으로나, 조직적으로나 힘든 시기임은 틀림없다. 이러한 위기의 순간에도 '생활문화연대'와 '지역연대' 가치를 놓지 않고 가기 위해 어느 때보다 치열하게 조직적 노력과 고민을 하고 있다.

또 다른 한편에서는 케이블·통신 업계에 지각변동이 일고 있다. 2014년 씨앤앰 매각을 앞두고 몸집 줄이기에 나섰던 MBK-맥쿼리는 SK와 매각협상을 추진했는데 2015년 말 SK가 CJ헬로비전을 인수하기로 전격 결정했다. 태광은 사실상 그룹을 먹여 살리고 있는 티브로드홀딩스를 통해 더 많은 자본의 이익을 창출하려 혈안이 돼 있다. 이런 가운데 간접고용 노동자들의 고용불안과 근로조건 악화는 가속화될 것으로 보인다. LG는 노동조합과 임단협을 체결했음에도 각 협력사별로 이를 준수하지 않고 노동조합 무력화에 주력하고 있다. 자본의 노예처럼 시키는 대로 일하던 그 시절이 그리워 노동조합을 인정하기 싫은 속내를 노골적으로 드러내고 있는 것이다.

그럼에도 희망연대노조는 믿음을 갖고 있다. 노동조합의 조직적 힘과 사회적 힘이 결합될 때 자본의 거대한 흐름에 생채기를 낼 수 있다는 믿음. 그래서 어떠한 조직적 어려움이 있더라도 지역연대, 사회적

연대의 큰 틀을 만들어 가는 발걸음을 한시도 늦출 수 없다.

## 희망의 실마리는 노동과 지역의 연대에 있다

희망연대노조에서 지역사회와 함께하고자 손을 내밀었을 때, 지역사회의 반응은 다양했다. 가장 가슴이 아팠던 것은 우리를 그저 '기금 지원단체' 정도로 봤을 때였다. 다른 사회공헌사업을 하는 노동조합이나 대기업처럼 기금만 지원하면 좋으련만 회의도 같이 사업계획과 집행도 같이하는 것에 거부반응을 보이는 곳도 있었다. 노동조합과 함께하는 과정이 불필요하다거나 의사결정 구조를 통해 마치 노동조합이 지역의 단체들에게 위계를 보이려고 하는 것은 아닌지 의문을 직접적으로 제기하는 곳도 있었다. 어떤 지역에서는 재원이 희망연대노조에서 나온다는 사실을 함구하는 곳도 있었다. 그만큼 지역에서 '노동'과 '노동자' '노동조합'이라는 단어들을 피하고 싶었던 것이 아니었을까.

독자적 생존이 어려운 상황에서 지역의 일부 단체들이 공공기관이나 공익재단에서 하는 프로젝트에 공모하면서 이미 그 패턴에 익숙해진 것은 아닌지, 동시에 스스로 보수적 삶의 패턴이 관습처럼 몸에 밴 것은 아닌지 돌아봐야 한다.

반면 때때로 지역단체에서 듣게 되는 '노동'의 모습 때문에 얼굴이 붉어지는 경우도 있다. 지역과의 연대 과정에 '노동조합'이 보이는 권위적인 모습이나, 일방적인 연대요청, 투쟁이 끝나면 썰물처럼 빠져나가는 모습이 불편했다는 지역의 이야기 또한 노동조합이 새겨야 할 대목이다. 성인지적 관점이나 나이주의에 다소 무감한 노동조합 활동가들이 상대적으로 '나이 어린 여성들'이 많이 활동하는 지역 활동가들과 연대하는 과정에서 툭툭 던진 말과 행동은 벽을 만들기도 한다. 우리 필요할 때만 연대를 요청하는 것은 진정한 연대가 아니다.

노동과 지역이 만난다는 것은 그동안 펼쳐온 운동의 방향성과 주체의 문제가 존재하기에 한 두 마디로 정의할 수 없다. 노동운동이 '사업장' 담벼락을 넘어 지역과 함께하려는 노력을 단지 하드웨어적으로 사고해서는 안 된다. 내 안의 '자본주의'를 버리려는 전방위적 노력을 해야 한다.

## 더불어 사는 삶의 '공간'은 어디에나 있다

고민하고, 행동하는 곳은 모두 공간이 될 수 있다. 특정 유형화된 곳에 국한하지 않는 자유로움이 우리에게 '미조직 노동자 조직화의 새로운 시선'을 줄 수 있을 것이라 생각한다. 지역과 만나며 여러 사람들과 '노동'을 이야기한다. 노동조합에 대해 빨간 시선을 갖는 사람들이 아직도 많지만 자주 접하다 보면 어느새 그들도 노동조합 열혈 지지자가 된다. 때로는 희망연대노조에서 '노동인권'을 교육하는 이유가 뭐냐고 묻는다. 조합원으로 조직하는 것이냐고 묻는다. 내심 아직은 때가 아니라고 생각하지만, 어느 순간 그렇게 되지 않을까 기대한다. 아직 조직되지 않은 수많은 노동자들이 지역에는 많이 있다. 이들을 담을 그릇은 턱없이 부족하다. 노동조합의 쳇바퀴 돌 듯 돌아가는 임단협 투쟁을 넘어서야 한다. 사용자가 누구인지도 모르고, 지불능력 없는 사용자를 상대로 턱도 없는 싸움을 해야 하는 지역의 수많은 노동자가 있다. 이들의 울타리가 돼 줄 노동조합이 필요하다. 지역에서 미조직 노동자와 함께하는 노동조합이 더 많아져야 할 이유다.

요즘 들어 다른 노동조합에서 희망연대노조 사례를 듣고 싶다고 많이 요청한다. 기꺼이 함께 이야기를 나누지만 이야기 끝에 돌아오는 대답은 대개 비슷하다. "희망연대노조는 애초부터 그런 기획을 가지고 출발한 노동조합이잖아요? 우리랑은 많이 달라요. 기존 관성을 벗어나기 위한 새로운 기획과 노력이 필요해요. 희망연대노조의 사례를 우리한테 적용하기는 힘드네요."

이 지점에서 고민이 생긴다. 희망연대노조와 사업의 방식이 같을 필요는 없다. 그러나 고민의 출발과 지향, 그리고 고민을 풀어 가는 노력들이 더해지면 가능하지 않을까. 조직적 상황에 맞게 창조적인 방식으로 지역과 함께하기 위한, 다양한 부문 운동과 함께하기 위한 실천 방안들이 도출될 것이라 확신한다. 연대와 나눔을 통해 더불어 사는 삶의 공간은 어디에나 있듯이!

## ②
## 희망연대노조의 실천

이 글은 외부의 시선으로 희망연대노조 지역연대와 나눔활동을
기록한 글이다. 작가 차재민은 2015년 여름 희망연대노조 조합원과
가족, 지역단체 활동가들을 두루두루 만나 이 글을 썼다.

## 1장 희망, 연대

희망, 연대라는 두 단어를 조합해 이름으로 쓰는 노동조합이 있다. 혹자는 희망, 연대란 이름을 듣고서, 뭘 또 희망하란 말이야, 뭘 어떻게 연대하란 말이야, 라고 짜증을 부릴 수도 있다. 우리는 희망도 연대도 무상한 대한민국에 살고 있기에. 그런데 이 노조, 희망과 연대가 뭔지 제대로 보여줄 기세다. 지난 5년간 희망연대노조는 새로운 역사를 남기며 조금씩 전진해 왔다. 이들은 어떻게 희망과 연대라는 단어에 생기를 불어넣고 있는 걸까.

### 산별노조가 아니라 지역일반노조

더불어 사는 희망연대노조는 민주노총 산하 지역일반노동조합이다. 기업, 직종, 업종, 산업, 고용형태에 관계없이 누구나 가입할 수 있다. 희망연대노조가 이러한 조직 형식 아래 위치한 까닭은 산업별 조직이 아닌 불안정, 비정규 노동자 조직을 꿈꿨기 때문이다. 희망연대노조 설립 주축인 김진억 씨에게 설립 배경에 대한 이야기를 들어봤다.

"IMF 이후 1998년이 분기점이었습니다. 경제위기를 겪으면서 노동자와 사용자 측이 치열하게 붙었죠. 결국 노동조합이 대규모 구조조정을 받아들여야만 했어요. 조직된 노동자한테도 트라우마로 남았습니다. 동료 노동자의 고용과 생존을 지켜 주지 못한 것에 대한 트라우마를 안고 가는 동시에, 일반적인 경향은 '있을 때 벌자'는 식으로 흘렀죠. 개별적으로 차이가 있겠지만, 이때부터 노동조합운동이 실리주의로 가게 됐다고 생각해요. 이에 문제의식을 둔 사람들은 실리주의, 조합주의가 노동운동계에서 두드러진다고 판단했습니다. 때로는 정규직 노동자가 비정규 노동자를 고용안정의 방패막이로 삼기도 했죠. 노동운동이 가지고 있던 사회 변혁적 지향이 상실, 약화되기 시작했습니다."

2007 사회운동 포럼, 2008 노동운동 포럼에 참여한 몇몇 활동가들은 '산별 중심의 조직화 전략과 민주노동당 건설로 이어지는 노동자 정치세력화 전략'이 한계에 도달했음을 깨달았다. 그리고 희망연대노조 설립을 준비했다.

"87년, 88년을 지나 전국노동조합협의회, 지역노동조합협의회가 만들어질 때에는 지역 단위 교류나 연대의식이 강했지만, 민주노총을 만드는 과정에서는 '산별노조를 해야 한다'는 의식이 두드러졌어요. 그 이후로 산별노조 방식이 쭉 이어져 왔죠. 그런데 산별노조는 정규직 중심 노동조합운동이 한창이고 성숙했을 때 체계고 방향이잖아요. 현재의 비정규직들, 수많은 알바들 뭐 이런 사람들 보면 지역이나 산별 직종 이런 것들을 넘나들고, 옮겨 다니고 그러잖아요. 이런 노동자들을 담아내는 적절한 그릇이 무엇인지 다시 고민해야 하지 않을까 생각해요. 물론 희망연대노조의 조직화 방식이 노동운동의 주류적 흐름은 아니죠."

김하늬 씨 말처럼 희망연대노조의 지향은 기존 노동운동의 주류적 흐름이 아니다. 노조가 만들어지는 과정에서 외부 비판을 받기도 했고, 희망연대노조 설립을 운동 질서에 역행하는 선언으로 받아들이는 사람도 있었다. 2009년 12월 노동조합이 건설되기까지 "정파 조직이다" "민주노총 방침에 반하는 조직이다" "어떤 활동을 하는지 두고 보자" 같은 오해가 팽배했다. 그 속에서 희망연대노조는 외로운 투쟁을 이어 왔다. 희망연대노조의 문을 최초로 두드렸던 씨앤앰지부 파업 투쟁 때는 경제적 문제를 해결하는 일조차 녹록지 않았다. 민주노총 산하였지만 민주노총으로부터 넉넉한 지원을 받을 수 없었다. 다른 노조에서 돈을 빌려가며 싸워야 했다. 그리고 희망연대노조는 승리했다.

**작업장 안에 갇히지 않은 노동조합**

희망연대노조는 작업장 투쟁(임금인상-단체협약-현장투쟁)을 기본적인 활동으로 삼는다. 그러나 조합원 수를 늘리거나 임단협에 승리하는 것만을 목표로 하지는 않는다. 희망연대노조는 작업장 투쟁을 넘어 노동자, 민중의 삶을 보장하는 운동, 더불어 살기 위한 운동, 지역과 함께하는 노동운동을 지향한다.

"신자유주의 도래 이후 노동자들의 투쟁이 격렬했죠. 조직된 정규직 노동자는 대중적 힘과 조직적 힘이 있었기에 어느 정도 노동조건을 개선할 수 있었어요. 그러나 그 과정에서 기본적인 지향과 이념을 잃었다는 지적이 제기됐습니다. 대공장 노동자들에게 귀족노동자니 영혼이 없는 노동자운동을 하니 이런 얘기를 하는 사람들도 있었어요. 그 당시 저는 노동운동의 지향 목표인 다른 세계, 대안 세계가 가능하겠냐는 문제의식을 가지게 됐습니다. 대안적 노동자운동을 해야 하는데, 작업장 안에 갇힌 운동으로, 임단협만으로, 고용보장만으로, 노동조건 개선이 가능할까 하는 고민을 했죠."

작업장 안에 갇힌 운동으로 대안세계가 가능할지 고민했다는 김진억 씨의 이야기를 듣고 나니, 어제오늘의 한국 사회가 떠올랐다. 작업장 안에서의 투쟁만으로 눈앞에 놓인 문제들을 해결할 수 있을까? 답을 내리기 쉽지 않았다. 얼마 전 여당 대표는 노동자가 쇠파이프만 들지 않았다면 국민소득 3만 불 시대는 이미 오래전에 이뤄졌을 것이라며 노사갈등의 책임을 노동자 측에 일방적으로 짐 지우는 발언을 했다. 진실을 밝히기 위해 강행된 정부 시행령에 의해 세월호는 1년이 지나 다시 한 번 침몰하는 중이다. 제도적 수준에서 해결점을 찾지 못한 노동자들의 고공농성은 일상적인 일이 돼 버렸다.

국가권력과 자본은 끊임없이 '노동자' 안에 경계선을 긋는 방식으로 분열을 조장한다. 노동조합이 당사자들의 문제만 해결하면 된다는 식으로 노동자 주변의 문제를 등한시하다 보면 결국 '조합주의 이데올로기'[1]에 갇히게 된다. 노동조합 스스로 실리주의적으로 경도되는 것을 경계하지 않으면 비정규직, 정규직, 세대 간 갈등을 양산하게 된다. 즉 자본의 통치에 자발적으로 호응하는 꼴이 되고 마는 것이다.

왜 한국의 노동조합은 작업장 안에 갇히게 된 것일까? 대체 왜 조합주의 이데올로기가 팽배해진 것일까? 김하늬 씨가 타국 역사와 비교해 한국 노동운동의 특수상황을 설명해 줬다. 실리적 경향의 노동운동을 비난만 할 것이 아니라 노동운동의 과거를 응시하고 이를 넘어서는 노동조합이 필요하다는 이야기였다.

"예를 들면 유럽 사회에서는 프랑스혁명에서 시작된 시민정신과 더불어 노동조합이 만들어지고 합법화됐잖아요. 영국, 그러면 길드, 클럽 문화가 있죠. 그래서 노동자들이 삼삼오오 모여 토론하고 대화하는 과정이 있었습니다. 이게 사실 노동조합이라는 형태는 아니었죠. 그 후로 자본가들이 클럽에 3인 이상 모이면 안 된다는 단결금지법을 만들었고, 이것에 저항해 계속 싸우고 그러면서 노동조합 단결권을 합법화시켰어요. 그러면서 동시에 진보정당의 역사가 같이 만들어졌습니다. 거기는 정당과 노동조합의 관계가 굉장히 긴밀하잖아요. 노동조합이

---

1  노동조합의 목적을 엄격하게 자본주의의 테두리 안에서 '임금 인상'과 '노동조건 개선'을 도모하는 데 있다고 주장하는 경제주의 이데올로기를 말한다.

지지하는 정당, 이런 것들이 굉장히 뚜렷하게 있는 편이죠. 반면에 우리나라는 정치적으로 워낙 척박하잖아요. 87년 6월 항쟁에 대해, 6월 항쟁과 그 이후 7, 8, 9월 노동자 대투쟁에 대해 이런 표현이 있어요. 6월에 민주주의가 꽃을 피워서 공장 밖에 머물렀던 민주주의를 7, 8, 9월 노동자 대투쟁을 통해 공장 안으로 밀고 들어갔다. 근데 사실 그게 시기적으로도 구분이 되고, 물론 한 달 차이긴 하지만, 6월 항쟁의 뜨거웠던 시민의식이나 이런 것들이 사그라든 이후에야 공장에서 변화를 외치는 목소리들이 대규모로 모이기 시작했죠. 이런 주체와 공간, 시기가 구분이 됐던 것도 한국 사회의 특징인 것 같습니다. 그러니까 다른 나라를 보면 대부분 빵을 달라고 시작해서 정치적 민주주의로 가는 경향이 많았어요. 우리나라는 6월 항쟁을 통해 정치적, 절차적 민주주의를 외치는 목소리가 먼저 터져 나오고, 그 다음에 노동현장에서 자본과 노동의 분배 문제나 노동자들의 권리와 관련한 투쟁이 이뤄진 거죠. 그 이전부터 꾸준한 투쟁이 있었기 때문에 시기상 먼저다, 나중이다를 따질 문제는 아니라고 생각해요. 다만 두 영역의 운동이 결합된 형태로 나타나기보다는 서로 다른 영역에서 다른 양상으로 벌어졌다는 거죠. 정치적으로는 민주주의를 얘기하면서도, 노동현장 민주주의나 노동자 권리에 대해서는 보수적으로 보거나 냉소하는 이유가 그런 것 같아요. 정치 영역에서 절차적 민주주의와 여러 가지 삶의 문제들, 먹고사는 문제들이 분리돼 왔던 역사를 갖고 있는 것 아닌가 싶어요."

## 지역사회와 더불어 사는 희망연대노조

2014년 희망연대노조는 힘겨운 투쟁 한가운데 서 있었다. 케이블방송통신 3개 지부의 파업, 비정규 노동자들의 직장폐쇄, 계약해지, 이어진 통신 비정규 노동자들의 파업, 두 번의 고공농성, 세 번의 원청 면담 투쟁, 뜨거운 여름날의 교황 면담, 노숙농성 등 오로지 투쟁 승리만을 바라보며 전 조직의 힘을 끌어올리던 시기였다. 그 당시, 시민사회단체와 지역단체들이 1년 여간의 투쟁을 지지하고 연대했다. 기억하건대, 농성장에는 수많은 지역 및 시민단체들의 현수막이 빼곡했다. 슬픔과 호소보다는 응원과 연대가 그득했다.

희망연대노조 사람들과 이야기를 나누다 보면 운이 좋았기 때문에 승리했다는 소리를 듣곤 한다. 운이 좋았다는 말은 이 나라에서 노동운동을 한다는 게 정말 어렵다는 뜻일 테다. 희망연대노조 사람들과 대화를 하다 보면 종종 이런 말도 듣는다. 질 싸움은 애초에 시작하지도 않는다고. 이럴 때 풍기는 자신감이 희망연대노조 사람들 특유의 기분 좋은 에너지인 것 같다. 자신감에는 겸손함이 묻어 있다. 희망연대노조 사람들은 언제나 모든 게 다 '연대' 때문이라고 말한다. 김진규 씨 또한 투쟁에서 승리할 수 있었던 요인으로 지역 '연대'를 꼽았다. 그는 지역주민들이 기자회견을 열었던 때를 설명했다.

"지역에 있는 단체들, 그분들이 또 저희에게는 고객이거든요. 잠재적인 고객이기도 하고. 고객의 권리를 주장하면서, 지역에 있는 케이블 노동자들을 해고하지 마라, 정당하게 노동자가 받아야 할 권리가 있다고 이야기했어요. 회사 운영 똑바로 하라고 말해 주니까, 고객과 시민 입장에서 같이해 주니까 저희로서는 되게 고마웠죠. 이분들이 씨앤앰을 찾아가서 그 이야기를 전달하고 항의했을 때, 기자회견을 했을 때, 그때가 정말 고마웠어요."

최문호 씨 역시 비슷한 이야기를 했다.

"직장이나 조합 안에 아무리 센 조직력이 있다 해도 그것만 믿으면 큰코다쳐요. 직장 안에만 머무르면 힘들 수밖에 없습니다. 업주가

맘만 먹으면 노조가 깨질 수도 있어요. 그래서 노동조합은 지역사회로 들어가야 합니다. 우리는 케이블이잖아요. 지역별로 나뉘어 있죠. 생활문화연대나 사회공헌사업에 참여하고 지역사회를 위해 뭔가를 할 수 있다면 좋은 일이지요. 그 사람들하고 연합하고 그러면 이건 회사에서 쉽게 깰 수 있는 그런 게 아니에요. 지역 사람들이 나서면 회사는 못 깨요. 특히 케이블 가입자들이기 때문에 훨씬 세게 들어온다고요. 그래서 회사가 무서워하는 거예요. 아래로 내려가야 하고, 지역사회와 연합해야 한다고 생각해요. 다른 노동조합도 그렇게 해야 합니다. 지역사회에서 나서면 회사는 엄청난 압박을 받아요. 교섭을 할 때 사측에서 대체 어디서 그런 많은 사람들이 왔냐고 물었던 기억이 나요. 우리가 갈 길은 이쪽이라고 봐요. 지역 사람들과 같이 호흡하는 것, 그들이 필요로 할 때 우리가 가고 우리가 투쟁해야 할 때 그 사람들이 와주면 이거는 진짜 백 배예요. 백 배의 힘이에요."

많은 조합원이 노숙투쟁에서 가장 견디기 힘든 게 "지나가는 익명의 사람들이 무심코 던지는 말"이라고 했다. 추위나 불편한 잠자리, 졸음 같은 건 어느 정도 견딜 수 있지만 "저 사람들은 자기들 이익 때문에, 자기 배 좀 더 불리자고 저 난리를 치는 거야"라는 한마디가 깊은 상처가 된다고 했다. 말이 주는 상처가 어떻게 사람 마음을 곪아 가게 하는지를 생각하면, 지역사회의 지지가 얼마나 큰 힘이 됐을지 십분 이해할 수 있을 것 같았다. 강성덕 씨는 지역사회와 노동조합의 교류를 "우리들의 울타리를 만드는 일"이라고 표현했다.

"더불어 사는 희망연대노조라서 가입한 거예요. 다른 노동조합이었으면 아마 가입을 안 했을 것 같아요. 나눔을 한다, 지역사회와 연대한다, 사회공헌사업을 한다, 이런 설명을 듣고, 이게 되게 매력적이라고 생각했죠. 모든 문제를 한 가지로 얘기하자면 자본과 우리와의 싸움이에요. 우리 동지들과 지역주민들이 자본과 싸우는 거예요. 함께 가는 거죠. 함께. 자본은 돈이라는 거 하나로 똘똘 뭉쳐 있거든요. 그런데 노동자나 시민들은 뭐로 뭉치죠? 돈으로 뭉치나요? 아니거든요. 우리는 이런 연대와 단결로 뭉쳐야지 자본을 뚫고 나갈 수가 있습니다. 자본가들은 그냥 돈 하나만으로도 기업 간에 서로 도와주고 서로 이득 보고 그러잖아요. 그거를 뚫을 방법, 우리만의 울타리가 있어야 하는 거죠. 우리 노조가 사회 안에 어려운 분들에게 다가서고, 우리가 힘들 때 또 그분들이 저희를 도와줄 수 있어야죠."

**생활문화연대, 지역연대, 나눔연대**

희망연대노조가 파업을 하면 왜 지역사회가 나서는 걸까? 케이블 업종의 특수성 때문에 지역연대가 가능하다고 말하는 사람도 있다. 하나 지역사회의 지지는 희망연대노조가 수년 동안 이어 온 생활문화연대, 지역연대, 나눔연대의 결과다. 희망연대노조는 설립 초기부터 이 세 가지 활동을 통해 지역사회와 꾸준히 연결을 시도했다. 초기에는 노조가 해야 하는 역할이 있는데, 쓸데없는 짓 한다는 소리를 듣기도 했다. 도대체 어떤 쓸데없는 짓을 했기에 이런 연대가 가능했던 걸까?

생활문화연대는 생산, 재생산 공간을 아울러 삶의 가치를 바꾸는 활동을 의미한다. 줄 세우기, 무한경쟁, 길들이기에 익숙한 조합원들의 삶이 한순간에 변할 수는 없기에, 희망연대노조는 조합원 개개인의 삶을 들여다보는 작업에 주력했다. 노동조합 일상활동 강화 측면에서 진행된 측면도 있다. 소모임, 연애강좌, 인문학 강좌를 개최하고, 공동체 영화상영, 명상수련, 가족캠프, 심리정서 지원, 조합원 노동인권모임, 케이블 노동자 영상미디어 워크숍 같은 프로그램을 만들었다.

생활문화연대국에서 프로그램을 기획하는 김은선 씨의 말이다.

"제 나이가 42살입니다. 평생 경쟁으로 점철된 사회구조 속에서 살아왔죠. 머릿속도 어느덧 경쟁에서 자유롭지 않을 때가 있어요. 우리 아이들이 '엄마, 오늘 학교에서 뭐가 있었어'라고 하면 '다른 친구들은?'이라는 말이 너무 자연스럽게 나와요. 경쟁과 소비 만능, 이런 것들에 익숙한 삶을 살아왔기에, 이런 틀에서 조금은 벗어날 수 있는, 공동체성을 찾는, 삶이 변화하는 운동이 필요하다고 생각했어요. 조합원들이 그동안의 삶과 좀 다른 삶을 고민할 수 있도록 하는 데 도움이 되는 프로그램이 없을까 고민했습니다. 그래서 생활문화연대 운동을 한번 해 보자, 그런데 이거는 지역에서 해야겠다, 내용적으로는 권역별 소모임이지만 가족 프로그램 등을 통해 조합원뿐만 아니라 조합원 가족의 삶도 변화시킬 수 있도록 해야겠다 싶었어요. 여기서 좀 더 나아가, 생각을 행동으로 옮기는, 어떤 작은 공동체를 형성하는 과정까지 갈 수 있다면 좋겠다고 생각해요."

희망연대노조 사회공헌사업은 지역연대와 나눔연대의 한 부분이다. 2011년 씨앤앰지부 임단협을 통해 사측 사회공헌기금을 확보하는 것으로부터 희망연대 사회공헌사업이 시작됐다. 회사가 재원을 만들어 노사공동 사회공헌사업을 진행하게 된 것이다. 희망연대노조는 지역사업과 나눔사업을 실천하는 매개로 사회공헌사업을 기획하고, 노동조합 임단협 과정에서 확보한 사회공헌기금을 주관한다. 2015년 10월 현재 서울 강동과 성북, 경기도 남양주를 포함한 수도권 10개 지역과 네팔에서 사회공헌사업을 하고 있다.

## 생활에서 삶까지 변화를 꿈꾸며

생활문화연대, 지역연대, 나눔연대는 희망연대노조만의 특별한 활동이다. 조직 노동자들은 작업장에서 머리띠를 묶고 고용과 노동조건을 지키기 위해 투쟁한다. 그러나 삶의 공간에서는 자본에 종속되고 내면화된 삶을 살아가기 십상이다. 치열하게 투쟁하는 노동자일지라도 일상으로 돌아와서는 가족 울타리를 넘어서기가 쉽지 않다. 자녀를 경쟁에서 뒤처지지 않게 하려고 사교육에 힘쓰는가 하면, 최소한의 '노후보장'을 위해 사보험, 펀드, 주식, 부동산에 관심을 두기도 한다. 앞서 설명한 세 가지 연대활동은 자본에 익숙해진 우리의 생활과 삶을 변화시키려는 시도다. 김진억 씨의 설명을 들어 보자.

"87년 노동자 대투쟁이 있었을 때, 노동자들이 의식교육 같은 걸 안 한 게 아니거든요. 투쟁의 격렬성, 투쟁성은 일상생활로 돌아가면 없어져요. 노동자는 지역에 가서 아무런 역할을 안 해요. 사업장에서는 투쟁을 하지만 지역에 가서는 잠만 자고 나오는 사람, 지역에 필요한 의식주, 물품을 소비하는, 소비활동만 하는 사람이죠. 그 삶의 공간인 지역, 지역사회의 주민과 만나서, 노동과 지역이 만나서, 새로운 대안사회 건설을 위한 진지를 구축하고, 관계를 맺고, 주체를 형성하는 방안을 고민했던 거죠."

희망연대노조는 언젠가는 소규모 영세 자영업자 및 노동자 조직을 일구고자 한다. 이러한 노동자들은 특성상 사업장 단위로 조직하기 힘들다. 지역 단위로 광범위하게 조직해야 하며, 조직화 과정에서도 지역사회가 연대해야 한다. 생활문화연대, 지역연대, 나눔연대는 희망연대노조의 조직화 전략이자 미래를 위한 점진적 활동이다. 투쟁에서 승리하려면 현장의 힘뿐만 아니라 사회적 힘이 있어야 한다. 희망연대노조 사람들은 이 사회적 힘을 노동조합 스스로 만들어 낼 수 있기를 기대한다.

**가족캠프**

희망연대노조는 생활문화연대 활동으로 다양한 가족프로그램을 배치해 왔다. 가족과 함께 삶의 변화를 경험할 수 있는 학부모 강좌, 아버지 학교, 부부 힐링캠프 등을 진행했다. 가족프로그램은 노조활동으로 가족과 함께하는 시간이 부족했을 조합원들에게 휴식과 회복할 시간을 제공한다. 부부 힐링캠프는 자녀들로부터 독립된 부부만의 시간을 가지고, 부부끼리 속 깊은 대화를 나눌 수 있는 시간이다. 2015년에는 참여자 폭을 확대해 부부가 아니라도 참여할 수 있도록 했다. 김은선 씨 얘기다.

"가족캠프를 작년에 한 번 했고 올해도 한 번 했어요. 2014년엔 13가족, 올해는 17가족이 가족캠프를 갔습니다. 부부간 소통과 대화에 초점을 맞췄어요. 2013년에는 부부소통 강좌를 했습니다. 아무래도 자녀와 소통하려면 부부가 먼저 소통해야겠죠. 이걸 토요일에 온종일 5시간 정도 했습니다. 짧다, 좀 길게 갔으면 좋겠다고 해서 2014년에 부부 힐링캠프를 부부소통 강좌 연장으로 마련했어요. 부부들만의 시간을 가지기가 쉽지 않잖아요. 그래서 그냥 자녀를 맡아 주는 게 아니라 자녀들만을 위한 전문적인 프로그램을 1박2일 동안 진행하면서 부부들만의 시간을 마련했습니다. 부부간에 등도 맞대어 보고 서로 몰랐던 감정도 한번 느껴 보는 거죠. 눈물을 흘리면서 아 우리 남편이 이랬나, 우리가 그동안 어떻게 살았나 생각이 들면서 감동을 느꼈다고 해요. 올해 사업을 진행할 때에는 작년에 아쉬웠던 점, 혼자서 아이들을 키우는 조합원이라든지 아니면 정말 가고 싶은데 부인이 갈 수 없다거나, 남편이 갈 수 없다거나, 이런 조합원들이 못 오게 되는 상황을 감안했습니다. 그래서 올해는 좀 더 참여자 폭을 넓혔어요. 부부 프로그램이 아닌 성인으로서 힐링을 주는, 물론 그러다 자연스럽게 가족관계로 이어집니다. 작년에 저희가 파업을 쭉 이어 왔잖아요. SK나 LG, 씨앤앰 비정규직, 씨앤앰 정규직 이렇게 네 개 지부에서 거의 다 왔거든요. 그러다 보니 주로 파업 과정에서 힘들었던 점들과 부부간 어려움을 토로하면서 서로 해소하는 시간을 가질 수 있었어요. 비정규 노동자 중에는 가족과 캠프나 여행을 한 번도 가 본 적이 없는 경우가 많아요. 너무너무 행복하다, 정말 행복하다, 노동조합이 이런 사업 많이 했으면 좋겠다, 우리 가족에게 이런 행복감을 주는 건 처음이다, 라는 반응을 전달해 주셨어요."

2014년 부부 힐링캠프에 참여했던 윤찬희 씨의 아내 방선자 씨는 이렇게 말했다.

"힐링캠프를 1박2일로 갔었거든요. 어딘가에 가서 가족이 아닌 사람들과 어울리는 게 좋았어요. 아이들도 다른 친구 혹은 오빠나 누나를 만나게 되잖아요. 그리고 엄마 아빠랑은 살짝 분리돼 있었거든요. 딴에는 그런 게 재밌었나 봐요. 아이들이 또 가고 싶다고 자주 말했죠. 힐링캠프 프로그램 때문에 알게 돼서 지금까지 연락하는 분도 계십니다. 파업 투쟁 당시 힘들었는데 마음을 털어놓을 사람이 없었어요. 혼자 삭이고 그랬는데, 서로 이렇게 이야기를 주고받고 하는 그런 게 생겼죠. 애 아빠도 그렇고 저도 그렇고 이런 프로그램에 참여하면서 사람을 더 알게 되고, 내가 아닌 다른 생각도 듣게 되니까 좋은 것 같아요. 저도 좀 활동적인 걸 좋아하고요. 만나게 되면 밥이라도 먹으면서 대화를 하고, 이렇게 되죠. 공감이라고 해야 하나요? 같은 노조 가족을 만나니까 혼자가 아니라는 기분이 들었습니다."

## 아버지 학교

아버지 학교는 희망연대노조 생활문화연대 가족프로그램의 일환이다. (사)희망씨와 광진 성동사업단이 주관한다. 아버지 학교는 올해 처음으로 시작된 프로그램으로 2회차 교육을 실시했다. 1회차는 노조 사무실에서 진행했고, 2회차는 1박2일 캠프를 떠났다. 2회차에는 자녀와 함께 참여한 조합원들이 많았다. 아버지 학교에 참여한 임정균 씨를 만났다.

"아버지 학교에 참여하기까지 좀 힘들었어요. 아버지 학교 프로그램이 좋을 것이라고 생각은 했지만 잘 모르는 사람들을 만나 이야기를 나눈다는 게 막상 두려웠거든요. 그런데 막상 가 보니 순식간에 마음이 풀렸어요. 머리로 몸으로, 마음으로 소통하게끔, 단계적 프로그램이 준비돼 있었습니다. 캠프에 참여한 사람들과 어울리면서 심리적으로 상처받은 것들이 해소되는 느낌을 받았죠. 목소리 듣기, 내 목소리를 듣는 방법에 대해서도 배우는 시간이 있었어요. 특히 아이들과 대화하는 법을 진지하게 고민했던 것 같습니다. 아버지로서 권위적으로 이야기하는 것, 돌려서 좋게 말하는 법, 아이들에게 필요하다는 말이 어떤 것인지 알게 됐어요. 너는 왜 그렇게 고집이 세니? 라고 말하는 게 아니라, 너는 일관성 있구나, 라고 말하는 방법을 배웠습니다."

비정규직 조합원들의 경우 노조 가입 후 주말에 쉴 수 있게 됐다. 최근 들어서는 자녀들과 함께 보내는 시간이 부쩍 늘었다고 한다. 임정균 씨는 "아이들과 대화할 시간이 늘어난 시점에 아버지 학교라는 계기가 있어 좋았다"고 말했다. 임정균 씨의 첫째 아이는 노동이 뭔지,

불합리한 게 뭔지 아는 나이가 됐다. 노동조합을 궁금해하기도 한다. 드라마 「송곳」을 보면서 어떤 상황인지 물어보기도 하고, 파업이나 노조 활동에 대해서도 물어본다. 임정균 씨는 아버지 학교에 참여하면서 아이들과 나누는 사소한 대화가 얼마나 중요한지 깨닫게 되었다고 했다.

"노동조합 활동은 희망연대노조가 처음입니다. 그래서 노조는 다 생활문화연대를 하는 줄 알았어요. 당연히 지역과 연대하고 당연히 나누는 거라고 생각했죠. 이런 비유가 어떨지 모르겠는데, 노동자가 선수라면 생활문화연대는 시즌을 준비하는 활동인 거죠. 휴식하고 그다음 투쟁을 준비하는 시간. 나 혼자 쉬는 게 아니라 가족, 동지들과 함께 투쟁을 준비하는 시간이에요. 한 번의 참여가 백 번의 참여를 만들 수 있을 거라 생각합니다. 가족과 함께 참여할 때 아내나 자녀들에게 다리 역할을 하는 것도 중요하죠. 물론 모르는 사람에 대한 거리감이 있을 수 있습니다. 그럴 때 아는 동생 가족, 아는 형님 가족과 함께 프로그램에 참여하게끔 친구를 맺어 주면 좋아요. 편안하게 배려해 줘야죠. 결국 옆에 있는 후원자, 남성 동지든 여성 동지든 배우자가 든든한 후원자잖아요. 가족과 함께하는 생활문화연대 활동을 권장하고 싶네요."

### 소모임의 기쁨

희망연대노조 소모임 구성원은 희망연대노조 조합원에 국한되지 않는다. 지역주민이나 여타 단체 활동가들도 소모임에 참여할 수 있다. 노동조합의 폐쇄성을 극복하려는 노력이자, 소모임의 성과를 지역주민과 함께 나누기 위해서다. 희망연대노조는 다양한 소모임을 지원한다.

절차상으로는 두 개 지부의 세 지회 이상, 회원 열 명 이상 인원이 모일 때 노조에서 소모임으로 인정하고, 그 소모임을 노조가 후원한다. 희망연대노조 초기에는 생활문화 및 지역사회연대 의식을 고취하고자 노조가 먼저 소모임을 구성한 뒤 조합원들에게 참여를 권유했다. 그린나래(책 토론 소모임), 아름연대(국제연대소모임), 희망c(지역연대소모임), 놀깨(생활문화연대 소모임) 등의 모임을 운영했다. 현재는 조합원들이 자발적으로 참여해 모임 생성과 운영을 도맡아 이어 나간다. 콜센터 노동자 중심의 몸 펴기(다몸펴, 텔레웍스 몸펴기), 자전거동아리(허브2), 야구동아리(허브1), 텃밭동아리, 행복세미나(다행 콘서트) 등이 있다. 소모임 활동에 적극적으로 참여하고 있는 강성덕 씨 이야기를 들어봤다.

"소모임은 단결을 만들어 내는 일련의 과정이에요. 허브1은 야구, 허브2는 자전거입니다. 현재 상태에서는 허브1은 씨앤앰 비정규직지부 조합원이 대다수고 허브2는 씨앤앰 정규직지부 조합원이 대다수예요. 저희 노조 지부 중에는 다산도 있고 LG도 있고 SK도 있잖아요. 사실 씨앤앰이 됐든, 씨앤앰 비정규직지부가 됐든, LG가 됐든, SK가 됐든, 다 모여서 그냥 자전거 좋아하는 사람들끼리 자전거를 타는 거예요. 자전거 타고 술을 한잔하든 뭐를 하든 함께하면서 우리 지부가 뭐 어쨌네 저쨌네 이런 얘기 하다가, 또 어떤 동기부여가 생기고, 으샤으샤 하면 단결력이 올라가는 거거든요. 그래서 조합에 소모임이 필요하다고 생각해요. 조합원 지역별 모임도 활성화되면 좋을 것 같아요. 지역별로 모이게 되면 나눌 얘기가 그만큼 많아지지 않겠어요? 지역별 모임이 활성화되면 거기에 따라 소모임도 활성화되는 부분이 있을 테고요. 지역별로 강동이면 강동, 서대문이면 서대문, 이렇게 해서 모임을 만들어야죠. 그래서 조합원들, 각 지부에 근처 사무실에서 일하는 사람들이 모여 가지고 이런저런 수다도 떨고, 오늘 일은 어땠네 저땠네 이러면서 희망의 불씨를 만들어 나가는 거죠."

앞서 이야기했듯, 희망연대노조 소모임에는 조합원뿐만 아니라 다양한 사람들이 참여하고 있다. 김관욱 씨는 다산콜센터 조합원들과 함께 몸 펴기 소모임 활동을 했다. 그는 흡연 연구를 해 온 가정의학과 의사다. 지금은 여성노동자의 노동과 건강에 대한 인류학 연구를 진행 중이다. 김관욱 씨는 '콜센터 여성상담사의 일과 건강'에 대해 연구하던 중 다산콜센터지부를 알게 되면서 몸 펴기 소모임에 참여했다. 몸 펴기에 참여하면서 건강을 되찾고, 소중한 인연을 맺게 됐다고 했다.

"매주 한 번씩 약 2시간에 걸쳐서 함께 운동을 했어요. 제가 참여했을 때에는 몸 펴기생활운동협회 상임이사님인 권승복 사범님(3기 공무원노조 위원장)이 강사로 계셨고, 다산콜센터 남혜인, 황다형 지회장님을 중심으로 모임이 진행됐습니다. 생활운동과 기본운동을 골고루 배웠는데, 그중 서서하는 온몸 펴기 동작과 누운 자세에서 큰 베개를 사용하는 상체펴기가 좋았습니다. 제가 오래 앉아서 글을 많이 쓰는 편이라서 허리, 목, 어깨가 만성적으로 뭉쳐 있거든요. 특히 오른쪽 어깨에 오십견이 있어 통증이 잦았습니다. 그런데 두 운동을 배우고 꾸준히 반복하다 보니, 한 6개월 지난 시점에는 통증이 사라졌습니다. 인식도 많이 변했어요. 처음에는 제가 있는 위치에서 어떻게든 도울 수 있는 게 없을까 고민하며 다산콜센터지부를 찾았습니다. 그런데 도움을 주기는커녕 오히려 그 반대였습니다. 다산콜센터지부 집행부 분들과 몸 펴기 운동 소모임을 하면서 알게 된 모든 분들 덕분에 제가 정말 많은 것을 배우고 깨닫게 됐습니다. 8개월 정도 인연을 맺었는데, 제 인생에 있어 매우 큰 전환점이 될 것 같아요. 학문적으로는 물론이고 인생 자체에 대해 많은 것을 배운 소중한 시간이었습니다. 이 인연은 계속 이어질 겁니다."

김관욱 씨에게 소모임 참여로 노동조합에 대한 인식이 어떻게 달라졌느냐고 질문했다. 김 씨는 이렇게 대답했다.

"조합원들과 친분이 생기기 전에는 힘든 일상 탓에 노조 조합원분들의 얼굴이 어두울 거라 생각했습니다. 아무것도 모르던 시절이었죠. 몸 펴기에 참여한 조합원들, 특히 노조를 이끌어 가는 집행부 분들은 어려운 상황 속에서 심신이 지쳐 있었던 것은 사실이었습니다. 그런데 이분들이 몸 펴기 소모임을 하면서 몸과 마음을 스스로 회복하고 나아가 더 큰 의욕을 만들어 내는 것을 보고 많이 놀랐습니다. 이렇게 역동적이고 긍정적인 에너지를 만들어 낼 수 있을 거라고는 전혀 예상치 못했거든요."

### 누군가는 계속 걸어가야 하는 길

노동조합이 투쟁에 돌입하면 모든 역량이 투쟁으로 집중된다. 희망연대노조는 투쟁 시에도 생활문화연대나 사회공헌사업이 주춤하지 않도록 독자적인 부서를 운영 중이다. 희망연대노조는 본조 조직에 생활문화연대국을 두고 있다. 생활문화연대국장, 나눔연대국장, 지역연대국장을 배치해 관련 사업에만 집중할 수 있도록 내용을 특화한다. 또한 각 지부뿐만 아니라 하부조직인 지회까지 생활문화연대부장과 생활문화연대차장을 선임한다. 희망연대노조 사람들은 간부순환제가 조직을 튼튼하게 하는 밑거름이 되리라 생각한다. 간부, 전임자 순환제 통해 고민의 고리를 순환한다. 전직 간부들이 현장 간부들을 받쳐주면서 생활문화연대사업을 담당하도록 조직적 풍토를 만들어 간다. 이런 노력의 결과로 2014년 장기 파업과 투쟁 중에서도 생활문화연대, 사회공헌사업은 명맥을 유지해 왔다. 김은선 씨 이야기를 들어 봤다.

"노동조합이 아무리 전면파업과 투쟁에 돌입하더라도 지역과 끈을 놓지 않는 조직체계가 있어요. 남들이 봤을 때는 어차피 본조 간부들이잖아, 조합원들이 움직이는 거 아니잖아, 라고 폄하할 순 있겠지요. 하지만 노조가 생사의 갈림길에 있는데도 불구하고 카카오톡이나 텔레그램 같은 SNS로 오늘 어느 지역에서 뭐 했어요, 오늘 노동인권교육 했어요, 오늘 뭐 있어요, 라고 올리면, 아, 나는 못 가도 사업은 이어지고 있구나, 믿음을 가졌던 것 같아요. 사실 조합원 중에는 힘들어 죽겠는데 저기 가서 저러고 있다고 서운해하는 사람이 있을 수 있죠. 그래도 우리 조합원들은 전면파업 투쟁 시기에도 저금통으로 돈을 모아 네팔에 25만원 보내는 걸 한 번도 끊지 않았어요. 파업하는 기간에도 집회에 와서 저금통 하나씩 가져다 건네줬던 것, 저에게는 그게 감동이었습니다."

생활문화연대국 사람들은 파업 중에도 지역에 가서 투쟁 상황을 알리는 일을 멈추지 않았다. 누군가는 계속 길을 걸어가기에, 전면파업 중에도 하루에 수십 개 지역단체를 만나고 다닌 생활문화연대국 사람들 덕분에, 지역사회에서 지속적인 연대를 이끌어 낼 수 있었다.

### 피로회복제

노동조합은 임금·단체협상을 한다. 임단협이 깔끔한 대화로 마무리되는 경우는 얼마 되지 않는다. 노동조합은 때때로 파업이나 장기 노숙 투쟁에 돌입한다. 김은선 씨에게 물었다.

"임단협을 매년 한다고 생각하면 정말 피곤할 것 같다는 생각이

들어요. 투쟁이 끝나면 한 며칠이라도, 노조나 동지에 대한 생각 없이 오로지 자기 자신만 생각하고 싶을 것 같기도 하고요. 혼자 좀 쉬고 싶다는 생각이 들 것 같기도 해요. 투쟁 이후 다시 일상으로 돌아와 생활문화연대나 사회공헌사업에 참여한다는 게 쉽지 않을 것 같아요."

김은선 씨는 이렇게 대답했다.

"투쟁이 힘들다기보다는 지치는 것 같아요. 오롯이 파업 투쟁을 할 때는 덜 힘들어요. 눈에 보이는 게 다 파업하는 우리 조합원들이니까. 그런데 일상, 현장에 들어가면 꼴 보기 싫은 사람들이 보이는 거죠. 센터장이 보이고 사장이 보이고 비조합원들이 보여요. 조합원 중에는 조금 뒤로 빠지는 조합원이 보이죠. 노동조합 가입 전에는 에이 꼴 보기 싫음 말아, 하고 개인주의적으로 행동하기 쉬워요. 그런데 노동조합 가입 후에는 우리가 만들어 낸 단체협약 지키기 위해 뭉쳐서 힘을 합쳐요. 그전에는 사장 꼴 보기 싫으면 아예 노예처럼 살든지 회사를 나가든지 하지만, 노동조합 가입 후에는 단협 지키려고 맨날 사장이랑 싸우고 비조합원들하고 우격다짐하고, 조합원들끼리 오네 안 오네 싸우게 되죠. 지치기 마련이에요. 그래서 투쟁으로 나아가면 오히려 마음이 편한 거예요. 일상 활동은 스트레스가 있거든요. 그런 스트레스는 시간이 흐를수록 강화되는 것 같아요. 노동조합이 싸워 나갈 힘은 점차 약화되기 십상이라고 생각해요. 일상에 우리가 밥 세 끼를 먹어야 건강해지는 것처럼, 지역과 함께 교류하고 내 삶을 살찌우는 활동을 하면서 이런 시선을 좀 돌려 내자고 이야기해요. 어차피 다 오늘을 살아가는 사람들인데 우리끼리 아웅다웅할 필요 없다고 말이죠."

희망연대노조의 연대활동은 공동체 안에서 느낄 수 있는 피곤을 공동체 안에서 풀어내는 피로회복제 역할을 한다. 물론 더할 나위 없는 피로회복제란 투쟁 승리일 것이다. 그러나 패배의 쓰라림을 맛봐야 하는 날이 찾아오기도 한다. 승리했건 패배했건, 안간힘으로 맞부딪히고 난 뒤의 피로가 우리 각자의 삶 속에 깊이 파고든다. 이때 투쟁 주체는 자신의 힘에 대한 믿음이 소멸하는 경험을 하기도 한다. 김진규 씨에 따르면 생활문화연대 활동과 사회공헌사업이 더 힘찬 투쟁을 위해 자신을 일으켜 세우는 시간을 마련해 준다고 한다.

"생활문화연대 활동과 사회공헌사업에 참여하시는 분들은 피로를 덜어낸다고 합니다. 힐링 프로그램도 있으니까요. 조합원들이 심적으로 너무 많이 지쳐 있을 때에는 그런 프로그램이 적절하게 배치돼요. 사회공헌사업 중에 희망의 집수리 같은 프로그램에 참여하면서, 지역사회 사람들과 만나고 세상이 어떻게 돌아가는지 제 주변을 돌아보게 됩니다."

시인 브레히트는 「후손들에게」라는 시를 썼다.

"그러면서 우리는 알게 됐단다/ 비천함에 대한 증오도/ 표정을 일그러뜨린다는 것을/ 불의에 대한 분노도/ 목소리를 쉬게 한다는 것을/ 아, 우리는/ 친절한 우애를 위한 터전을 마련하고자 했지만/ 우리 스스로가 친절하지 못했단다."

철학자 니체는 이렇게 말했다. "괴물과 싸우는 사람은 그 싸움 속에서 그 스스로도 괴물이 되지 않도록 조심해야 한다"고. 니체의 말은 강력한 경고처럼 들리기도 한다.

희망연대노조 사람들을 만나면서, 나는 종종 브레히트의 시와 니체의 말을 떠올렸다. 자신의 목소리가 쉬지 않도록, 스스로 괴물이 되지 않도록 노력하는 노동조합 아닐까.

## 정규직과 비정규직 연대

2014년 겨울 강성덕, 임정균 씨가 전광판에 오르자 씨앤앰 정규직 조합원들이 전면파업을 선언했다. 씨앤앰 정규직지부 조합원들은 전면파업 이전에도 비정규직 조합원들을 위해 채권 100만원씩을 구입했다. 몇몇 조합원들은 개인 신용대출을 내어 몇 100만원에서 수천만원까지 비정규지부 파업 생계기금을 조성했다. 이러한 비정규직과 정규직의 연대를 기반으로 씨앤앰 비정규직지부와 씨앤앰 정규직지부의 공동투쟁을 마무리할 수 있었다. 이동훈 씨의 말이다.

"투쟁이 끝날 무렵에 조합원 전체가 '아 우리가 일반적인 노동조합과는 다르구나' 내지는 '우리가 한 일이, 우리가 이렇게 치열하게 싸운 게, 정말 임금이나 고용만 가지고 싸운 게 아니구나'라는 생각을 했어요. 다 같이, 그 일은 곧 나의 일이라는 위기감으로 함께 싸웠고 결국 온전한 승리감을 맛볼 수 있었죠."

정규직 스스로 비정규직의 '정규직화 쟁취'를 등한시하고 노동자가 노동자를 탄압하는 지금, 씨앤앰 정규직, 비정규직지부의 공동투쟁은 새로운 역사를 창출했다. 희망연대노조는 '더불어 사는 삶'과 '아래로 향한 운동'을 지향해 왔다. 요컨대 지역사회에 녹아들고, 다른 사람의 권리까지 생각하는 노동운동을 실현하고자 노력했다. 김진규 씨에 따르면 이러한 희망연대노조의 지향을 전체 조합원이 공유했기에 정규직-비정규직 간 연대 역시 가능했다.

"더불어 사는 노동조합, 이런 모토로 시작하지 않았으면 아마 공동투쟁 결정을 하기 힘들었을 거예요. 희망연대노조는 지역을 기반으로 한 일반노동조합입니다. 가치를 얘기할 때 항상 아래로 향하는 노동운동을 전개한다고 정의하고 있거든요. 그 의미를 잘 살리고 있다고 봐요. 어쨌든 씨앤앰지부는 정규직 지부잖아요. 먼저 생겼고. 그 뒤로 만들어진 다른 지부는 모두 간접고용 형태라서 저희가 나설 수밖에 없는 것 같아요. 뒤에 이어진 지부들이 또 다음 지부들이 만들어지는 데 도움을 줬죠. 정말 이렇게 잘될 줄 알고 기획을 했는지는 모르겠지만, 정말 잘 쓰인 대본처럼 계획서처럼 잘되고 있다고 저는 평가해요."

**인간 본연의 따뜻한 마음으로**

"대학에 다닐 때였습니다. 교문에서 경찰과 대치했죠. 그때 어떤 선배가 돌을 쥐여 주면서 던지라는 거예요. 이 돌을 사람한테 던지라고? 당시에 사회 비판, 저항 의식이 있었기에 세상을 바꿔야 한다고 생각했지만 차마 돌은 못 던지겠더라고요. 슬그머니 내려놨어요. 뒤로 빠져 있으면서 생각한 게 있습니다. 그때는 워낙 격동적인 시기였잖아요. 한 10년 동안은 내가 이거 한다, 싸우겠다 다짐했어요. 하지만 10년 뒤에는 내가 원래 하기로 했던 걸 하겠다고 생각했어요. 저항하면서도 사회에 기여하고 봉사하는 삶을 살고 싶었습니다. 어려운 환경에 놓여 있는 주변 사람을 보면 '내가 도와드리고 싶은데'라는 생각을 해요. 길거리에서 할머니들이 폐지 줍고 하시잖아요? 그걸 보면 도움을 드려야 하는데 하는 안타까운 마음이 들어요. 그러나 개인적인 도움을 준다고 해서 사회가 근본적으로 바뀌는 건 아니잖아요. 근본적 변화를 위한 운동을 하되, 지금 어려운 조건에 있는 분들과 나누는 연대, 이것이 필요하다고 생각합니다. 이게 운동 지향과 동떨어진 일은 아니니까요. 제가 볼 때, 누구나 다는 아니지만, 나도 그런 걸 하고 싶은데 하는 조합원이 많을 거라고 봅니다. 그럴 기회가 없었을 뿐이죠. 우리 마음속에는 더불어 살아가는 나눔과 연대를 위한 따뜻한 마음 같은 게 있다고 믿습니다. 인간 본성에 그런 게 있다고 믿어요. 그런 것을 조합원들과 함께했으면 좋겠어요. 단순한 시혜나 봉사가 아닌 뭔가 다른 사회를 위한 관계 형성, 변혁의 진지를 구축하는 방향으로 나아갔으면 좋겠다고 생각합니다."

인간 본연의 따뜻한 마음으로 세상을 바꾸길 희망했던 김진억 씨. 그의 청년 시절 이야기를 듣고 보니 항간에 화제가 된 소설 「한국이 싫어서」가 생각났다. 잠깐 소설 이야기를 해 볼까 한다. 「한국이 싫어서」는 입시, 학벌, 취업준비, 스펙, 집안, 배경, 지역 등에 상처 입은 젊은이들의 모습을 담고 있다. 베스트셀러에 올랐던 이 소설은, 신용카드 승인실에서 근무하던 젊은 여성이 한국이 싫어서 호주로 떠난 이후의 이야기다. 그러나 소설 주인공은 혼자만 잘살겠다는 사람이 아니다. 자기 소망을 이야기 할 때 사회봉사를 하고 싶다고 말하고, 실제 호주 교민을 상대로 자원봉사 활동을 한다. 다만 주인공에게 한국은 그런 일을 할 수 있는 공동체가 아니다. 소설은 가까이서 보면 정글이고 멀리서 보면 축사인 곳이 한국이라고 서술한다.

김진억 씨 말처럼, 소설 주인공처럼 우리에게는 연대와 나눔을 갈망하는 인간 본연의 마음이 있다. 우리에게는 한국이 싫어서, 이곳을 변화시킬 수 있는 일을 할 용의가 있다. 그러나 우리에겐 그런 기회조차 주어지지 않는다. 희망연대노조의 생활문화연대와 나눔연대사업은 우리에게 박탈된 나눔의 기회를 다시 찾는 투쟁이 아닐까? 사회가 부과한 정체성으로부터 해방되려는 모험 아닐까? 자본주의가 원하는 것은 인간의 차가운 심장이다. 희망연대노조는 인간 본연의 따뜻한 마음으로 더불어 살아가는 날을 상상하고 실천해 나간다.

## 조합원들의 내적 변화

희망연대노조가 파업을 했을 때 지역사회로부터 전폭적인 지지를 받았다. 이러한 유대관계가 외적 결과라면, 사회공헌사업에 참여했던 조합원들은 어떤 내적 변화를 경험했을까. 김진규 씨와 나눴던 대화는 아직 삼십 대인 나에게 적잖은 자극을 줬다. 김진규 씨는 생활문화연대와 사회공헌사업에 참여하면서 내가 잘살아 왔는지 자문하게 됐다고 했다.

"자기 삶의 의미를 되새겨 보는 고민을 하게 될 때가 있잖아요. 예전에는 마흔이면 거의 다 살았죠. 50, 60까지 살면 되게 많이 산 것으로 평가되는 시절에 만들어진, 40을 여러 가지로 표현하는 수식어들이 많잖아요. 여하튼 제가 40이 넘었는데, 그 수식어를 붙일 수 있는 삶을 살았나, 그런 걸 고민을 해 봤어요. 한데 별로 내세울 게 없어요. 자랑스럽게 나는 이래서 잘산 것 같아, 이렇게 느낄 만한 게, 대표적으로 내세울 만한 게 없어요. 좀 더 의미 있는 삶을 살아가려면 뭔가를 해야 할 텐데. 그 뭔가가 뭘까 생각해 봤어요. 주변에 있는 거, 일단 옆에 있는 동지들을 위해 할 수 있는 건 노동조합 활동이고, 좀 더 넓게 지역에서 할 수 있는 건 생활문화연대, 사회공헌사업 참여라고 생각했습니다."

강성덕 씨는 마음가짐에 대한 이야기를 해 줬다. 직접 참여할 수 없는 상황이라도 언제나 마음만은 생활문화연대 주변에 머무를 수 있도록 노력한다고 했다. 생활문화연대나 사회공헌사업 모든 활동에 빠짐없이 참여하는 것은 사실상 불가능한 일이다. 강성덕 씨는 "생활문화연대나 사회공헌사업의 본바탕은 마음으로부터 우러나오는 공감과 정신적 연대"라고 강조했다.

"자본주의가 만연한 세상에서 자본주의를 없앤다고 생각하는 사람들도 있겠지만 저는 우리가 자본주의를 브레이킹할 수 있다고 생각해요. 우리가 똘똘 뭉치면 충분히 할 수 있다는 거죠. 한목소리를 내고 한마음을 가지면 되거든요. 사회공헌사업이나 소모임 활동 이런 거를 하든 안 하든 간에 마음가짐 자체를 잘 가져야 해요. 이 세상에 대한 어떤 잘못된 것들에 대한 우리의 마음가짐, 잘못된 것들을 우리 스스로 어떻게 해결해 나갈 것인가라는 질문, 일단 내가 가족들 먹여 살리느라 바쁘기 때문에 연대는 못 가, 그렇지만 마음가짐은 제대로 갖자는 거죠. 연대의 기본은 마음가짐이든요. 지금도 저금통에 동전을 모아 사회공헌기금을 보내고 있어요. 아직 네팔에 한 번도 못 가봤어요. 하지만 동전을 모으다 보면 마음이 갈 테고, 한번 가 보고 싶은데, 이러면 또 가는 거예요. 그런 식으로 마음가짐을 어떻게 가지냐에 따라, 내 몸이 거기에 따라 움직여진다는 거죠. 참여하지는 못하더라도 일단 사회공헌사업은 진행되고 있으니까. 마음가짐을 잘 잡으면 이런 행동이 뒤따라서 간다고 생각합니다."

## 참여

희망연대노조 조합원들은 사회공헌사업에 얼마나 공감하고 있을까. 사회공헌사업이나 생활문화연대에 참여하는 조합원 수가 적은 것은 사실인 듯하다. 다수 조합원들이 사회공헌사업과 생활문화연대를 '노동조합에서 하는 일' 또는 '일과 후 내어 시간을 내어 참여하는 노조 활동'으로 인식하고 있다. 지난 5년 동안 희망연대노조는 신생노조로서 기반 마련을 위한 시간이 필요했다. 굵직한 투쟁도 몇 차례 했다. 생활문화연대국은 조합원들이 활동에 참여할 수 있도록 사회공헌사업과 생활문화연대의 의미와 중요성을 꾸준히 설명하고 교육하고 있다.

사업 담당자들은 조합원들의 삶에 대한 고민과 관심을 조사하고 적극적으로 홍보한다. 가장 효과적인 건 참여다. 희망연대노조 사람들은 첫째도, 둘째도 참여라고 말한다. 생활문화연대, 사회공헌사업 활동 중 한 가지라도 경험했던 조합원들의 만족도가 높기 때문이다. 어느 조합원이든 일단 한 번 참여하면, 각 사업의 동력이 돼 활발히 참여한다. 김진규 씨 역시 참여가 중요하다고 말했다. 마치 알고 있는 것처럼 항상 고개를 끄덕이고 있지만, 실제로는 알지 못하는 것들을 경험해 보는 것이 중요하다고 했다.

"실제로 한두 번이라도 참여하면 생각이 바뀌어요. 그냥 보는 것만으로는 바뀌기 힘들 거든요. 저도 실제 참여해 보고 생각이 바뀐 케이스입니다. 노동조합에서 그쪽과의 접촉 면을 만들어 줘서 참여하긴 하지만 일단 참여하면 그런 활동에 대한 인식이 좀 바뀔 거예요. 그냥 듣기만 해서는 자기 이야기가 될 수 없는 그런 게 있는 것 같아요. 그런데 대부분 참여를 안 하니까…. 한 번 참여하는 게 그렇게 힘든가 봐요. 조합원들한테 이러이러한 거 있는데 오세요, 그러면 격주 근무예요, 부인이 안 간대요, 애들이 뭐 해요, 라고 이야기해요. 사실 어디 중요한 일 있으면 일정 다 빼고 가잖아요, 왜 안 와요? 그러면 발걸음이 안 떨어진다고 해요. 이거 하나 참여시키는 게 그렇게 힘들더라고요. 오기만 하면 달라지는데."

씨앤앰 정규직지부와 씨앤앰 비정규직지부의 참여율에도 차이가 있다. 김진억 씨와 김하늬 씨에 따르면 노동조합 초기에 조성된 문화와 교육이 관건이라고 한다. 노동시간 제약도 따른다. 씨앤앰 비정규직지부, 티브로드 비정규직지부 등 비정규직 조합원들은 토요일 격주 근무와 한 달에 한 번 일요일 근무를 하고, 돌아가면서 평일 저녁에 당직을 서야 하는 등 씨앤앰 정규직보다 노동시간이 길다. 비정규직 조합원들이 사회공헌사업이나 생활문화연대에 활발히 참여할 수 있도록 노동시간을 줄여 여유를 만드는 노력이 필요한 실정이다. 그러나 핵심은 인식 변화다. 활동에 참여하고 있는 조합원들에 따르면 정규직과 비정규직의 차이가 생활문화연대나 사회공헌사업에 참여하는 데 걸림돌이 되지는 않는다. 이동훈 씨의 얘기다.

"막내 조합원 기준으로 보면 5년 전에 연봉 1,500만원~1,600만원을 받던 친구가 지금 3,000만원 넘게 받아요. 굉장한 임금인상률이죠. 노조에서 임금인상률에 따른 행복감을 조사한 적이 있어요. 그만큼 행복해졌나? 그 질문에 조합원 99%가 아니다, 라고 대답했습니다. 이전에는 100만원 오르면 완전 행복할 거야, 그런 생각을 한 적도 있었죠. 그때 삶과 지금의 삶이 전혀 변화되지 않았다는 거지요. 그래서 '너 지금 행복하니'라는 질문을 많이 해요. 아니면 '언제 행복하니?'라는 질문을 많이 하죠. 우리가 비정규직 같은 정규직이라서 아직 배가 고프죠. 그래도 임금을 더 올리기 위한 뭐 이런 목표, 목적은 최우선이 아니에요. 아무리 연봉이 높아도 마음이 없으면 연대활동에 참여 못하죠. 인식과 마음이 중요하다고 생각합니다. 아직 많은 조합원들이 노조에서 지향하는 그런 활동에 참여하지 못하고 있지만, 그래도 방향이나 지향이 옳다는 것 정도는 알고 있다고 봐요."

**교육과 토론**

희망연대노조는 조합원교육, 간부교육, 총파업 투쟁기간 교육, 신규노동자 조직화 교육 때마다 '지역사회운동노조'로서 지향에 대해 설명한다. 사업계획 시 의견을 묻는 과정도 매년 진행해 왔다. 희망연대노조는 2011년, 2012년, 2013년 '노동자학교'를 개설해 전 조합원이 의무적으로 이수하도록 했다. 희망연대노조는 교육과 토론을 중시한다. 이를테면 교육과 토론을 통해 참여를 이끌고, 그러한 경험이 조합원 삶 속으로 배어들어 갈 수 있도록 노력한다. 교육과 프로그램 배치를 맡은 김은선 씨는 다음과 같이 설명했다.

"왔을 때 정말 만족스럽도록 질 좋은 프로그램이 돼야 하는 거죠. 그러면 이 사람들이 전도사가 될 거야, 그러니 걱정하지 말고 어쨌건 결합을 좀 시키고 홍보를 많이 해야 한다고 생각하고 있어요. 조합원이 100명이면 100명이 다 할 수 있나, 10명이라도 참여하게 하는 게 우리 몫 아닐까 이런 얘기를 해 줬던 조합원들이 있어 고마웠어요. 조합원 혹은 지회 상황에 맞게 교육안을 잘 짜고, 정말 조합원 눈높이에 맞게 교육을 하고, 생활문화연대나 지역사업이 왜 중요한지, 내 삶을 바꾸는 운동이 왜 중요한지, 일터에서 내 임금 올리고 이런 것도 중요하지만, 그것보다도 나누고 함께하는 삶이 왜 중요한지를 정말 잘 알 수 있게 교육을 해야 한다고, 노조 내에서 이런 생각을 많이 나누고 있어요. 지금은 그렇게 가려고 해요. 누구라도 한번 참여하면 정말 후회하지 않는 프로그램을 만들기 위해 노력하고 있어요. 그래서 대부분의 사업이 좋은 평가를 받았던 것 같습니다."

### 사회공헌사업이라는 명칭에 대하여

사회공헌사업이라 하면 대부분 대기업의 사회공헌사업을 떠올릴 것이다. 쪽방촌 연탄 나르기, 신생아가 쓰는 털모자를 만들어 아프리카에 보내기, 기초생활보장 수급자 및 조손가정 후원하기 등의 대기업 사회공헌사업에 익숙하기 때문이다. 나 역시 노동조합에서 사회공헌사업을 한다고 했을 때 '노동조합'과 '사업'이라는 단어가 어울리지 않는다고 생각했다. 사회에서 통용되는 '사회공헌사업'과 비교해 내용도 방향도 다른 것 같고 이름 탓에 오해받는 부분이 적지 않을 것 같았다. 희망연대노조 사람들은 왜 굳이 '사회공헌사업'이라는 명칭을 쓰는 걸까. 김은선 씨의 대답이다.

"저희가 나눔연대라는 말을 씁니다. 그리고 큰 고민 없이 처음에 썼던 이야기가 '낮은 곳으로의 연대'거든요. 지금은 그 말이 조금 불편해요. 우리가 높아? 그런 생각이 들곤 하죠. 그걸 일순간에 바꿀 수는 없다고 생각해요. 불편함을 느끼는 조합원이 늘어나기를 바라면서 그 명칭을 쓰고 있어요. 이제 조합원들 사이에서 이거 바꿔야 하는 거 아니야, 라는 말이 나와요. 저는 그게 정말 좋다고 봐요. 사회복지 체계가 자본주의적 시장경제에 많이 포섭돼 있거든요. 사례 관리, 취약계층 아동·청소년 지원사업, 복지 인프라 구축, 이런 단어들이 일상화돼 있습니다. 그런데 대체할 수 있는 다른 단어들, 나아가 사회복지체계가 만들지 않는 이상 연대하겠다고 나선 노동조합이 그걸 바꿀 수 있을까요? 똑같은 거죠. 노동조합에서 쓰는 동지, 투쟁 이런 말 너무 낯설어요, 바꿔 주세요, 이렇게 지역단체가 요구하면 우리는 바꿀 수 있나요? 아닌 것 같거든요. 그냥 당신들이 쓰는 용어구나, 우린 이런 용어를 써, 이렇게 일단은 지금은 서로를 그냥 인정하면서, 대신 대화 속에서 이런 단어를 조금 바꾸면 어떨까요, 우리 같이 고민해 볼까요? 라고 물어보는 그런 과정이 필요하다고 생각해요."

「급진주의자를 위한 규칙」의 저자 앨린스키는 논쟁 여지가 없는 순화된 단어를 고집하는 것은 시간 낭비라고 했다. 순화된 단어를 고집해 봤자 직설적인 언어를 참아 낼 만한 비위가 없는 사람들에게 영합할 뿐이라는 뜻일 테다. 사회공헌사업이라는 명칭뿐만이 아니다. 공헌, 봉사, 허브, 서비스, 네트워크, 인프라, 파트너십 같은 단어들을 사용할 때면 정말 다른 단어는 없는 걸까, 라는 생각을 하곤 했다. 그런데 김은선 씨의 설명을 들은 뒤 현실을 우회하지 않는 태도, 결국 부딪히게 될 문제들을 희생하지 않는 일이 중요하다고 여겨졌다. 부정적인 반응을 불러일으키는 단어를 바꿔야 한다고 집착하기보다, 합의를 만들어 내는 일, 이 또한 희망연대노조가 도전하고 기대하는 바일 것이다.

## 사회공헌기금

희망연대노조는 2011년부터 2015년 현재까지 11개 지역에 13억5,000만원을 투입해 사회공헌사업을 진행해 왔다. 2011년 1억5,000만원으로 성북, 강동 지역에서 시작된 사업이 2014년에는 6억원, 씨앤앰 사업지역(성북, 성동광진, 강동, 송파, 구로, 남양주)과 티브로드사업지역(노원, 강북, 강서, 안양, 안산)으로 확대됐다. 그리고 2015년 현재 씨앤앰 사회공헌사업 지역은 2014년과 동일하게 3억원으로 이뤄지고 있다. 티브로드 사회공헌사업은 2014년 티브로드 사측의 완강한 저항으로 추가기금 지급 없이 2014년 잔여기금으로 진행되고 있다. 사업지역은 2014년과 같다.

씨앤앰은 케이블방송 통신회사다. MBK가 대주로서 씨앤앰을 인계받을 때 방송통신위원회에서는 연간 1% 매출에 해당하는 금액을 사회에 환원하라는 규제를 뒀다. 공공성 확보를 위한 재허가 조건으로 MBK는 5년 이내에 1% 매출을 사회공헌기금으로 사용해야 했다. 약속했던 5년, 그 마지막 해인 2010년 씨앤앰에 노조가 생겼고, 노동조합은 사회공헌기금을 사측이 집행하지 말고 노조가 집행할 수 있도록 요구했다. 해당 기금을 가지고 희망연대노조는 지역사회 문을 두드렸다. 씨앤앰 사측과 노동조합은 매년 임금·단체협상을 하면서 기금을 교섭 내용에 포함시키고 있다. 교섭에 참여했던 이동훈 씨의 말이다.

"저희가 임금교섭을 할 때 1%를 더 올리면 회사에서 총액으로 나가는 금액이 5억원에서 6원이 더 나간대요. 왜냐면 전 직원을 다 줘야 하니까. 그래서 우리가 1% 덜 받고 우리가 1% 양보하면, 대신 3억원이라는 돈으로 지역과 나눌 수 있거든요. '그 1%의 돈은 유지하자'가 사회공헌사업기금의 맥락입니다. 누군가는 '아니 임금 1%를 양보해서? 그게 돼? 그게 조합원 동의가 돼?' 이렇게 물어보는데요. 솔직히 씨앤앰 정규직지부는 동의가 됐다고 봅니다. 그렇게 1% 양보를 해서라도 '이런 지속적인 관계는 꼭 유지해 가야 해'라고 생각하고 있는데, 만약 회사가 돈을 안 줬어, 그러면 어떡하지요? 그럼 1% 걷으면 되겠네? 저는 그런 생각도 해요. 그게 아직은 어렵겠지요. 하지만 우리가 생각만 바꾸면 한 달에 돈 3만원으로 우리의 지향 가치를 지속적으로 이어 갈 수 있겠다는 생각을 해요. 그런 사고가 공동체를 형성하고 다 같이 행복할 수 있는 삶을 만드는 과정에서 굉장한 이바지를 하지 않을까요?"

**청소년과 함께**

희망연대노조 사회공헌사업 대상은 아동, 청소년이다. 노동자들이 겪는 어려움은 그들의 자녀에게 심리적, 정서적 영향을 끼친다. 공동체가 파괴된 현재 상황에서는 더욱 그러하다. 희망연대노조는 극단으로 치닫는 개인주의와 경쟁 구도를 차단하고, 지역사회에서 공동체적 가치를 구현해 나가기 위하여 '아동, 청소년 사업'에 주목했다. 희망연대노조는 특정 단체나 조직에 국한해 지원하지 않으며, 지역사회 네트워크, 그 네트워크 구성원으로 사회공헌사업에 참여하고 있다. 희망연대노조는 오늘을 살아가는 아동, 청소년들이 이 땅의 건강한 노동자로 성장하기를, 더 나은 세상을 꿈꾸는 동지가 되기를 희망한다. 희망연대노조는 새로운 변혁의 주체가 될 청년노동자를 조직하겠다는 목표를 가지고 있다.

사회공헌사업은 아동, 청소년 지원사업이 주를 이루지만 최근 들어 취약계층 지원사업으로 확장되고 있다. 각 지역 특성과 상황에 맞게 사업 내용을 설정하고 운영한다. 주요 사업으로는 장애아동지원사업, 이주민 자녀지원사업, 취약계층 아동심리 정서지원사업, 학교 밖 청소년 지원사업, 청소년 노동인권 교육사업, 취약계층 주거환경개선사업, 의료지원사업, 반찬 배달사업이 있다. 김진억 씨에 따르면 희망연대노조 사회공헌사업은 성과를 중시하는 활동이 아니다. 당장 보기에 그럴싸해 보이는 결과를 얻고자 함이 아니다. 그는 "오랜 시간이 걸리더라고 주체적인 성인, 건강한 노동자로 성장하는 아동, 청소년과 관계를 형성하고 싶다"는 바람을 전했다.

"글로비전이나 유니세프 같은 큰 기관은 아동, 청소년 NGO죠. 제가 볼 때 글로비전이나 유니세프는 관계와 지향이 없어요. 그러니까 학교에 못 가는 아이들을 학교에 보내잖아요. 그 아이들은 어쨌든 공부를 열심히 하건 뭐 하건 해서 상급학교로 진출하고 더 나은 직장이나 삶을 살 수 있겠죠. 그런데 그건 개인의 삶을 구제하는 방식이거든요. 사회구조 시스템 변화를 위해 자기 역할을 감당하는 개인, 주체로 설 수 있도록 해야 하는 것 아니냐는 거죠. 건강한 노동자로, 그 사회 변화의 주체로 성장했으면 좋겠다는 생각을 해요. 말하자면, 그런 지향과 관계를 형성하는 노동자가, 노동자 세상을 위해 아동, 청소년을 지원하는 단위로 성장했으면 좋겠어요. 우리 조합원들이 맺는 관계와 모임들이 하나의 진지가 되는 그런 것, 그 매개가 어떤 것이든 그런 거를 했으면 좋겠다는 생각을 해요."

아동, 청소년을 위한 사회공헌사업은 그들이 혹여 자본가가 된다 하더라도 노동의 가치를 이해하고 존중하기를 바라는 마음, 다음 세대에 좀 더 나은 세상을 만들어 주고 싶은 마음으로 더불어 사는 세상을 준비하는 과정이다. 이동훈 씨는 사회공헌사업을 "다음 세대를 위한 초소"라고 표현했다.

"우리 아이들이 내 나이가 됐을 때 이런 사회에서 살게 하고 싶지는 않아요. 내가 얼마나 할 수 있을지는 모르겠지만 눈곱만큼이라도 사회를 바꾸는 데 기여했으면 좋겠습니다. 아까 얘기했던 그런 모습까지는 바라지도 않아요. 그래도 이렇게 불행하게 살아서는 안 된다고 생각합니다. 지금 내가 제대로 가고 있는지는 모르겠지만 한 발 한 발, 하나하나 작은 초소들을 만들어 나가고 싶어요."

## 사단법인 희망씨

(사)희망씨는 희망연대노조 조합원들과 그동안 뜻을 함께했던 지역주민들이 2013년에 설립한 사단법인이다. 굳이 사단법인을 택했던 이유는 사회공헌사업을 독자 기금으로 운영하기 위해 형식적 틀이 필요했기 때문이다. 사회공헌기금은 노사관계가 악화되면 받기 힘든 돈이다. 사측이 사회공헌기금을 매년 지급하리라는 보장도 없다. 희망연대노조는 2014년 투쟁 과정에서 이러한 위기를 경험했다. 티브로드 비정규직 임금협상 과정에서 사측은 사회공헌기금 조성에 격렬하게 부정했다. 한국경영자총협회는 "사회공헌기금 등이 노동조합 간부 활동비로

쓰였다"라는 허위사실을 보도자료로 배포하면서까지 사회공헌기금을 극단적으로 반대했다.

(사)희망씨는 조합원들의 자발적, 주체적 결의로 나눔사업을 이어 가고자 만들어진 사단법인이다. 사측과의 임단협 과정에서 사회공헌기금을 확보하지 못하더라도 사업을 계속하고자 하는 희망연대노조의 의지의 표현이자 실천이다.

또한 (사)희망씨는 노동조합의 생활문화연대사업, 사회공헌사업을 보다 전문적으로 고민하고 실행하는 단위다. 희망연대노조의 사회공헌사업을 (사)희망씨가 협력하면서 전문성을 도모한다. 2015년부터는 (사)희망씨가 독자적인 사회공헌사업 영역을 만들어 가기 시작했다. 노사 사회공헌기금을 사용하지 않고, 조합원들이 자발적으로 진행하는 사업영역을 개척한 것이다. 조합원들이 좀 더 쉽게 대중적으로 함께할 수 있는 '대중적 나눔연대'를 확산하는 방법도 고민 중이다. 희망연대노조 생활문화연대국 소속으로 (사)희망씨 상임이사를 맡고 있는 김은선 씨는 다음과 같이 설명했다.

"사회공헌사업 계획을 발표하고 회사가 검토한 뒤 노조에 사회공헌기금을 줬어요, 4년 동안은 유지됐지만, 안 줄 수도 있겠다는 생각을 우리 스스로 한 거죠. 그러면서 회사가 돈을 안 준다고 끝낼 수 있는 사업이 아니다, 이미 4년을 걸어왔고 지역과 연계돼 있는데 중간에 돈이 없다고 해서 이 사업을 접어 버린다면 그동안 우리들이 추구한 것은 다 물거품이 되지 않을까를 고민했습니다. 그리고 조합원이 늘어나고 조직이 확대되고 지역이 넓어지고 있으니까 조합원들이 십시일반 하자, 재정자립을 고민해 보자고 판단했죠. 희망연대노조 안에 작은 씨앗을 뿌리자는 뜻에서 '희망씨'가 싹튼 겁니다. (사)희망씨는 재정자립을 유지하면서 노동조합과 지역 간 연대를 지속하는 역할을 맡고 있습니다. 노조는 늘 투쟁 현장에 있으니까, 나름의 중간 매개체로서 노조와 지역을 연결하고 지속하는 활동을 하는 거죠."

(사)희망씨는 2013년 첫걸음을 내디딘 이래 세 가지를 고민해왔다. 첫째, 회원을 어떻게 확보할 것인가. 회원이 늘어야 재정을 확보할 수 있기 때문이다. 그런데 회원이 늘지 않고 있는 상황이다. 앞으로 사회공헌기금이 어떻게 될지 모르는 상황이기에 독자적인 재정을 마련해야 하는 처지에 놓여 있다. 사단법인이 자리를 잡기도 전에 사회공헌기금이 끊길 수 있기에 회비를 납부하는 회원이 늘어나기를 바라고 있다.

둘째, 조합원들의 내면을 살찌우는 프로그램을 어떻게 만들 것인가. 희망연대노조 내부에서도 여러 프로그램을 만들 수는 있다. 하지만 희망연대노조는 투쟁이나 임단협 위주로 돌아가는 프로그램 대신에 (사)희망씨가 연구하고 준비한 프로그램을 기대한다.

셋째, 어떻게 하면 조합원들이 나눔활동에 적극적으로 참여할 것인가. 희망연대노조는 전국 조직이다. 그러기에 대중적인 나눔활동을 어떻게 전면화할지, 지방에 거주하는 조합원들에게 어떻게 다가갈지를 고민한다. 아직은 지방에 분소를 둘 여력이 없는 탓에 현재 마련된 기구에서 나눔활동을 확산시켜야 한다.

(사)희망씨는 아직 노조의 울타리 안에 놓여 있지만 조금씩 독립된 기구로 자라날 것이다. 희망연대노조는 조합원의 자발적 참여만으로도 기본적인 틀을 유지해 나갈 수 있는 날이 오기를 고대한다.

**노동인권교육**

희망연대노조와 지역사회가 만나게 되면서 '노동'에 대해 더 알고 싶어

하는 사람들이 생기기 시작했다. 이때 '노동'에 대한 이해를 돕는 활동이 노동인권교육이다. (사)희망씨는 2014년 3월부터 최근에 이르기까지 매월 노동인권교육을 위한 기획회의를 개최했다. 그 결과 희망연대노조와 연계하는 지역에서 '청소년 노동인권 교육사업'을 이끌어 내는 성과를 거뒀다. 김은선 씨에게서 자세한 설명을 들었다.

"지역에 노동이 없어요. 무슨 말이냐면 우리가 살고 있는 지역 안에서 청소년들이나 노동 사각지대에 있는 아이들이 아르바이트를 하는데, 열악한 곳에서 불법적으로 일하면서 노동착취를 당하는 경우가 많아요. 지역아동센터 선생님이나 사회복지사들이 청소년들과 만나면서 그런 상담을 하는 경우가 종종 있다고 합니다. 상담자인 선생님들 스스로가 내용을 잘 모르는 데다, 지역 어디에도 그런 이야기를 해 주는 사람이 없으니 답답해하는 상황이죠. 이런 것들이 좀 체계화 됐으면 좋겠다는 요구가 많았어요. 학교에서는 이런 걸 가르치지 않으니까."

희망연대노조는 2012년 성북아동청소년네트워크가 주최한 1박 2일 청소년 노동인권캠프에 김하늬 씨가 참여한 것을 시작으로 노동인권교육에 주력했다. 다음 해인 2013년에는 구로 지역아동센터 선생님들을 대상으로 간략한 노동인권교육을 진행했다. 처음에는 노동에 대해, 희망연대노조에 대해서만 설명했다. 이후 구체적인 노동인권교육으로 발전시켰다.

노동인권교육은 2015년 (사)희망씨의 주력 사업이다. 희망연대노조 본조 간부들과 (사)희망씨 노동인권교육팀으로 일하는 지역 활동가들이 각 지역을 찾아가 노동인권을 교육하고, 강사를 양성하고 있다. 강사 양성은 노동인권교육의 씨앗을 뿌리는 일이다.

"노원에 '희망자랑 사업단'이 꾸려졌어요. 희망연대노조가 참여하는 또 다른 네트워크죠. 네트워크 안에서 이번에 노동인권교육 할 거니까 관심 있는 사람들 모이세요, 그랬더니 25명이 모인 거예요. 지역 활동가들이었죠. 강북 지역에서는 강북 자활센터에 한 20명 모았어요. 20명을 대상으로 (사)희망씨-희망연대노조 노동인권교육팀 강사들이 4주차 강연을 진행했습니다. 지역 활동가들, 예를 들면 자활센터라든지 지역아동센터라든지 이런 사람들한테 노동자의 눈으로 세상을 바라본다는 게 어떤 건지 이야기한 거죠. 송파 지역도 그랬죠. 구로 지역에서는 2013년 2시간, 2014년 2시간씩 3번, 2015년 2시간씩 3번 노동인권교육을 했습니다. 구로 지역 아동센터협의회와 기획을 같이하고 (사)희망씨-희망연대노조 노동인권팀이 강사를 맡았죠. 작년에는 당신들의 노동을 들여다보자, 사회복지사로서 당신들의 노동 현실이 어떤지 들여다보자는 취지로 6시간을 교육했습니다. 올해는 청소년들의 노동에 대해서 알아보자, 이런 내용을 가지고 한 거죠."

  (사)희망씨는 2014년부터 희망연대노조 조합원들을 대상으로 노동인권교육 강사를 양성하고 있다. 사회공헌사업을 하는 지역에서는 청소년노동인권활동가를 양성 중이다. 청소년 노동인권교육을 받은 사람 가운데 지역에서 강사단으로, 소위 강사단이지만 활동가로 움직일 수 있는 사람들이 모여 후속모임을 하고 있다. 각 지역 강사단 모임 대표가 선정돼 (사)희망씨 노동인권교육팀에서 활동한다. (사)희망씨는 노동인권교육을 통해 지역과 노동조합을 매개하고, 노동에 대한 시각을 바꾸는 역할을 담당해 나가고자 한다.

**과일나눔**

  (사)희망씨는 용산, 안양 지역에서 과일나눔을 실천한다. (사)희망씨

가 주관하고, 희망연대노조 조합원들이 직접 과일을 사서 지역으로 찾아간다. (사)희망씨는 어려운 가정형편에 놓여 있는 아동, 청소년들에게 도움을 주고자 안양 지역에서 과일나눔을 시작했다. 티브로드비정규직지부 안양, 수원, 기남권 조합원들이 안양 지역 과일나눔에 함께하고 있다. (사)희망씨는 최근 용산 지역 '동자동 사랑방'에도 과일을 전달하고 있다. SK브로드밴드지부 용산·마포지회, 씨앤앰 비정규직지부 제이씨비전 용산지회, 씨앤앰 정규직지부 중부지회 조합원들이 함께한다. 동자동 사랑방에는 '식도락'이라는 급식소가 있는데, 희망연대노조 조합원들이 찾아가 과일을 나눈다. 용산 지역에서 과일나눔을 하는 이영한 씨 얘기다.

"(사)희망씨에서 과일나눔이라는 봉사활동을 해 달라는 얘기가 나와서 시작했어요. 물론 (사)희망씨에서 한다고 무조건 따라가지는 않죠. 제가 일했던 지역이 동자동이었어요. 정말 쪽방이라는 데를 말로만 들었지 모르시는 분들이 정말 많을 거예요. 나라에서 나오는 기본적인 기초생활수급자 분들이 대부분입니다. 동자동 사랑방에서 식사하시는 분들께 과일나눔을 한다고 하시니까 그런 분들한테 어느 정도 도움이 된다면 괜찮을 것 같다는 생각을 한 거죠. 처음에는 동자동 사랑방이라는 곳을 잘 몰랐어요. 제가 가서 인터넷 설치하고 전화 설치하고 했지만 뭐하는 곳인지는 잘 몰랐어요. 과일나눔을 하러 가서 보니까 정말 힘든 사람들, 아주 소외된 분들을 위해 많은 부분에서 노력을 하시는 분들이 있더라고요. 과일나눔을 하면서 지역에 대해 알아가고 있습니다."

이영한 씨는 작년 SK 비정규직 투쟁에 대해서도 이야기해 줬다. 그는 "얻고자 한 게 있었던 만큼 아쉬웠던 투쟁이었다"고 했다. 4대 보험과 퇴직금을 쟁취했지만 급여의 절반을 포기해야 했기 때문이다. 사실상 협력업체 정규직과 급여의 절반을 바꾼 셈이다.

"아무래도 사람인지라 지금 당장 손에 쥐는 금액을 봤을 때는 아쉬운 감이 있죠. 그런데 뭐 지금 당장 우리가 어떻게 바꿀 수 있는 부분은 아니잖아요? 1년, 2년마다 한 번씩 있는 임단협에서 그런 것들은 때가 되면 그때 가서 바꾸고, 그사이 나의 일상과 생활을 어떻게 채워 나갈지 생각해 봤어요. 그럼에도 불구하고 생활문화연대 활동이나 사회공헌사업에 참여하려고 합니다. 이런 활동 때문에 일하는 게, 사는 게 더 재밌어요. 노동조합 가입하고 나서 일하는 게 예전보다 몇 배는 즐거운 것 같아요."

안양 지역의 경우 티브로드 조합원들이 '사회적협동조합 인생나자'와 자주학교에서 과일나눔 사업을 하고 있다. 인생나자는 한 달에 한 번 지역 공원으로 청소년을 만나러 갈 때 과일나눔과 자원봉사를 한다. 방과후 공부방을 운영하는 자주학교는 한 달에 두 번 학생들에게 과일을 전달한다. 조합원들은 군포시장과 안양농수산물도매시장에서 국내산 과일을 사 들고 매월 정기적으로 자주학교와 인생나자를 찾아간다. 이제는 자주학교 학생들과 과일을 먹으며 이런저런 이야기를 나눌 만큼 조합원들과 학생들 사이에 친밀감이 형성돼 있다. 안양 지역 과일나눔에 참여하고 있는 박호준 씨의 말이다.

"노동조합이라고 하면 대다수 사람들이 어렵게 생각해요. 그런데 주위를 둘러보면 아빠, 삼촌도 노동자입니다. 그들이 노동조합 활동을 하고 있다는 것을 알려 주고 지역 시민, 사회 단체와 청소년들에게 더는 노동조합이 어렵고 멀리 있는 단체가 아니라는 것을 알려 줍니다. 그분들이 노동자라는 단어와 노동조합이 자기 이익만 챙기는 단체가 아니라는 것을 인식했을 때 보람을 느껴요. 아! 봉사활동하길 잘했다 생각하고 있습니다. 여러 가지 일들이 있었지만 그중에서도 자주

학교 학생들과 과일을 먹으며 이런저런 이야기를 나누던 중 한 학생이 취업을 나가야 하는데 취업 나가면 어떻게 해야 하는지 질문을 해서 청소년 노동인권에 대해 설명해 줬을 때 학생들이 귀 쫑긋 세우고 들으며 질문을 던지던 게 많이 생각나네요. 처음에는 신선하다는 말을 들었어요. 그러면서 얼마나 하겠어, 라고 의혹의 눈초리를 보낸 분들도 있었어요. 2년 가까이 나눔사업과 지역단체 행사에 참여하고 봉사활동을 하다 보니 이제는 저희를 보는 시선이 달라졌죠. 지역에서 작은 행사, 큰 행사 할 것 없이 참여 요청을 해 옵니다. 지역의 한 자리에서 노동조합도 함께할 수 있다는 선례를 남긴 것 같아 뿌듯하네요."

**지역사회와 노동조합이 마주 보는 시간**

희망연대노조는 아동, 청소년을 보살피는 지역단체와 결합해 사회공헌사업을 진행하기로 결정하고 뜻을 나눌 수 있는 지역 활동가를 찾아 나섰다. 희망연대노조가 처음 문을 두드린 지역은 강동과 성북이었다. 때마침 강동 지역에서 아동청소년사업을 위한 강동희망키움네트워크(이하 키움넷)가 형성되던 시기였다. 성북 지역에서는 성북아동청소년네트워크(이하 성아청)가 이제 막 사업을 시작하고 있었다.

  희망연대노조는 키움넷과 여러 차례 회의를 거쳐 방향을 설정하고, 사업에 걸맞은 다른 단체들을 섭외해 나갔다. 제안문 작성과 단체 방문, 간담회 개최 같은 모든 과정을 지역 네트워크 안에서 함께했다. 지역에서 네트워크를 구성하는 과정은 지속적인 소통을 필요로 했다. 노조 스스로 △지역사회에 네트워크를 꾸리고 △노조 스스로 네트워크의 한 주체로 활동하며 △노동의 문제를 지역사회에서 이야기한다는 세 가지 원칙을 지켜 나가며 소통과 대화에 힘썼다.

희망연대노조는 2012년부터 지역과 더불어 사회공헌사업 연석회의를 만들었다. 희망연대노조 조합원들이 연석회의에 참여해 사업 활성화 방안을 토론했고, 그 결과물로 2014년부터 조합원과 함께하는 프로그램이 각 사업별로 배치됐다. 이 회의를 통해 지역과 노조 현황을 공유했다. 노동조합은 지역사회의 필요와 상황을 파악하고, 지역사회 역시 노동조합의 투쟁활동과 변화를 알게 되는 시간이었다. 희망연대노조 사회공헌사업은 노동운동이 사회변화의 일부이자, 더 나아가 지역사회, 한 가정, 한 개인의 문제와 연결돼 있음을 확인시켜줬다. 김하늬 씨는 지역과 노동의 관계에 주목했다.

"지역사회에는 여전히 노동운동과 결합력을 유지하면서 진보정당 활동을 하는 사람들이 있어요. 이를테면 80년대 대학생들이 공장으로 갔다면, 90년대 중후반에는 시민운동으로 확장되면서 지역으로 갔습니다. 그래서 대화하기에 수월한 점이 있는 것 같아요. 물론 낯설긴 하죠. 노동운동에 대해 패배감을 느끼거나 '아 노조는 이래서 안 돼'라는, 노조운동에 염증 혹은 한계를 느끼는 사람도 있거든요. 그래도 대체로 '노동' 이야기를 잘 받아들이세요. 우리 동네에 편의점, 마트 같은 곳이 다 노동자들 작업장이잖아요. 내 생활이 다른 누군가의 노동으로 이뤄져 있다는 걸 깨닫게 되죠."

**지역사회의 환대와 부담감**

희망연대노조가 지역과 함께하고자 손을 내밀었을 때 지역사회의 반응은 다양했다. 환영하는 곳이 있는가 하면, 여타 대기업처럼 기금만 지원하면 좋겠다고 말하는 곳도 있었다. 어떤 지역은 희망연대노조와 사업계획 수립 및 집행을 함께하는 것, 시기마다 '노동조합 현황'을 공유하는 것을 불편해했다. 독자적인 생존이 어려워진 단체들은 공공기관 용역이나 공익재단프로젝트에 응모하는 패턴에 익숙해져 있었다. 지방자치제 이후 과거와 다른 지역운동으로 변모한 것이다. 지역사회의 환대와 망설임을 곁에서 지켜본 김은선 씨의 말이다.

"일단 반응은 두 갈래인데요. 노동조합이 지역과 함께 일터에서의 변화뿐만이 아니라 삶터에서의 변화를 추구하려는 것을 본 뒤 일차적인 반응은 '신선하다 새롭다'입니다. 그리고 대부분 가능하면 희망연대노조와 보조를 맞추려고 하죠. 일부는 약간 경계합니다. 너희가 와서 뭐 하나 한번 볼까? 지원해 주는 건 좋은데, 네트워크를 꾸리고 여타 단체들과 보조를 맞추는 건 힘든데? 그냥 지원만 해 주면 안 될까? 라고 이야기하는 지역도 있는 거죠. 그런 곳에서는 사업이 상당히 어려워요. 무엇을 해도 어려운 것 같아요. 어떤 지역은 아예 운동성보다는 복지에 주안점을 둡니다. 그냥 복지계에 종사하는 사람으로서 여타 공헌기금 지원받듯이 받았는데, 자꾸 노동조합 얘기하니까 불편한 거예요. 대놓고 싫은 내색을 하면서 뭔가 어색해하죠. 희망연대노조는 다른 데처럼 보고서-형식적인 페이퍼이긴 하지만-를 받지는 않거든요. 그럴 필요가 없죠. 회의를 하다 보면 다 인지를 하게 되니까요. 그런데 회의 속에서 거론이 안 되고 인지가 안 되는 다른 루트가 있는 지역이 있는 거예요. 회의에서 나오는 이야기랑 실제 운영되는 것도 다르고, 그러면서 노동조합과 일정하게 거리를 두더라고요. 그곳에서는 1년 만에 사업을 종료했습니다."

## 2장 지역, 나눔

**희망연대노조와 강동 지역이 만나다**

강동희망키움네트워크(이하 키움넷)는 '나홀로 방임 아동청소년 안전망 구축을 위한 토론회'에 참여했던 민, 관, 학이 2011년 10월에 창립한 네트워크다. 키움넷은 아동, 청소년이 건강하고 행복하게 성장할 수 있도록 지역사회 역량을 강화하고 교육복지 안전망을 구축하는 것을 목표로 한다.

2011년 3월 희망연대노조는 강동 지역에서 아동, 청소년 돌봄망 구축사업을 준비한다는 소식을 듣고 지역 사회복지사에게 연락을 취했다. 희망연대노조가 사회공헌기금을 가지고 지역사회 문을 두드렸을 때 지역사회에서는 어떤 반응을 보였을까. 키움넷 실무 책임자인 김명화 씨에게 희망연대노조에 대한 생각을 물었다.

"처음 희망연대노조 분들을 만났을 때 별 생각이 없었어요. 그냥 기금을 가져오시는 분들이구나, 라고 생각했죠. 사업을 같이하는 관계 정도로 봤습니다. 그런데 두세 번 만나다 보니까 다르더라고요. 기본적으로 사람을 존중하고 지역에서 활동하려는 마음가짐이 있는 분들이구나, 라는 생각이 들었습니다. 사실 처음에는 노동조합이 지역과 같이 호흡하겠다는 것, 조합원들과 지역 사람들이 교류하고 소통하는 장을 마련하는 것, 그리고 그분들의 삶의 질을 높이고 지역주민들의 삶의 질도 높이겠다는 취지를 잘 이해하지 못했어요. '노조'에 대한 선입견도 좀 있었고. 나와는 동떨어진 단체라고 생각했죠. 저는 그냥 마을에 사는 사람이기 때문에 생각에 한계가 있었던 것 같습니다. 보통 그렇잖아요, 복지기관이나 사회복지공동모금회랄지, 돈을 갖고 운영하는 기관들의 태도를 보면 갑을 관계 같은 느낌이 들기도 해요. 그런데 희망연대노조 분들은 처음 뵙는 자리부터 지금까지 늘 똑같으세요. 함께하겠다는 마음이 느껴집니다. 그냥 돈만 던져 주고 마는 게 아니에요. 전 과정에 열심히 참여하시려고 무던 애를 쓰십니다."

2011년 당시 강동구는 다른 지역과 마찬가지로 지역아동센터와 학교 중심 방과후 돌봄을 시행하고 있었다. 학교는 교육복지특별지원사업으로 전문인력과 예산을 지원받았지만, 직접 돌봄을 하는 지역아동센터는 기본 인프라가 부족해 어려움을 겪었다. 지역사회 네트워크 구축 과정에서 가장 어려운 문제는 역시 기금 마련이다. 때마침 지역을 찾아간 희망연대노조가 실질적 기금을 전달하며 키움넷의 마중물이 됐다. 김명화 씨 얘기다.

"시민사회단체들이 아이들과 관련한 사업은 꾸준히 진행하고 있었어요. 어린이날 문화행사나 아이들을 위한 마을학교처럼 각 단체들이 부분적으로 참여해 만들어진 사업도 있었죠. 공부방의 형태로 운영되는 돌봄망도 있었습니다. 한데 돌봄망들이 모두 지역에 기반을 두고 있거든요. 그것들을 엮을 수 있는 네트워크가 필요하지 않을까 생각했어요. 제가 산파 역할을 한 셈이죠. 각 단위에 제안을 드렸어요. 네트워크를 통해 좀 더 조직적으로 아이들에게 효과적인 서비스를 제공했으면 좋겠다고 말입니다. 그렇게 해서 키움넷이 만들어졌어요. 그걸 진행하는 과정에서 희망연대노조의 제안이 있었어요. 희망연대노조가 기금도 마련해 줬죠. 저희는 희망연대노조를 같은 성원이라고 생각합니다. 함께하는 주체로서 주체적 역량을 나눠 사업을 진행하고 있는 거죠."

## 사회적 돌봄

지역아동센터에는 성장에 어려움을 겪는 아이들이 있다. 대부분 몇 가지 이상의 복합적이고, 만성적인 문제를 안고 있다. 한두 가지 문제만 보이는 경우는 드물다. 키움넷은 아이들의 복합적인 문제를 해결하기 위해 지역사회에 유기적이고 적극적인 지지체계가 필요하다고 판단했다.

아버지와 단둘이 사는 초등학교 5학년 학생이 있었다. 아버지는 저녁에 출근해 아침에 퇴근하는 노동자였다. 방과후 생계형 방임이 지속됐다. 아이는 밤늦게까지 PC방을 배회하고 거친 행동과 욕설을 일삼았다. 아침등교와 학습을 할 수 없는 지경에 이르렀다. 아동과 가족을 돕기 위해서는 복합적인 지원이 필요했다. 저녁에서 아침까지 아이 돌봄 해결책을 아버지와 의논하는 일, 오랜 방임으로 인한 부적응 행동 치료, 그 치료를 위한 진단과 개입, 가족이 문제 해결의지를 되찾을 수 있도록 상담 연계 등 여러 가지 지원이 동시에 요구됐다. 김명화 씨는 이와 유사한 사례를 반복적으로 접하면서 사회적 돌봄망 네트워크의 필요성을 자각했다. 키움넷이 아동에 대한 직접 지원을 넘어 위기아동집중돌봄 기반을 구축해 온 배경이다.

"아이가 처한 모든 환경을 품어야 하거든요. 혼자 힘으로는 죽었다 깨어도 못합니다. 기금과 인적 자원이 결합돼야 하거든요. 한 아이를 온 마을이 함께 키워 나가는, 그런 실질적인 손길들이 있어야 한다고 판단했기 때문에 네트워크 형성을 시작한 겁니다. 아이들 가정을 들여다보면 부모님들이 계시는데, 한 부모도 계시고 조손 가정도 있죠, 공통점은 모두 가난하다는 거예요. 아이들만 치료해서는 효과가 없어요. 치료를 해서 좋아져도 원래 상태로 되돌아가는 경우가 많죠.

지역아동센터 선생님들 이야기를 들어 보면 가정이, 부모가 변하지 않기 때문에 발생하는 문제가 많습니다. 그게 결국은 사회 구조적 측면과 연결고리가 있는 거잖아요. 뭔가가 변화돼 가는 시스템이 아닌 거예요. 정책을 비롯한 여러 가지 것들, 이런 게 변화되지 않는다면 그 아이를 꾸준하게 지원한다고 해도 한계가 있다는 거죠. 그래서 큰 관점에서 바라보고 그런 것들을 세워 가고, 만들어 가는 과정이 필요합니다."

사회적 돌봄이 필요한 아동을 지원하는 사업은 두 가지 방향으로 이뤄진다. 첫째는 키움넷을 통한 기획 및 실행, 둘째는 기금을 통한 사업의 구체화다. 희망연대노조를 통한 직간접적인 지원을 의미한다. 첫 번째 사례로는 정서지원 사업이 있다. 책 읽어 주기, 생태교실, 집수리, 반찬 배달, 식생활교육 활동을 다양한 지역단체들과 연계한다. 이런 활동에는 희망연대노조 조합원들이 직접 참여한다. 두 번째 사례로는 의료 지원, 심리치료 등 전문가 도움이 필요한 지원이 있다. 희망연대노조는 아이들이 전문적인 치료를 받을 수 있도록 사회공헌기금을 지원한다.

## 심리정서 지원사업

지역아동센터에 나오는 아이들의 부모는 대부분 일을 한다. 아이들이 방과후 시간을 혼자 보내는 것이다. 불안정한 시간을 홀로 견디며 심리적, 정서적 어려움을 겪기도 한다. 이런 아이는 전문적 심리상담과 정서적 개입이 시급한데, 진단과 치료를 위한 지원을 감당하기 어렵다. 그래서 전문가 초빙을 위한 기금 마련이 사업 성사 여부를 결정짓는다. 자치구에서 예산을 편성하지 않은 상황에서, 희망연대노조의 사회공헌기금이 있었기에 100명 이상의 아이들이 혜택을 받을 수 있었다.

주로 지역아동센터 아이들이 심리치료 혜택을 받는다. 먼저 치료가 필요해 보이는 아이들에 대해 지역아동센터 선생님이 의견을 보낸다. 그리고 사례 회의[2]를 할 수 있는 두서너 기관을 권역별로 묶어 조를 만든다. 격주로 1회, 월 2회씩 정기적으로 열리는 사례 회의에서 아이 상황에 맞는 맞춤발달 지원계획을 세운다. 어른들의 관점이 바뀌어야 아이가 처한 상황이 나아지는 경우가 대부분인 탓에 부모 심리치료도 지원한다. 그렇다고 모든 아이를 심리치료와 연계하는 것은 아니다. 약물이 필요하면 병원에 데려가지만 그렇지 않은 경우는 치료센터로 간다. 아이를 데리고 다닐 만한 여력이 없으면 심리치료사를 초빙해 지역아동센터에서 치료를 한다. 희망연대노조는 이 모든 과정을 함께 고민한다.

**유연한 지원체계**

관에서 주도하는 지원사업이나 대기업 프로젝트는 대부분 단기간에 성과 달성을 목표로 한다. 예를 들어 심리정서 지원사업을 3월부터 11월까지 끝내고 12월에 평가서를 내야 한다면, 지원이 더 필요한 아동은 이듬해 3월이 돼야 다시 지원을 받을 수 있다. 집중적인 치료가 필요한 상황에서 이러한 치료 단절은 아이가 회복하는 데 걸림돌이 된다.

희망연대노조 사회공헌기금은 네트워크 회의를 거쳐 유연하게 사용된다. 한 아이가 집중적으로 꾸준히 치료를 받을 수 있게끔 지원하는 것이다. 김명화 씨는 "희망연대노조 사회공헌사업만의 장점"이라고 강조했다.

---

[2] 사회복지 전문용어다. 다층적인 지원이 필요한 사람에게 통합적인 서비스를 제공하기 위해 관련기관들이 정기적으로 모여 지원 대상자의 문제 상황을 진단하고, 필요한 서비스를 기획하며, 기관 간 협력, 서비스 대상자의 변화 과정을 면밀히 관찰하고 논의하는 회의를 말한다.

"희망연대노조가 갖는 가장 큰 특장점이라고 생각하는 것은 자원의 유연성이에요. 관에서 진행하는 사업은 까다롭거든요. 아이들에게 제공하는 서비스도 한정적이고 제한적이죠. 항목을 임의로 분류해 놓기 때문에 각 항목에 대한 예산을 집행할 때 여간 힘든 게 아닙니다. 심리치료 같은 경우도 저희가 기본 24회기, 6개월 정도로 정해 뒀지만, 그보다 덜한 아이도 있고 중증으로 힘든 아이도 있어요. 그럴 때 저희가 판단을 해서 중증으로 힘든 아이들은 치료를 연장할 수 있도록, 꾸준하게 치료를 받을 수 있도록 도와줘야 해요. 이런 측면에서 민간 자원이라는 게 정말 중요하구나, 라는 생각을 새삼 느꼈던 게 바로 희망연대노조 사회공헌기금이었어요."

희망연대노조 사회공헌사업이 성과주의적 기금 사용에서 벗어날 수 있었던 이유는 희망연대노조가 보고를 요구하지 않았기 때문이다. 오히려 지역사회와 마주 앉아 회의하고 어려움이 있는 한 아이를 어떻게 지원할 것인지를 함께 고민했다. 희망연대노조는 기금 지원에 머무르지 않고 다양한 단체들과 함께 다층적인 지원을 시도했다. 키움넷은 시작부터 지금까지 큰 변화를 이끌며 주목을 받았다. 심리정서 지원을 제대로 받은 아이의 경우 3년 정도면 치료를 종료해도 될 만큼 호전된다. 희망연대노조가 해당 사업을 한 지 5년이 흘렀다. 치료 과정을 마치고 건강해진 아이들이 눈에 띄게 많아졌다. 키움넷은 아동 문제에서 청소년 문제로 관심을 확장할 만큼 역량을 키웠으며, 서울시 전역에서 모범사례로 삼는 지역 네트워크다.

## 밥 한 끼의 의미

2014년 케이블 비정규직 고공투쟁 당시 키움넷은 비정규 노동자들이

처해 있는 현실과 여건을 알리는 일에 앞장섰다. 사측에 항의전화를 넣는가 하면 생활 속에서 실천 가능한 일들을 지역주민들과 함께 진행했다. 강동 로데오거리 입구에서 일주일에 한 번씩, 이후에는 점차 횟수를 늘려 가며 서명운동을 벌였다. 다른 지역 주민들이 합세하면서 '노동인권 공동대책위원회'가 만들어졌다. 노동인권 공대위는 지난 파업에서 지역연대의 주춧돌 역할을 했다. 칼바람이 몰아치던 겨울날, 공대위 이름 아래 모인 사람들이 따뜻한 음식을 마련해 농성장을 찾았다. 그날의 기억을 김명화 씨가 들려줬다.

"저희 지역단체 중에 독거 어르신들에게 반찬 배달을 하는 단체가 있어요. 주방이 있거든요. 그 주방에서 음식을 만들어 트럭에 싣고 농성장까지 갔죠. 그런데 하필이면 그날 엄청나게 추웠어요. 늘 마음이 좀 그랬는데. 겨울에 투쟁할 때는 정말 저희도 너무 많이 속상하고 안타깝잖아요. 밥 한 끼 대접하면 어떨까 해서 몇몇 분들이랑 같이 간 거죠. 저희가 지역에서 사랑의 김장 담그기 행사를 1년에 한 번씩 합니다. 김장 담그면서 조합원들 생각이 나더라고요. 김장김치를 준비하고 돼지고기를 삶았어요. 그리고 굴이 겨울 보양음식이라고 하잖아요. 굴전을 만들었어요. 그거 되게 인기 좋았어요. 콩나물 무침이랑 밥이랑 따뜻한 홍합탕 해 가지고 농성장에 갔죠."

농성장에서 나눠 먹었던 굴전은 어떤 맛이었을까. 뜨거운 홍합탕으로 마음마저 데웠을 희망연대노조 조합원들의 모습이 떠올랐다. 트럭 한가득 찰랑이는 음식을 싣고 농성장으로 향했던 지역사회 사람들, 그날의 기억을 듣고 있자니 마음이 환해지는 것을 느낄 수 있었다.

## 텃밭을 가꾸며

키움넷과 희망연대노조는 텃밭도 가꾼다. 희망연대노조 조합원들이 가장 많이 참여하는 활동이다. 처음에는 지역 아동, 청소년에게 구체적인 생태순환교육을 실천하기 위한 사업으로 시작했다. 지금은 키움넷에 참여하는 각 단체 사람들과 지역 아동, 희망연대노조 조합원과 가족까지 한자리에 모이는 주말활동으로 자리 잡았다. 함께 키운 배추와 무로 김치를 담가 지역 독거 노인들에게 반찬을 배달하는 단체(키움넷에 속한 지역단체)에 기부도 한다. 여러 단체가 함께하기 때문에 안면이 없는 지역사회 사람들과 조합원들이 자연스럽게 어울린다. 최문호 씨는 "내성적이었던 성격이 조금씩 활발해지는 것을 느꼈다"고 말했다.

"금방 친해져요. 금방 얘기하게 되고. 처음 씨 뿌리러 갔을 때 만났는데 약간 서먹하더라고요. 거둘 때는 친해졌죠. 거기서 막걸리 마시고 두부 먹으며 같이 얘기하게 되고, 같이 움직이게 됐죠."

이동훈 씨는 "텃밭 활동을 시작하고 나서 이젠 온 가족이 노동조합에 적극 지지를 보내고 있다"고 말했다. 이동훈 씨 어머니는 노동과 관련한 뉴스를 보고 '아니 저건 기업 입장이지'라고 이야기할 정도로 인식이 변했고, 동생과 누이는 (사)희망씨에 가입했다.

"텃밭 때문에 온 가족이 노조 활동에 참여하게 됐습니다. 텃밭에 갈 때마다 어머니를 설득했어요. 고추도 있고, 나물도 있고, 굉장히 좋은 게 많으니까 가서 따오기만 하면 된다고. 최근에 어머니가 당이 좀 높으셨는데, 토요일에 수확한 쌈을 드리면 일주일 동안 그걸 드세요. 그런데 당 수치가 뚝 떨어지는 거예요. 그 다음부터 어머니께서 텃밭 가는 걸 그렇게 좋아하시네요."

텃밭에서 수확한 식재료는 조합원과 조합원 가족의 건강한 삶으로 연결된다. 싱싱한 푸성귀를 나눠 먹는 데다, 노조에서 지원하는 활동을 가족과 함께 누리기 때문이다. 노조에 가입한 노동자는 인식과 가치관의 변화를 겪는다. 노조 활동으로 바빠지면서 가족에게 소홀해질 때도 있고, 관점 차이로 마찰이 생길 때도 있다. 텃밭 활동은 이러한 갈등을 해소하는 계기가 된다.

**토요일 집수리 가는 날**

키움넷에 속해 있는 열린사회강동송파시민회의는 2011년부터 '희망의 집수리' 사업을 하고 있다. 지역아동센터에 나오는 아동, 청소년뿐 아니라 장애가 있는 성인, 독거 노인들의 주거환경을 개선해 긍정적 변화를 끌어낸다. '희망의 집수리'에 참여하는 사람들은 중, 고등학생부터 주부, 지역사회단체 사람들, 노동조합 조합원까지 다양하다. 희망연대노조 조합원들은 매월 둘째 주 토요일, '희망의 집수리'에 꾸준히 참여해 왔다. 케이블방송에 종사하는 조합원들이 대부분인지라 케이블, 인터넷 선 정리 하나는 기가 막히게 해낸다고 한다.

5년 전만 해도 낯선 사람들과 조를 이뤄 서먹하게 집수리 활동에 참여했지만, 지금은 토요일 집수리하는 날이 삶의 기쁨이자 즐거운 나눔이 됐다는 이동훈 씨 이야기다.

"아이 둘을 키우는 모자 가정이었어요. 원래는 집수리하는 사람과 그 집에 사는 사람이 얼굴을 못 마주치게 돼 있어요. 작업하는 사람들도 대단히 조심스럽게 가고요. 예를 들면 '어머 이런 동네에서 어떻게 살아' 하고 무심코 던진 말에 마을 전체가 상처받을 수도 있거든요. 그래서 사전에 교육을 받고 갑니다. 그런데 그 모자 가정 어머니가 굳이 우리를 보겠다고 하셨죠. 끝나고 나올 때 인사를 해 주셨는데 눈물을 흘리면서, 정말 고맙다는 말을 15명 한 명 한 명에게 하셨어요. 이런 활동이 다른 데까지 확대되면 좋겠다는 생각을 했죠. 또 작년에 우리가 힘들게 싸움을 하고 있을 때 다른 노조와는 다르게 지역에서 많은 단체가 오셨습니다. 그 이유가 뭔지 아세요? 5년간 집수리를 했던 관계자들이 우리랑 같이 일하던 사람들이 못 나온대, 우리랑 같이 하던 사람들 지금 파업 중이고 길거리에서 잠을 자고 있대, 라는 소식을 들으셨답니다. 5년 정도 친분이 있다 보니까. 이런 게 실질적 연대죠. 단순하게 봉사점수를 따거나 못 하나 박는 것에 그치지 않고 정말로 지역 활동에 참여하고 있다고 생각해요."

## 희망의 집수리에서 만난 사람들

노동조합은 아직 다수 시민들에게 먼 조직이다. 조합원들 역시 자신이 부당한 처우를 받기 전까지는, 노동조합에 가입하기 전까지는, 노조란 무섭고 이기적인 이익집단, 빨간 머리띠를 두르고 있는 군중의 모습으로 생각했다고 고백한다.

"노조 하면 임금 못 올려서 파업하는 사람들, 보통 그런 이미지로만 인식돼 있죠. 노동조합 이미지를 바꿔야 한다고 생각해요. 지역과 함께하는, 그런 좋은 활동도 하는 노조. 노조 조합원들이라고 해서 일반 사람들과 다른 존재가 되면 안 될 것 같다는 생각을 해요. 언론에서는 맨날 파업만 하는 사람들, 교통을 방해하는 사람들로 보도하잖아요. 특히 공공 지하철이나 버스, 이런 쪽에 종사하시는 분들이 파업한다고 하면 언론에서는 무조건 시민들에게 불편을 주는 면만 부각해서 얘기하잖아요. 이런 이미지를 바꿔 나가야 하는 거라고 생각해요."

김진규 씨는 희망의 집수리에 참여하면서 지역사회 사람들이 노조 조합원들에 대해 다른 인식을 가지게 됐다는 것을 느꼈다고 했다. 김 씨는 지하철에서 우연히 희망의 집수리 참여자와 마주쳤던 이야기를 해 줬다.

"가끔 전철을 타고 다니잖아요. 저는 희망의 집수리 기준으로 말씀을 드리는데, 거기에 같이 참여했던 학생들이랑 조합원은 거리가 좀 있거든요. 그분들은 동아리를 만들어서 오는 경우도 있고 아니면 별도로 자기 봉사시간을 채우기 위해 나오기도 해요. 참여했던 사람들을 그냥 우연히 길거리에서, 지하철에서 봤는데 정말 반갑게 인사를 해요. 다음에 또 언제 나오실 거죠? 이렇게 물어보더라고요. 나를 노동조합에 속한 사람으로만 보지 않고, 같이 활동하는 사람으로 인식하면서 반갑게 인사하는데 저는 되게 좋았어요. 대개 노조 조끼를 입고 나가면 그런 인사나 대화를 잘 못합니다. 다들 투쟁하는 노조 간부로 인식하거든요."

## 희망연대노조와 성북 지역이 만나다

성북아동청소년네트워크(이하 성아청)는 성북에 있는 아동청소년 교육, 돌봄 단체들이 모여 협력사업을 꾸려 나가는 네트워크다. 자활 지원관, 아동센터, 복지관 등 여러 단체가 모여 지역 아동을 위한 사업을 진행한다. 성아청은 성북교육지원청과 성북구청의 대화 파트너가 될 만큼 성장했다. 성아청은 네트워크 소속 단체들의 사업 중에서 개별 단체가 진행하기 버거운 사업을 함께 진행해 보자는 취지로 시작됐다. 그중 하나가 '학교 밖 청소년 지원사업'이었다. 성아청은 학교 밖 청소년 대안학교인 '인디학교'를 설립했다.

## 인디학교

"학교를 그만둔 상태에서 뭔가 새 출발을 하고 싶은데, 그게 자력으로 어려운 청소년들이 있습니다. 예를 들면 제과제빵, 요리사, 바리스타를 하고 싶은데 학원비가 없는 거예요. 검정고시에 도전하는 것도 쉽지 않습니다. 검정고시 학원비가 3개월 반에 100만원이에요. 1년 보장, 이런 게 있는데 그건 200만원이에요. 그런데 막상 가도 적응을 잘 못합니다. 진도가 학교보다 훨씬 빠르기 때문에 못 따라가는 경우가 많죠. 학원비 100만원, 200만원 내면 환불도 못 받아요. 며칠 다니다가 안 나가게 되죠. 그런 경험 몇 번 하고 나면 영영 공부와 담을 쌓아 버립니다. 새 출발 하고도 영영 담을 쌓아 버리는 거죠. 동네에서 아르바이트를 하거나 게임에 매달리게 됩니다. 활동적인 친구들일수록 비행 청소년들과 어울리는 게 재밌으니까, 그러다 보면 본인도 비행을 넘나들게 되죠. 그래서 그 친구들을 대상으로 학교를 만들자, 그렇게 시작했어요."

인디학교 교장 송민기 씨에게서 인디학교에 관한 이야기를 들었다. 인디학교는 2014년 학교 밖 청소년 대안학교 모델링 사업으로 출발했다. 초기에는 공간 부재와 운영비 부족으로 어려움을 겪었다. 이때 성아청에 인디학교 TF팀이 만들어졌다. 성아청에 속한 희망연대노조의 사회공헌기금으로 인디학교는 첫 발걸음을 내디딜 수 있었다.

"2011년 4월 성아청을 꾸려 교육지원청과 교육복지사업을 시작하던 참이었어요. 그런데 부족한 부분이 너무 많은 거예요. 그때 희망연대노조가 교육복지를 주제로 연대사업을 하겠다고 했어요. 교육지원청 예산으로는 할 수 없는 거였죠. 희망연대노조가 연대를 제안했고, 우리는 같이 하자, 좋다, 동의했습니다. 2011년 7월부터 사업을 시작했어요. 사실 좀 뜻밖이었어요. 희망연대노조가 연대를 제안해 왔을 때 한 1년 정도 지나면 사업이 되지 않을까 생각했었거든요. 그런데 한 석 달 만에 연결이 된 거예요."

　　　인디학교는 성아청 회원단체의 적극적인 협력으로 성북구 청소년 휴카페에 정착했다. 학교 밖 청소년들이 가장 바라는 것은 검정고시 학위취득이다. 인디학교는 정규반 비정규반 학생을 모집해 청소년들에게 자립기회를 준다.

**대기업 사회공헌사업과의 차이점**

대기업 사회공헌사업과 희망연대노조 사회공헌사업은 어떤 차이가 있을까. 송민기 씨는 "예산 운용의 차이"라고 말했다.

　　　"2012년에 성아청 명의로 삼성꿈장학재단 프로젝트를 한 적이 있어요. 삼성꿈장학재단도 그다지 간섭하지는 않았습니다. 그런데 공모 계획서를 제출하는 방식으로 프로젝트가 진행됐거든요. 우리가 계획서를 내면 삼성꿈장학재단 사무국에서 이렇게 저렇게 하면서 예산을 막 잘라요. 자기네들이 원하는 대로 예산을 정해 버려요. 그러면 그 예산에 맞춰 일해야 합니다. 저희가 처음에 6천만원으로 사업설계를 했어요. 이게 몇 차례 수정이 되면서 2천만원짜리가 된 거예요. 돈 액수가 문제가 아니라 사업설계 당시에 그렸던 틀이 왜곡된다는 거죠. 찌그러지는 겁니다. 그래서 사업이 아무리 잘돼도 초기에 설계했던 구상과 취지대로 가기가 어려운 거예요. 딱 1년만 하고 안 했어요. 안 하게 된 이유가 2년차에도 삼성이 그런 기조를 유지한다고 했거든요. 우리가 삼성 기조에 따라가게 되면 결국 우리가 처음에 그렸던 취지와는 다른 방향으로 가게 되는데, 그건 우리가 바라는 바가 아니다, 이렇게 판단했죠. 그렇게 2~3년 가다 보면 우리가 의도하지 않았던 다른 곳을 향해 가게 될 텐데. 우리가 그럴 필요는 없지 않으냐 해서 사업을 접었죠. 그런데 희망연대노조는 그런 게 없었어요."

송민기 씨는 대기업뿐 아니라 관 주도 사회공헌사업에서도 비슷한 어려움을 겪는다고 했다.

"우리가 흔히 거버넌스[3]를 다룰 때 비대칭적 관계를 많이 얘기하잖아요. 민-관 거버넌스 이렇게 말하지만 실제로는 관이 압도적으로 우위에 있죠. 관 주도형으로 가게 됩니다. 말이 좋아 민-관 거버넌스지 실제로는 '관에 의한 민의 동원'인 경우가 많아요. 그런 사업을 하면 나중에 관에 의해 실적을 강요받게 되죠. 거기에 동의하지 않으면 사업을 중단해야 합니다. 그러면 관은 새로운 '민 파트너'를 찾아내죠. 이렇게 몇 번 돌아가다 보면 관변화돼 가는 겁니다. 반면에 희망연대노조는 그렇게 되지 않으려고 철저히 노력하더라고요. 그게 눈에 보여요. 예산을 지원해 주지만 조건을 안 붙여요. 감시하지도 않습니다. 그렇다고 예산만 지원해 주고 끝내는 게 아닙니다. 예산지원과 더불어 사업이 잘 될 수 있도록 조합이 뭘 도와주면 되겠느냐, 이걸 끊임없이 저희한테 묻습니다. 노조가 생활문화연대로 지역과 같이 활동하는데 우린 잘 모르니까 도와 달라, 아이디어만 주는 것도 좋고 뭔가를 제안해주는 것도 좋다, 뭐든지 좀 도와 달라고 하세요. 아주 사소한 것부터 큰 것까지 제안도 하고 그랬는데, 그게 서로 잘 맞았어요. 주고받는 게 자연스러웠습니다. 그러니까 친해지잖아요. 친해지다 보니까 또 신뢰가 생기고. 희망연대노조와 연대사업을 한 게 올해로 5년째입니다. 이제는 믿음직한 파트너, 믿음직한 동지 같다는 생각이 들죠."

---

[3] 국가경영 또는 공공경영으로 번역된다. 최근에는 행정을 거버넌스 개념으로 보는 견해가 확산되고 있다. 거버넌스는 신공공관리론(新公共管理論)에서 중요시되는 개념이다. 국가·정부 통치기구 같은 조직체를 가리킨다.

## 선배 노동자와 후배 노동자가 만났을 때

지역아동센터에 나오는 아동은 대체로 결손 가정에서 자라는 경우가 많다. 중산층 가정 자녀라면 아빠 친구들, 엄마 친구들과 다양한 모임에 참여할 기회가 있지만 취약계층 아동은 세대 간 어울림 기회가 부족하다. 송민기 씨는 아빠 역할, 삼촌 역할, 형 역할을 해 줄 수 있는 어른이 없을까 고민했다. 송 씨는 희망연대노조 조합원들을 떠올렸다. 하지만 조합원들은 시간을 내기가 어려웠다. 성북구에 사는 조합원도 많지 않았다. 그러던 중 지난해 특별한 조합원 한 분이 인디학교를 찾아왔다. 송민기 씨가 학교 아이들과 특별한 우정을 나눴던 조합원 얘기를 해 줬다.

"비정규 노동자 한 분이 인디학교에 입학을 했습니다. 검정고시를 준비하고 싶다고 연락해 왔는데 굉장히 조심스러웠어요. 한편으로는 나이 차이가 장점으로 작용할 수도 있다고 생각했죠. 어쨌든 희망연대노조 조합원이기 때문에 기대도 되고, 긍정적인 커뮤니케이션도 할 수 있을 테고, 그래서 해 보자고 했습니다. 공감능력이 참 좋은 분이었어요. 결과적으로 초창기 우리 학생들의 큰형 역할을 해 주셨죠. 당시에 오토바이 배달하는 남학생들이 많았어요. 그분도 오토바이 경험이 많더라고요. 내가 오토바이 배달 1세대다, 이러면서 아이들과 스스럼없이 어울리는 거예요. 이제 막 스무살 된 친구들이 많았거든요. 14살 차이인데 같이 공부하면서 거리낌 없고 우정을 쌓아 나갔죠. 그분 덕분에 중간에 회식을 몇 번 했어요. 자기 동생들이잖아요. 동생, 조카들이죠. 열심히 공부하다가 오늘 내가 쏠 테니까 밥 먹고 가자, 이런 게 좋았습니다. 검정고시 끝나고 수련회를 갔는데 그 멤버가 그대로 갔어요. 미래 진로에 대해 이야기도 하고, 인생 담론도 나누고. 분위기가 정말 좋았습니다."

　　인디학교 학생 중에는 오토바이 배달하는 친구가 많다. 오토바이 배달에 능숙할수록 '건 바이 건'을 선호한다. 한 치킨집에 속해 얽매여 일하기보다 자기 내키는 대로 일할 수 있고 수당이 많이 붙는다고 생각하기 때문이다. 건 바이 건이 무엇을 의미하는지 제대로 알지 못했던 인디학교 학생들은 지난해 희망연대노조 파업을 계기로 노동환경에 관심을 가지게 됐다고 한다.

　　"파업한다고 그러니까 애들이, 아니 씨앤앰이나 티브로드나 SK브로드밴드, LG유플러스 다 대기업인데 왜 파업하느냐고 물어봤어요. 아니야, 바지사장이야, 하도급이고, 동네에 있는 센터장이 다 바지사장이고 어쩌고저쩌고하니까 깜짝 놀라는 거예요. 그리고 우리 학교 같이 다니는 형이 다단계 하도급의 맨 마지막에 있는 노동자라고 설명해 줬어요. 건 바이 건이라고 설명해 줬더니 애들이 깜짝 놀라더라고요. 학생들이 보기에는 대기업 AS 기사로 안 거예요. 그중에 한 명은 케이블 설치기사가 꿈이다, 이렇게 얘기하는 친구도 있었거든요. 그런데 그 꿈이 깨진 거예요. 진짜 그러냐, 그렇다면 나 그거 안 한다고. 그러면서 우리도 노동조합 가입할래요, 라고 이야기했어요. 한동안 알바노조 가입할 분위기였어요. 그런데 이 친구들이 검정고시 딱 보고 나서 학교에 안 나오더라고요. 바쁘니까. 검정고시 보느라고 알바를 좀 줄였거든요. 시험에 집중하느라고. 대부분이 알바 현장에서 사장한테 인정받던 친구들이에요. 시험 끝나니까 사장들이 득달같이 재촉하고 꼬드기고 한 겁니다. 일에 파묻히다 보니까 노조가입이 유야무야된 거죠. 그 분위기가 이어졌으면 알바상담센터까지 갔을 거예요. 알바노조 고대지부와 함께 노조가입 신청을 받기로 했거든요. 그게 조금 미뤄지고 있어요."

**마을에서 광장까지**

성아청 활동가 중에는 지역 풀뿌리운동을 하는 분들도 있고, 학생운동의 영향을 받아 사회운동, 복지운동의 연장에서 활동하는 분들도 있다. 성아청 사람들은 공무원노조, 전교조, 사무금융연맹, 공공운수노조와 연대활동을 하기도 했다. 그러나 이러저러한 어려움으로 지역사회와 노동운동의 연계가 중단된 경험을 갖고 있다. 이런 와중에 희망연대노조 사회공헌사업은 노조와 지역의 만남이라는 꺼져 가는 불씨를 다시 타오르게 했다. 송민기 씨의 말이다.

"산별노조 방식으로는 지역과 함께하기 어렵잖아요. 반면에 희망연대노조는 노조의 지향 때문에라도 우호적으로 보죠. 저는 일단 반가운 생각이 들었어요. 지역적으로 보면 노동조합 조합원들이 자기 생활공간인 마을에서 뭔가를 하는 게 힘들거든요. 그런데 희망연대노조가 제안을 해 온 거죠. 처음에 케이블방송, 그다음에 통신, 이렇게 보였단 말이에요. 지역 밀착형, 마을 밀착형 업종이잖아요. 그래서 희망연대노조 조합원들이 지역활동을 잘할 수 있겠구나, 그런 생각을 했어요. 저희가 지역에서 아동, 청소년 교육운동을 하는데, 운동 파트너가 다 엄마들인 거예요. 아버지를 만날 수가 없어요. 가부장제 사회의 가장은 마을에서는 하숙생이거든요. 그런데 케이블 설치기사들은 대부분 남자, 아빠들이잖아요. 이분들하고 결합하면 좋겠다, 이런 생각을 했죠. 저도 노동운동을 했고 부당해고로 복직싸움을 해 본 경험이 있거든요. 그래서 노조와 결합하는 게 자연스러웠습니다. 파업 당시에 연대하러 농성장에 자주 갔죠. 제 기억으로는 작년 7월에 파업이 시작된 것 같은데, 그때부터 연말 전광판에서 내려올 때까지 농성장을 오갔습니다. 파업을 지지하는 마음이 컸어요. 그 마음을 현장에서 발언하면서 전달하고 그랬죠. 우리 학생들이 농성장에 가지 못한 게 좀 아쉽긴 해요."

희망연대노조의 지향은 지역에 물처럼 흘러 들어가 순환되고 있었다. 송민기 씨는 지역에서 하숙생이 되고 마는 노동자라는 문제의식에서 나아가, 지역활동이 여성 위주로 이뤄지는 것을 어떻게 타파해 나갈지 고민하고 있다고 했다.

## 희망연대노조와 남양주 지역이 만나다

남양주시에는 61만명이 산다. 한부모 가정, 독거 노인, 장애가정, 기초생활보장 수급자, 국제결혼 이주가정, 외국인 근로자, 탈북자 같은 취약계층이 많이 거주한다. 남양주아동청소년교육복지희망어울림은 단체 4곳과 희망연대노조가 함께하는 지역 네트워크다.

희망연대노조는 사회공헌기금으로 위기장애청소년희망사업만들기·이주자녀 모국어 배움터·이주민 한국어 배움터·레인보우 힐링캠프 어깨동무·목공교실을 지원한다. 지역의 아동, 청소년들이 자아 존중감을 높이고, 우리 사회의 중요한 일원으로 성장해 나갈 수 있도록 희망어울림사업을 추진 중이다. 경동지회, 기가지회 조합원들과 가족들이 희망어울림 프로그램에 활발히 참여하고 있다.

## 가족이 응원하는 노동조합 활동

기가지회 윤찬희 씨의 아내 방선자 씨는 지난 고공농성 당시 가족 대표로 연대발언을 했다. 투쟁 때문에 남편이 집에 잘 들어오지 못하는 상황이 이어지자 아이들과 함께 농성장을 방문하기도 했다. 방 씨에게서 투쟁 당시 가족으로서 느꼈던 감정과 노조 사회공헌사업에 대해 들었다.

"아빠가 투쟁하느라 집에 안 들어오니까 얼굴을 볼 수가 없잖아요. 토요일 일요일에도 나가야 하니까. 아빠가 아이들 숙제 마치고 자기 전에 얘기했어요. 사장님들이랑 이러이러한 게 맞지 않아 투쟁하고 있다고. 애들이 심각하게 받아들이지 않았던 것 같아요. 왜냐하면 제가 주말 같은 때 아이들 데리고 농성장에 나가기도 하고 그랬거든요. 거기서 아빠를 보고 다른 아저씨들이 어떻게 하는지를 봤으니까. 매스컴도 탔잖아요. 매스컴을 그렇게 타니까 마음이 안 좋더라고요. 밤에 애들 데리고 농성장에 가서 아빠랑 만나게끔 했어요. 어떻게 보면 우리나라 사람들은, 노동자 그러면은 딱 편견이 있잖아요. 선입견도 있고. 그런 것 때문에 노숙농성을 하는 상황이 어떻게 보면 좀 창피할 수도 있었는데 저는 그런 건 못 느꼈던 것 같아요. 직업에는 귀천이 없잖아요. 이 세상에 허드렛일 하는 사람들이 없으면 세상이 어떻게 되겠어요. 노동자가 없으면 기업도 없다고 생각해요. 파업 때는 솔직히 경제적으로 되게 힘들었습니다. 그 여파가 컸던 것 같아요. 그때 아빠가 노숙도 하고 그랬거든요. 처음에는 그렇게 길게 갈 거라고 생각하지 않았습니다. 점점 길어지면서 힘들더라고요. 아빠가 원래 말랐는데, 거기서 살이 더 빠졌어요. 자기 딴에도 스트레스 많이 받았겠죠. 정말 하루도 안 빼놓고 투쟁하러 나갔던 것 같아요. 조합원들이 단합해야지 사태가 빨리 해결될 것 같은데. 투쟁에 빠지시는 분들이 있다는 얘기를 들으면 속상했어요. 그래서 아빠가 투쟁에 빠지면 안 된다고 생각했죠."

방선자 씨는 투쟁 당시 만난 조합원 아내들과 교류를 이어 나가고 있다고 했다.

"애 아빠 회사 노조에 가입한 조합원 아내 분들과 지금도 만나고 있어요. 지역사회 프로그램에서도 만나고 그래요. 나만 힘들구나, 라고 생각했는데 제가 겪은 일을 똑같이 겪으면서 나보다 더 힘든 사람도 있더라고요. 아, 내가 이렇게 살면 안 되겠구나 생각이 들었습니다. 예전에는 이런 활동과는 담 쌓고 살았거든요. 좀 생소하죠. 다른 사람이랑 같은 공간에서 공유해야 할 때도 있고, 부담도 되니까. 그런데 가족 프로그램에 참여해 보니까 좋더라고요. 서로의 마음도 알아 나가고. 솔직히 말해서 케이블에서 AS나 설치 일만 하고 살면 인생이 다들 똑같잖아요. 여러 프로그램에 참여하면 인생에 플러스가 되지 않을까 싶어요. 다른 가족 분들도 프로그램에 함께하시면 좋을 것 같아요."

**부모와 아이가 함께 자라는 목공교실**

노작교육은 육체적 활동과 협동작업을 통해 무언가를 만들어 내는 활동이다. 학습자에게 변용이나 집단 창작의 가능성을 열어 준다. 건강한 놀이문화와 목공예 활동을 통해 아이는 건강한 성장과 사회 성향을 경험하고, 부모는 아이를 이해하는 공감대를 키울 수 있다. 목공교실에 참여했던 방선자 씨의 말이다.

"아이들이 목공 프로그램을 무척 좋아했어요. 전국교직원노동조합 선생님들이 재능기부로 열어 주신 프로그램이었는데요. 아이들이 큐브 만들고, 색칠도 하고, 대패질해 가면서, 자기네들이 뭔가 하나 만들었다는 게 되게 즐거웠나 봐요. 왜 대부분 엄마, 아빠랑 자녀가 이렇게 활동할 수 있는 계기가 별로 없잖아요. 아니면 정말 돈을 들여서 여행을 간다거나 이런 건데, 정말 좋은 기회라고 생각했죠. 좋으신 분들도 되게 많더라고요. 새누리 장애인 부모연대에 속해 있는 부모님들도 목공교실에 함께했어요. 자식 키우는 이야기도 나누고 그랬습니다."

올해는 목공교실과 함께 심리정서상담 '아리랑 풀이'에 부모가 참여하는 방식의 프로그램이 진행됐다. 아리랑 풀이는 장애아동 부모와 다문화 가정 부모가 함께하는 장기 프로그램이다. 심도 있는 심리정서 학습기회를 제공한다. 방선자 씨는 "아리랑 풀이는 나 자신에게 집중할 수 있는 소중한 기회였다"고 회고했다.

"아리랑 풀이 같은 프로그램에서는 여자 대 여자로서 제 마음을 이해해 주거든요. 제3자 중에서도 내 마음을 이해해 주는 사람이 있구나, 이런 걸 느꼈습니다. 저에겐 힐링이 됐던 프로그램이었어요."

## 레인보우 힐링캠프

'레인보우 힐링캠프'는 장애인-비장애인-이주민 가정이 참여하는 프로그램이다. 남양주 지역 단체와 시민, 희망연대노조 조합원 및 가족이 참여한다. 한국은 150만 명의 다문화 사회로 진입했으나 뿌리 깊게 자리 잡힌 단일 민족의식과 혈통문화로 인한 편견이 팽배해 있다. 장애인, 비장애인 차별 없는 사회, 통합되는 사회 역시 요원해 보인다. 레인보우 힐링캠프는 1박2일 동안 가족들이 함께하면서 협력과 결집을 경험하게 한다. 김은선 씨의 설명이다.

"남양주 캠프, 힐링캠프를 할 때 다문화 가정이랑 발달장애 청소년 가정이랑 우리 조합원 가정이 함께 간다는 측면에서 처음에는 우려가 컸어요. 조합원 가정 아이들은 대부분 7~8세인 반면 발달장애 청소년은 대부분 중학생이고, 다문화 자녀들은 대부분 유치원생이거든요. 이게 그림이 잘 안 그려지는 거예요. 아이들이 만약 저 형아 왜 저래, 이런 말을 하면 상처가 될 수 있으니까. 사전교육을 단단히 하고 참여했어요. 서로 힘들기는 했답니다. 맞춰 가야 하니까. 그런데 1박 2일 지나고 나서는 정말 행복했다고 하더라고요. 같이 사는 이웃인데 이렇게 멀었구나, 라는 걸 느끼는 계기가 됐다고 합니다."

레인보우 힐링캠프가 열릴 때 희망연대노조는 파업 중이었다. 방선자 씨는 윤찬희 조합원이 파업 중이었기에 아이들만 데리고 캠프에 참여했다. 처음에는 걱정이 앞섰다. 그런데 캠프를 마무리하고 보니 오히려 아빠의 빈자리를 메꿔 주는 소중한 시간이었다.

"1박2일로 갔는데 참 좋았어요. 애 아빠가 노숙하고 있어서 못 가고 저랑 아이들만 갔거든요. 갈까 말까 고민 많이 했는데, 아빠 없이도 가능하더라고요. 저는 그런 것도 좋다고 생각해요. 밤에 따로 부모들끼리 모여 이야기도 나누고, 좋은 시간을 보냈습니다. 아이들은 또 가고 싶다고 해요. 그래서 이번에도 신청했는데 메르스 때문에 못 가게 됐죠. 애들이 너무 아쉬워했었어요. 거기에서 알게 된 친구들, 외국인이고 말은 안 통하지만, 아이들이 엄마 누구누구 와? 물어볼 정도로 친근하게 느끼더라고요. 장애 가지신 분들은 장성하신 분들입니다. 게임도 잘하시고 노래도 잘 부르시고. 림보와 훌라후프 게임도 함께했어요. 밥도 같이 먹고, 같이 둘레길 산책하고. 뭐라고 해야 할까요. 정상, 비정상? 그런 거 없이 같이 어울릴 수 있는 자리였습니다. 조를 형성할 때도 다 같이 섞여 있었죠. 가기 전에 몸이 좋지 않으신 분도 계시고, 그런 친구들도 올 것이다, 아이들한테 미리 얘기했어요. 아이들에게 너희는 지금 장애가 없지만, 그 자녀분들이 본인들의 의지로 장애를 가지고 태어난 게 아니다, 라는 이야길 해 줬어요. 저희 딸이 아직 어리다 보니까 그런 분들을 정말 뚫어지게 쳐다보거든요. 그런 것 때문에 아이한테 더 많이 얘기했던 것 같아요. 그리고 외국인은 오히려 아이들이 안 가리던데요. 낯설어하지 않고. 이주노동자분들 자녀들이 거의 다

어렸습니다. 같이 친해지고 같이 놀고 그랬죠. 말은 안 통하지만 정말 행복한 시간이었어요."

## 희망연대노조와 네팔이 만나다

희망연대노조의 연대는 한국 안에만 머무르지 않는다. 희망연대노조 사람들은 국경을 넘나드는 자본에 대항하는 국제 민중연대가 필요하다고 보고, 이를 위해 일차적으로 네팔연대를 하고 있다.

　　희망연대노조 사람들은 제3 세계 노동자의 열악한 노동조건에 가슴 아파하고 어떻게 연대의 손길을 내밀지 고민하고 토론해 왔다. 네팔연대는 가까운 주변 노동자에 대한 연대를 확장하는 실천이다. 국제노동자연대와 관련해 김진억 씨의 이야기를 들었다.

　　"희망연대노조가 아래로 아래로 향하는 지향이 있잖아요. 나눔연대사업도 열악한 곳, 아래로 아래로 가야 한다고 생각합니다. 네팔은 최빈국이잖아요. 한국에서 강제추방을 당한 노동자들이 많아요. 강제로 추방되면 거기서 별로 할 일이 없어요. 아니면 한국에서 돈 벌어서 그거 가지고 조그만 가게든 뭐든 일구는데, 국가 내부 경제구조상 경제자립을 할 수가 없죠. 서로 다 연관이 있어요. 네팔 이주노동자들이 강제출국을 당하면 대부분 다른 나라로 또 가요. 그 인력들이 네팔에 남아 네팔을 일구는 활동을 하고 있습니다. 네팔 이주노동자연대를 만들었어요. 신미궈라고. 그 신미궈 동지들이 어디 딴 데로 가기보다는 네팔에 남아서 역할을 하기를 바랍니다. 그런 역할이 가능하도록 연대를 하는 겁니다."

　　네팔 나눔여행에 참여한 최문호 씨 얘기다.

　　"네팔에 가 보면 다 같은 사람들이에요. 굳이 그걸 따져서 누구,

우리, 나, 너, 꼭 이런 게 필요 있을까 생각합니다. 가서 보면, 굳이 내 문제, 우리 문제를 따져야 하는가를 생각하게 돼요. 대체로 자기 안에, 자기 틀에 딱 갇혀 있는 사람들이 그런 얘기를 많이 해요. 나도 급한데, 우리 회사도, 우리 주위도 급하고, 우리 서울도 급한데, 뭘 해외까지 나가느냐, 이런 얘기를 자꾸 하게 되더라고요. 가서 보면 느낀다고. 그런데 안 가 보고 안 해 보고 자기 생각에 따라 그렇게 생각을 하는 거죠. 그러면 결국 못 가요. 그런 사람은 가자고 해도 못 가는 사람이죠. 사실 우리가 받는 연대 같은 것도 상관없잖아요. 그렇게 생각하면 다 남의 일인데, 왜 연대하느냐는 생각을 해요. 이 사람이 같은 노동자고 같은 사람이고 대한민국 사람인데 조금만 시각을 넓히면 좋겠는데. 가서 보고 돕고 함께하고 하는 그런 마음 자체로 이미 내가 성장하는 것이거든요. 그런 걸 전혀 못 느끼는 사람을 보면 좀 안타까워요."

박완식 씨 역시 2015년 네팔 여행에 함께했다. 박 씨는 신미궈 동지들이나 네팔 민주노총에 가입한 네팔 노동자들과 만나면서 생각했던 것들을 이야기해 줬다.

"네팔에 갔을 때 데모나 시위가 자주 있었어요. 네팔에서 혁명이 일고 있다는 이야기를 들었거든요. 그래서 네팔 갔다 와서 4·19 묘지를 다녀왔어요. 새삼스럽게 느끼는 면이 많았습니다. 4·19 혁명이 발생한 이유가 부정부패, 부정선거 때문이잖아요. 학생들이 일어나고. 똑같은 일들이 네팔에서도 일어나고 있어요. 집회 때 경찰이 막는 방식도, 사람들이 시위하는 모습도 얼핏 본 것 같은 기분이 들었어요. 거기도 우리나라랑 거의 똑같이 민주화 시위가 계속되는 것 같더라고요. 4·19 하면 혁명이라고만 얘기를 하지, 그 안에 숨겨진 많은 상황들은 드러나지 않잖아요. 4·19 묘지에 가고 싶다고 느꼈는데, 노조에 참여하게 된 뒤 네팔에 다녀오고 연대를 하면서 바뀐 인식 때문에 그런 것 같아요. 노조 활동을 하다 보니 부족한 게 참 많더라고요. 공부해야 할 것도 많고. 우리가 왜 노동운동을 해야 하는지 다 연계돼 있는 거니까요."

**나눔 여행**

희망연대노조는 네팔 귀환 이주노동자들이 주체적으로 만든 단체인 신미궈와 파트너 관계를 맺어 뻘벗과 포카라 지역의 아동, 청소년들을 지원한다. 뻘벗 지역에는 공립학교가 있다. 그럼에도 아이들은 대부분 학교에 가지 않고 부모님 일터로 나가 돌을 캐면서 끼니를 때운다. 2012년 희망연대노조 네팔나눔여행단은 뻘벗 지역 주민들과 간담회를 통해 '급식비 지원'을 약속했다. 2013년부터 저금통을 제작해 배포했고, 이를 통해 모은 돈으로 매월 25만원씩 뻘벗 지역 어린이 급식비 지원사업에 사용했다. 이젠 조합원 뿐만 아니라 많은 지역단체분들도 함께하고 있다. 포카라 지역은 학교 자체가 없다. 아이들이 먼 거리를 통학하거나, 아예 진학하지 않는 곳이다. 포카라 지역 주민들은 학교가 세워지기를 바랐다. 그리고 희망사항은 씨앤앰지부 사회공헌기금으로 현실화했다. 2014년부터 씨앤앰사회공헌기금으로 학교가 건립됐다. 네팔나눔여행단에 참여했던 박완식 씨 이야기를 들어 보자.

"포카라 지역 학교에 갔는데, 졸업식과 입학식이 열린 날이었어요. 아이들이 정말 해맑았습니다. 그림을 그려서 쭉 걸어 놨더라고요. 저희 노조가 미술용품을 지원했거든요. 애들이 너무 열심히 하는 모습이 보기 좋았습니다. 주변 사람도 찾아오고, 같이 요리도 하고 흐뭇한 광경이었습니다. 그런데 학교가 강 바로 옆에 있다 보니 비가 많이 오거나 하면 물어 넘친다고 하더라고요. 그래서 거기 학교 관계자 분들과 회의를 했죠. 의약품이나 그런 것도 중요하지만, 안전용품도 중요하다고 하시더라고요. 아이들이 물에 쓸려 내려가는 경우가 많다고 하셨어요. 학생들도 계속 입학할 테고. 다른 지역에 있는 아이들이 포카라 지역 학교로 오게끔, 와서 공부할 수 있게끔 환경을 개선하고 있다고 들었어요."

## 지진

2015년 4월 네팔 나눔사업 점검차 네팔을 찾은 희망연대노조 방문단 5인은 강진을 만나기도 했다. 몇 년에 걸쳐 네팔과 연대의 끈을 갖고 있었지만, 네팔에서 겪은 지진으로 인해 보다 적극적인 연대활동을 펼치게 됐다고 한다. 한국에 돌아온 방문단은 네팔민중돕기 모금운동을 펼쳐 나갔다. 박완식 씨는 현지에서 지진을 경험했다.

"지진 때문에 사람이 옆에서 쓰러지고 병원에 실려 가는 모습을 볼 때는 사실 무덤덤했거든요. 되레 한국에 돌아와서 마음이 좀 힘들었습니다. 카트만두에서 시간 조금 남아서 박터푸르 왕국에 갔거든요. 지진이 나기 직전이었습니다. 구경을 하고 나서 10분인가 뒤에 지진이 일어난 거예요. 안 그랬으면 거기에 묻혔을 겁니다. 그리고 10분인가 30분인가 지나고 여진이 왔어요. 아마 그게 타격이 더 컸을 거예요. 그래서 광장 한가운데 계속 서 있었죠. 움직일 수가 없었습니다. 포카라 지역에 지은 학교들이 지은 지 오래되지 않아서 괜찮다고 들었었는데, 다행이었죠. 하지만 너무 많은 분들이 돌아가셔서 마음이 아팠습니다."

최문호 씨도 네팔 방문 때 경험한 지진으로 심적인 어려움을 겪었다.

"지진을 보고 충격이 엄청 컸습니다. 가만히 있는데, 다 울리는 거예요. 사방이 다 울리는 겁니다. 나의 방어능력은 아무것도 아니에요. 방어능력이 아예 없어요. 방어능력이 완전 제로라는 생각이 드니까, 멘털이 흔들리대요. 그 이후로 아무 말도 못했습니다. 아무 말도 못하게 됩니다. 회의를 할 때도 아무 말도 못하고 그랬어요. 네팔 동지들한테 마지막 인사까지는 어떻게 하고 왔는데, 그때 너무 힘들었습니다. 어떻게 해야 하는지 모르겠더라고요."

박완식 씨와 최문호 씨는 귀국 이후 노조 지원으로 심리치료를 받았다. 최문호 씨는 마음을 추스르며 더욱 열심히 노조 활동에 임했다고 한다. 힘든 상황에서도, 그럼에도 함께했기에, 마음의 위안을 얻을 수 있었다.

"더 까발리고, 더 돌아다니고, 더 만나고, 이래야 한다고 생각했어요. 그런 큰 위험이나 그런 사건을 당하면 더욱더. 그러면 극복됩니다. 처음에는 운전도 못했고, 혼자 있기가 싫었어요. 그러면 잠잘 때 자주 깨거든요. 그게 트라우마가 됩니다. 그래서 치료를 받았죠. 심리상담을 받았어요. 좀 지나니까 어디 나가기가 싫었어요. 집에 혼자만, 아무것도 하기 싫고, 회의를 할 때도 하나도 안 들리고 아무것도 하기 싫었어요. 그런데 심리상담을 하시는 분이 사람을 더 만나야 한다고 그러더라고요. 충실히 따랐습니다. 만나는 사람마다 네팔 이야기를 하고, 집회나 회의가 있을 때 다 갔어요. 그러니까 점차 나아지더라고요. 그러면서 사람 만나는 게 진짜 중요하다는 생각을 했죠. 노조 활동을 더 열심히 하려고 애썼습니다. 그러다 보니 어느새 치유가 돼 있었습니다."

# ③
## 희망연대노조를 논하다

## 뜨겁고 신선한 충격, 희망연대노조

### 나상윤 강서양천민중의집 사람과공간 상임대표

필자는 20여년간 공공부문 노조운동에 참여해 왔기에 노동운동과 관련한 많은 사람을 만날 수 있었다. 희망연대노조를 설립하고 운영하는 데 있어 핵심적인 역할을 하는 몇몇 간부들도 그들 중 하나다. 특히 김진억, 이종탁, 박재범, 김은선, 송영숙 등은 이런저런 인연으로 연결돼 있다. 그래서 그들이 시도하는 노동조합운동과 사회운동을 지역사회에서 실천하려는 지역사회노조운동은 필자의 관심사가 아닐 수 없었다. 희망연대노조의 설립목적과 실태, 고민거리를 듣기 위해 김진억과는 일부러 직접 인터뷰를 한 적도 있다.

그런데 이러한 관심은 그들과 인연이 있어서만이 아니라 필자가 평소에 가지고 있던 고민과 맞닿아 있기 때문이다. 특히 희망연대노조와 직접적인 인연을 맺게 된 것은 필자가 민중의집 운동에 참여하면서부터다. 필자 역시 기존 노조운동과 진보정당운동의 한계를 절감하면서 이를 극복하는 대안모색 차원에서 지역과 지역을 기반으로 하는 지역사회노조운동을 주목하고 있었다. 그리고 생산공간인 공장에서의 헤게모니를 확보하는 것만이 아니라 재생산공간인 지역에서 노조와 진보정당 그리고 시민사회가 결합하는 운동을 조직하기 위한 지역거점으로서 민중의집을 시작했다.

씨앤앰에 이어 티브로드협력사협의회와 단체협약을 통해 사회공헌기금을 확보한 희망연대노조는 지역별 사업주체를 찾는 과정에서 강서양천 지역에 막 둥지를 튼 '강서양천민중의집 사람과공간'을 찾아왔다. 강서 지역에서 지역공헌사업을 함께하자는 것이다. 무려 3천만원이라는 적지 않은 기금을 지원하겠다고 제안했는데, 필자는 완곡하게 거절했다. 강서양천민중의집 사람과공간이 이제 막 출범한 상황(2014년 3월5일 발기인대회)에서 지역운동 경험을 전혀 갖추지 못했고, 지역 내 네트워크를 제대로 확보하지 못한 상태에서 3천만원이라는 거액을 지역에서 사용하기가 그리 쉽지 않을 것이라는 판단 때문이었다. 하지만 지역 특성상 마땅한 파트너십을 찾기 어려운 상황에 처한 희망연대노조의 거듭되는 요청을 거절하지 못했다.

앞서 언급한 바와 같이 지역사업 경험이 거의 없는 상황에서 대규모 사업을 집행한다는 것은 결코 쉽지 않은 일이었다. 그래서 본격적으로 지역공헌사업을 시작하기에 앞서 희망연대노조가 그동안 진행한 지역사업을 살펴보는 기회를 가졌다. 그 과정에서 씨앤앰 사회공헌기금으로 시작된 지역공헌사업이 벌써 3년째 집행됐고, 사업종류도 다양하다는 것을 알 수 있었다. 이후 4년차, 5년차 지역공헌사업 보고회에 참여하게 됐는데, 시간이 지날수록 사업지역이 넓어지고 사업종류도 다양해질 뿐만 아니라 사업을 통한 관계가 축적되고 확장되는 것을 확인할 수 있었다. 그것은 신선한 충격이었다.

강서 지역에서는 지역 특성을 고려해 보건의료자원을 활용한 취약계층 건강검진 지원사업을 추진하기로 했다. 우선 지역공헌사업에 참여 가능한 노조와 보건의료 및 사회복지 자원을 확보하기 위해 네트워크 구성을 시작했다. 다행히 보건의료노조 이화의료원지부의 적극적인 참여와 보건의료활동을 하던 이화의료원 김아무개 교수를 만나게 되면서 비교적 수월하게 일이 풀리기 시작했다. 또한 강서지역자활센터, 강서양천여성의전화, 이주노동희망센터가 합류하면서 지역공헌사업이 속도를 내기 시작했다. 1년차 사업이 끝나고 2015년에는 집수리 사업으로 사업내용을 변경해 2년차 지역공헌사업을 했다. 2년간의 지역공헌사업을 통해 지역사회와 접촉면이 넓어지고, 다수 지역주민을 직접 만날 수 있었던 것은 중요한 성과다. 하지만 더 큰 성과는 지역공헌사업을 통해 노조를 바라보는 기존 시각에 변화를 주고 있다는 점을 확인한 것이다. 사업에 직접 참여한 단체 관계자의 고백이나 직접 참여는 아니지만 지역공헌사업이 진행된다는 사실을 접한 이들의 반응에는 한결같이 놀라움과 칭찬이 섞여 있었다. 강서양천민중의집 사람과공간이 집행하는 여러 가지 사업과 연계되면서 시너지 효과가 높아진 점도 부정할 수는 없다.

지역사업에서 나눔사업은 매우 중요하다. 지역주민들에게 실질적인 도움을 줄 수 있기 때문이다. 그리고 노동조합을 비롯한 진보진영이 지역에서 헤게모니를 구축하는 유력한 수단이 될 수 있다. 구로민중의집 대표를 맡았던 강상구는 2012년 「지역거점운동 탐방기」에 이렇게 적고 있다.

"긍정적이든 부정적이든 '봉사활동'이라는 말의 현실적 힘이 존재합니다. 동네에서 '정치'를 한다는 사람들은 대부분 이른바 '봉사활동'을 직접 하거나 봉사활동 단체를 찾아다니거나 정치 자체를 '주민들에 대한 봉사활동'으로 생각하는 경향이 있습니다. 아마도 봉사활동은 우파의 지역 장악을 위한 핵심적인 방식 가운데 하나일 것이고 지역주민들에게는 '공공적 활동', '의미 있는 활동'을 쉽게 부르는 말일 것입니다. '그 사람 좋은 일 하네'라고 말할 때의 '좋은 일'은 사적인 일이 아니라 다른 사람과 관계된 공적인 일인데 이런 일들은 대부분 다른 사람에게 무엇인가를 해 주는 것, 즉 다른 사람을 돕는 일이 대부분입니다."

좌파들은 구조나 체제를 바꾸는 투쟁 같은 걸 '공공적 활동'이나 '의미 있는 활동'이라고 생각하지만 이건 동네 사람들 눈에 잘 안 들어오거나 너무 멀리 있는 일입니다. 대신 우파들은 구조나 체제는 숨기고 동네에서 힘든 일 도와주거나 민원을 해결해 주거나 관청에서 돈 끌어다 주는 일 같은 걸 합니다. 연탄도 날라 주고, 철따라 동네 청소 행사도 하며, 수해 나면 복구사업에도 열성입니다. 각종 복지행사를 빙자한 관청 행사에도 참여하고, 온갖 유사 복지시설의 장 같은 것을 하면서 명함 파 가지고 돌아다니기도 합니다. 동네 사람들에게는 멀리서 거룩하게 싸우는 좌파보다 가까운데서 당장 뭐 하나라도 도움이 되는 우파들이 훨씬 더 친근하고 익숙합니다. 이들의 이런 '봉사활동'만이 의미 있는 공공적 활동의 전부인 것처럼 생각할 수밖에 없고, 봉사활동 잘하는 사람들이 나중에 구의원, 시의원 나오면 찍어 주는 건 인지상정입니다. 결국 거점공간 활동은 깊은 인간관계를 맺고, 이를 통해 진보정당에 대한 적극적 지지층을 만들어 내는 데 기여할 수 있습니다. 또한 거점공간은 '새로운 공공적 활동'을 통해 동네 사람들에게 좌파들이 인정받는 곳이 될 수 있을 것입니다. 물론 그것이 당장은 '봉사활동'이라는 말로 불리더라도 말입니다."

다소 길게 인용했지만 지역사업에서 나눔연대가 중요한 의미를 적절하게 설명하고 있다. 물론 강상구는 진보정당운동에 직접 관여하고 있는 인물이라서 진보정치 관점에서 서술한 내용이지만 필자 판단으로는 내용적인 측면에서 희망연대노조가 구상하는 의도와 결코 다르지 않다. 강서양천민중의집 사람과공간이 주관하는 김장나눔행사가 2013년부터 3년째 이어져 오고 있는데, 김장나눔행사의 재원 대부분을 노조가 낸다. 그리고 참여인원의 절반 이상이 조합원들이다. 김장나눔행사의 효과는 앞서 말한 바와 다르지 않다.

그런데 필자가 보기에 희망연대노조의 사업방식은 참으로 영악(?)하다. 우선 재정 측면에서 노사 간에 단체협약을 통해 사측으로부터 사회공헌기금을 확보한다. 사실 조합비로 지역공헌사업 재정을 감당하기는 쉽지 않다. 노조 규모가 상당한 수준이 아니면 노조사업비에서 지역공헌사업 재정을 분담하는 것은 어려운 일이다. 더군다나 비정규 노동자의 경우 임금 절대액이 적기 때문에 조합비 규모도 당연히 적을 수밖에 없다. 따라서 지역공헌사업의 초기 재정을 단체협약을 통해 확보하는 것은 매우 훌륭한 전략이다.

희망연대노조는 여기에서 멈추지 않고 (사)희망씨를 설립해 회원모집을 통해 별도의 기금을 적립하고 있다. 노사 간 단체협약으로 확보한 사회공헌기금은 지속성을 담보하기 어렵기 때문이다. 사측은 언제든지 사회공헌기금 출연을 중단할 수 있다. 실제로 티브로드협력사협의회는 2년차에 사회공헌기금 출연을 중단했다. 씨앤앰도 사회공헌기금 추가 출연을 단체교섭에서 완강하게 거부했다. 사측은 사회공헌기금이 자신들을 공격하는 무기로 활용되는 것을 우려하기 때문이다. 이런 점에서 (사)희망씨를 통한 별도 기금적립은 적절한 대안이다. 그런데 사업을 집행할 수 있는 수준의 기금이 적립되려면 상당한 시간이 필요하다. 초기부터 (사)희망씨 기금으로 지역공헌사업을 시작하는 것은 불가능하다. 따라서 단체협약을 통해 사회공헌기금을 먼저 확보하고 이를 토대로 지역공헌사업을 시작한 뒤 (사)희망씨 기금을 활용하는 것은 노조 차원에서 구상할 수 있는 최선의 전략이 아닐 수 없다.

(사)희망씨를 활용하는 것은 또 다른 장점이 있다. (사)희망씨의 회원은 희망연대노조 소속 조합원으로 제한되지 않는다. 다른 노조 조합원이나 일반 시민들도 (사)희망씨 회원가입을 통해 지역공헌사업에 참여할 기회를 제공받을 수 있다. 즉 희망연대노조가 지향하는 지역사회운동노조의 취지를 경험할 수 있는 기회를 제공하는 것이다.

지역공헌사업에 소요되는 재정 자체가 조합원 참여를 통해 마련되는 것은 더욱 바람직한 일이다. 자신의 임금 중 일부가 지역공헌사업에 투입된다는 것을 인식할 때 사업참여도가 높아지는 것을 기대할 수 있고, 사업의 의미도 당사자에게는 특별하게 다가올 수 있기 때문이다.

사업 진행방식도 상당히 효율적이다. 지역별로 지역공헌사업을 담당할 거점단체를 찾아 사업주관을 맡기고 주관단체는 지역네트워크를 조직해 사업을 집행한다. 본조와 각 지부에 사업담당자가 있고, (사)희망씨에 전임자가 배치돼 있다고 하더라도 현재 11개 지역에서 진행되는 다양한 지역공헌사업을 희망연대노조가 직접 관장하는 것은 불가능에 가깝다. 따라서 주관단체를 선정하고 네트워크를 조직하는 방식은 사업 효율성을 높일 뿐만 아니라 사업참여의 폭을 확장해 지역공헌사업을 확산시키는 측면에서도 유의미하다.

무엇보다 사업방향이 조직적이고 정치적이다. 기업은 물론 일부 노조에서도 사회공헌사업을 실시하는 경우는 간혹 접할 수 있다. 노조에서 실행되는 사회공헌사업은 대부분 이벤트성인 경우가 많다. 그래서 특정한 계기, 즉 연말연시에 집중된다. 그리고 거의 일회적인 행사로 그친다. 어느 노조의 경우에는 무려 10년 동안 김장나눔행사를 정기적으로 한다. 그러나 행사 내용을 뜯어보면 정기적으로 한다는 점만 빼만 이벤트 행사와 별반 다를 것이 없다.

인간의 모든 행위가 정치적일 수 있는 것처럼, 기업이 목적의식을 가지고 사회공헌사업을 하는 것처럼 노조의 지역공헌사업도 목적의식을 분명히 할 필요가 있다고 본다. 목적의식이 반영된 것을 필자는 일관되게 지역공헌사업이라고 표현한다. 목적의식이 분명하다면 단순하게 사회공헌이 아니고 지역을 매개로 한 사회공헌, 즉 지역공헌사업이어야 한다. 그것은 지역을 기반으로 하는 정치사업이기도 하다. 희망연대노조의 활동은 그래서 지역공헌사업이고 목적의식을 분명하게 가지고 있다는 점에서 기존 사회공헌활동과는 분명한 차이를 가지고 있다.

희망연대노조는 조직구조 측면에서도 기존 노조와 다른 조직체계를 가지고 있다. 첫 번째로 차이를 가지고 있는 것은 공동위원장 제도다. 한국의 노동법은 노조위원장에게 절대적인 권한을 부여한다. 현실에서도 기업별노조든 산업노조든 위원장 권한이 절대적인 것은 부정하기 어렵다. 그러다 보니 위원장을 차지하려는 경쟁이 붙고 그 폐해 또한 적지 않다.

희망연대노조는 공동위원장 제도를 도입하고 있다. 대부분의 조직은 단일 위원장에 복수 부위원장을 두는 것이 일반적이다. 하지만 희망연대노조는 위원장이 복수다. 게다가 간부 순환제가 적용되면서 위원장을 하다가 실무부서장을 맡기도 한다. 기존 노조에서 보기 어려운 제도와 문화가 도입돼 있다.

두 번째는 생활문화연대국, 나눔연대사업국, 지역연대사업국이라는 이름의 부서를 본조에 두고 각 지부에는 생활문화부를 반드시 설치하도록 규정하고 있다는 것이다. 사업담당 부서를 명확하게 함으로써 사업집행을 현실화하고 일회성 사업이 아닌 지속적인 일상사업이 될 수 있도록 만든 것이다. 이러한 부서 역시 기존 노조 조직체계에서는 발견하기 어려운 제도다. 단위노조는 물론 산업노조나 지역본부에서도 이러한 부서를 설치한 경우를 찾기 어렵다. 이처럼 희망연대노조는 자신들이 지향하고 있는 가치를 부서를 통해 드러내고 있다.

세 번째는 (사)희망씨를 독립기구로 두고 지역공헌사업의 지속성을 담보할 수 있는 물적토대를 구축하고 있고, 희망연대노조만이 아니라 기존 노조 혹은 시민사회도 지역공헌사업에 참여할 수 있는 대안을 만들어 놓았다는 점이다.

알려져 있다시피 희망연대노조는 해마다 원청사인 재벌사들과 힘겨운 장기투쟁을 벌여 왔다. 그로 인한 피해와 손실(?)이 적지 않은 상황에서도 지역공헌사업을 중단하지 않고 지속적으로 하고 있다. 참으로 놀라운 일이 아닐 수 없다. 필자 역시 노조운동에 참여하면서 다양한 사업장 파업사례를 접했다. 노동조합에게 파업은 일종의 전쟁과 같은 것이다. 모든 역량과 자원을 총동원할 수밖에 없다.

하지만 희망연대노조는 그런 상황에서도 지역공헌사업을 중단하지 않고 지속적으로 유지하고 있다. 결코 쉬운 일이 아님을 필자는 충분히 공감하고 있다. 노조의 깊은 속사정까지는 모르겠지만 조합원들 입장에서 보면 당장 내가 굶고 있는데 무슨 지역공헌사업이냐는 비난을 할 만하다. 간부나 활동가 입장에서는 집행부 노선에 대한 문제제기도 수차례 있었을 것이다. 그럼에도 꿋꿋하게 지역공헌사업을 유지하면서 자신들이 지향하는 가치를 실현하려고 노력하는 희망연대노조에 경의를 표한다.

사실 적지 않은 대기업들이 사회공헌사업을 한다. 그들이 사회공헌사업을 하는 목적은 기업이미지 제고를 통한 이윤창출이다. 그렇기에 기업이 실시하는 사회공헌사업은 대개 실적 위주로 진행된다. 반면 희망연대노조 지역공헌사업은 실적이 아니라 관계 확장이고 네트워크 형성이다. 기업에서 수행하는 사회공헌사업과는 근본적으로 다르다. 희망연대노조는 다음과 같이 설명한다.

"희망연대노동조합의 사회공헌사업은 대기업의 여타 사회공헌사업과 본질적으로 다르다. 낮은 곳으로의 연대를 실천하고, '기금'만 지원하는 형식이 아닌 '관계 맺기'를 가장 중심에 두며, 함께 참여하는 사회공헌사업인 것이다. 또한 기금의 성격이 경직되지 않았다. 희망연대노동조합의 사회공헌사업은 노동조합이 주관하고, 회사와 협의하는 과정을 거쳐 진행되는 사업이다. 노동조합이 지역별 사업단의 주체로 참여해 함께 논의하고 실천하고 만들어 간다. 각 지역별 사업에 대한 기금의 쓰임새를 누구보다 잘 알고 있고, 그 운영의 투명성이나 시의적절성을 사업단 주체들이 함께 판단하고 있기에, 각 사업단의 판단에 따라 사업의 지속성과 변경, 중단 등을 주체들이 결정할 수 있고, 사업의 책임성 또한 주체들에게 있다."

지역공헌사업 보고회에서 이미 놀랐지만 필자는 희망연대노조가 정리한 자료를 살펴보면서 다시 한 번 놀랐다. 필자가 인지하고 있었던 것 이상의 고민과 논의 그리고 활동이 희망연대노조 내부에서 진행됐음을 알게 됐다. 유사한 문제의식을 가지고 있는 개인이나 집단이 없는 것은 아니지만 고민을 집단적으로 논의하고 나아가 그것을 실현하기 위한 조직으로서 희망연대노조를 설립·운영하고 있다는 점이 결정적 차이라고 할 수 있다.

특히 희망연대노조가 지역공헌사업만이 아니라 조합원들이 참여하는 다양한 프로그램을 시도하고 진행했다는 점을 필자는 높이 평가해야 된다고 생각한다. 한국 사회에서 노동자들의 생활은 흔히 잠·일·술로 대표된다고 한다. 대다수 노동자들의 삶은 장시간 노동에다, 여가활동은 술 마시는 것이 전부고, 항상 피곤에 찌든 채 잠자는 것이 일상화된 생활양태를 보인다. 결국 노동자 자신은 가족으로부터 소외되고 가족관계는 해체 위협에 직면한다. 대표적인 진보운동인 노동조합운동에 참여하는 노동자들 역시 별반 다르지 않다.

"노동자들의 삶의 양식이 변화되지 않은 채로, 어느 특정 공간에서의 민주적 삶, 변혁적 삶은 어떤 의미일까? 작업장에서는 머리띠를 묶으며, '진보'를 꿈꾸지만 우리들 삶의 영역에서는 전혀 진보적인 삶을 살고 있지 않은 노동자들! 진보적이기보다는 어느 측면에서는 자신도 모르게 더욱더 자본주의화된 삶을 살아가고 있는 우리들의 삶은 어떻게 변화될 수 있을까? 그러한 삶의 변화 없이 자본주의 너머 대안세계를 꿈꾸는 새로운 운동은 가능한 것일까."

노동자들은 생산과정과 재생산, 생활문화의 주인이 돼야 진정으로 행복한 삶을 살아갈 수 있다. 인간에게는 빵만 필요한 것이 아니라 장미도 필요하다. 그래서 희망연대노조는 생활문화연대사업에 주목한다.

"노동자들의 생산공간과 재생산 공간을 아울러 조합원들의 삶의 가치를 변화시키기 위해 가장 우선한 것은 조합원 삶의 고민 지점을 짚어 내는 것이었다. 공동체적 삶에 익숙하지 않은 조합원들에게 노동조합이 '내 삶의 문제를 함께 풀어 보자'라고 제안한다고 해서 쉽게 다가갈 수 있을까? 희망연대노동조합은 조합원의 생애사적 특성을 파악하고 그 특성에 맞는 고민을 차근차근 풀어 가기 위한 다양한 생활문화연대 사업을, 목적의식적으로 작은 것에서부터 시작했다."

희망연대노조는 생활문화연대 사업에 집중한다. 그들이 진행하는 각종 사업과 활동에는 새로운 가치에 대한 지향이 담겨져 있다. 이를 통해 조합원의 변화, 주체의 변화를 이끌어 내기를 기대한다.

혹자는 얘기한다. 희망연대노조는 그러한 지향과 가치를 가지고 새롭게 만든 노조이기 때문에 가능한 실험이지만 기존 노조는 따라 하기 어렵다고 말이다. 동의한다. 관성의 법칙이 있듯이 기존 노조로서는 결코 쉽지 않은 실험이다. 하지만 쉽지 않다는 것이 불가능하다는 것을 의미하지는 않는다. 똑같이는 어렵겠지만 실정에 맞게 시도해 볼 수는 있다. 산업노조나 지역본부 차원에서는 충분히 시도해 볼 만하고 할 수 있는 자원도 있다. 아니 이미 유사한 문제의식으로 유사한 시도가 이뤄지고 있다. 경기본부 안산지부의 노동안전센터 설립 추진이나 금속노조 경남지회의 사회연대기금 결의가 그것이다. 이러한 시도가 희망연대노조로부터 영향을 받았는지는 불분명하지만 실물로서 희망연대노조의 활동 결과는 선구적인 모델인 것은 분명하다. 희망연대노조가 민주노조운동의 새로운 희망을 개척하고 있는 것이다.

"기존 노동운동의 큰 두 가지 전략, '산별 중심 조직화 전략과 민주노동당 건설로 이어지는 노동자 정치세력화 전략'의 변화가 필요하다는 문제의식과 노동자들의 본질적인 삶의 변화까지 일궈 내기 위해서는 삶터인 지역 중심의 노동운동을 펼쳐야 한다는 문제의식이 만나게 됐다. 또한 비정규·중소·영세 미조직 노동자 조직화와 주체화는 지역사회 안에서 병행돼야 하는 과정으로 가야 하는 것이다. 그 과정에서 뜻있는 활동가들이 실험적 선언인 '지역 중심 노동조합'이나 '지역사회연대 전략을 실현하는 노동조합'을 기치로 희망연대노동조합을 건설하게 된다."

희망연대노조의 설립배경은 적지 않은 사람들이 공감하는 문제의식이다. 중요한 것은 그러한 문제의식을 어떻게 실현하는가다. 희망연대노조는 실천과 실물로서 자신들을 증명해 가고 있다. 실천적 증명은 조용한 공명을 일으킨다. 민주노조운동이 주목해야 할 부분이라고 필자는 생각한다.

## 희망연대노조, 삶을 희망하며 연대하다

**양미 노동인권교육활동가**

빼앗긴 자들,
희망은 절망과 좌절의 바닥을 인지했을 때 비로소 온다.

　　상처를 경험한 사람은 안다. 오히려 자신이 상처 받았음을 인정하고 자각하는 것이 더 잔인하고 가혹한 일이란 것을. 더 나빠지지 않기 위해 발버둥 쳐야 하는 것 외엔 할 수 있는 일이 없을 때, 삶은, 차라리 죽을 수 없어 그저 살아내야만 하는 형벌임을, 안. 다.

　　"상처 입은 채 살아가는 사람들 대부분은 이날까지 살아남았다는 것만 해도 대단한 성공이다."

　　"사람들은 몸에 난 상처뿐만 아니라 마음의 상처까지 끌어안고 집으로 돌아와 저녁 식탁이나 TV 앞에 앉는다. 이것은 우리 사회의 정신에 좋지 않은 영향을 미쳤을 것이다. 어느 정도는 말이다."

　　「누구나 하고 싶어 하지만 모두들 하기 싫어하고 아무나 하지 못하는 일」
　　　　　　　　　　　　　　　　　　　　　　스터즈터클

노동 자체에 의미와 재미를 찾을 수 없는 반복되는 지루한 일상, 아무도 알아주지 않는 외로운 노동, 살아내기 위해 필요한 것들을 구매하기 위한 돈벌이로서의 노동. 그 속에서 구매자(자본)의 입맛에 맞춰 나의 신체와 감정을 조각내 가며 자신을 잃어 가는 사람들. 구매자의 선택을 기다리며 스스로를 고립시켜야만 생존할 수 있다 믿는 사람들. 그래서 가족도, 친구도, 사랑도, 감정도, 생각도, 신의도, 자기 자신도,

모두 버렸다. 버려야 했다. 관계를 끊어 내고 자신을 고립시킨다. 어제까지 함께 일하던 동료가 하루아침에 구조조정 돼도 모른 척한다. 때론 적극적으로 밀어낸다. 그이가 없어짐으로 인해 나는 또 일상을 이어 갈 수 있다. 비루한 일상. 삶은 구차하고 비루해진다. 그저 주어진 상황 속에서 잘 버티고 있다고 자신을 다독이며 내일은 오늘보다 더 무탈하길 바란다. 이제 남은 것은 그저 무탈하기를, 오늘보다 더 나쁜 상황이 닥치지 않기를 '희망'하는 것이다. 그렇게 상처를 외면하는 것으로 나는 아직 괜찮다고, 나는 희망을 버리지 않았다고 되뇐다.

삶에 배신당한 상처를 자각한 각성한 사람들은 저항한다. 이제 빼앗긴 것들을 다시 되찾아 올 때다. 잃어버린 나, 잃어버렸던 관계들…. 그것들을 다시 되찾기를 희망한다. 그런데 되찾기 위한 싸움을 선택한 순간 나는 다시 고립돼 있음을 자각한다. 투쟁 현장들은 하나의 게토가 되어 여기저기 섬으로 떠돌아다닌다. 높은 탑 위, 한강 다리, 사람들이 오고가는 어느 광장 한 귀퉁이, 자신이 일하던 사업장의 바깥 한 귀퉁이. 그리고 단절됐던 가족들과 지인들과의 대화에서 겉돌고 있는 나를 발견한다. 다시 게토. 이것은 내가 '희망'했던 것이 아닌 또 다른 고립. 상처는 반복된다. 이제 무엇으로 희망을 찾아야 하는 것일까. 절망.

"평생을, 가진 것이라곤 희망밖에 없기 때문에 희망에 기대어 살아온 자들은 승리의 기쁨을 느끼지 못한다. 승리의 진정한 감각은 진정한 좌절 뒤에 오는 게 분명했다."

「바람의 열두 방향」 중 '혁명전야' 어슐러 르 귄

나는 '희망연대노조'가 절망과 좌절 뒤에 온 것이라 믿는다. 희망은 절망의 바닥을 인지했을 때 온다. 희망연대노조의 '사업장 담벼락을 넘어 지역사회운동노조로'라는 슬로건은 사업장 담벼락에 갇혀 고립된 노동조합운동의 절망과 좌절을 딛고 새로운 노동조합운동의 희망을 찾고자 하는 자각에서 왔을 것이다. '희망은 의무이며, 연대는 끝까지 하겠다'는 희망연대노조 활동가의 말처럼 연대가 곧 희망이다. 살아 있는 자의 의무는 연대를 통해 희망을 구하는 것이다.

**존재하는 것이 두려운 빼앗긴 자들의 희망, 연대**

2006년 가을부터 2007년과 2008년, 당시 나는 지금은 홈플러스라 불리는 사업장, 이랜드 홈에버 월드컵지점에 있었다. 노동조합 결성, 생애 첫 파업, 세 번의 점거농성과 전경들의 농성장 침탈, 거리에서의 고군분투. 이 모든 과정을 곁에서 함께 경험한 나는 지역과 노동조합, 그리고 조합원의 일상에 주목할 수밖에 없었다.

알려진 바와 같이 이랜드 투쟁은 많은 연대 단위가 함께했다. 어떤 날은 파업농성 중인 노동자이자 학부모인 자식의 학교 담임이, 어떤 날은 사업장이 있는 동네 주민들이, 어떤 날은 근처 다른 사업장의 노동자들이…. 응원의 말과 행동, 기금으로 투쟁을 지원했던 기억이 아직도 생생하다. 파업농성 중인 한 여성노동자의 아이가 농성장을 방문한 적이 있었다. 그날 아이는 담임선생을 통해 노동자들의 파업이 왜 일어날 수밖에 없는지, 평소 어머니로만 인식했던 분이 실은 어머니이자 여성이자 노동자임을 알았노라 말했다.

한편 여성노동자 다수는 남편과 가족, 그리고 생활의 압박에 시달려야 했다. 실제로 당시 월드컵분회 분회장이었던 분은 1차 점거농성 후 남편의 손에 이끌려 다시는 농성장에 나타날 수 없었다. 이런 풍경은 우리에게 익숙하다. 파업 중이거나 농성 중인 노동자는 가족의 지지와 격려보다는 원망과 포기에 대한 권유에 더 익숙하다.

많은 조합원들이 때로는 생계를 책임져야 하는 한부모로, 때로는 가족 병원비에 대한 압박감으로, 투쟁 장기화로 인한 생계 압박으로 투쟁을 포기하고 현장으로 복귀하거나 다른 사업장으로 이직해야 했다. 이것은 투쟁하는 노동자들만의 현실은 아니었다.

"한부모여성노동자 모임에서 '세상읽기'라는 교육을 진행했다. 그때 나는 30대·한부모여성가장·비정규 여성노동자·학부모·소비자·시민인 우리 시대 여성노동자 '영숙 씨의 하루'를 통해 이 시대를 살아가는 여성노동자의 구체적인 삶과 행복에 대해 이야기했다.

그런데 나 자신도 놀라웠던 것은 '영숙 씨의 하루'를 읽은 그녀들의 반응이었다. 이른바 '꽂히는' 단어나 내용을 말해 보라는 나의 요청에 제일 처음 나온 단어는 '두려움'이었다. 무엇이 두려운지를 질문했을 때 돌아온 대답은 '존재하는 것'이라는 것이었다. 그리고 쏟아져 나온 내용들은 '존재하는 것이 두려운' 이유가 되는 것들이었다.

그 두려움의 이유에는 이른바 전통적인 노동운동이 말하는 영역, 즉 사업장 내에서 노동자로 느끼는 불안정한 고용과 저임금에 대한 불안과 두려움, 그로 인한 일상적인 모욕과 차별, 여성노동자로 느끼는 성차별적 요소도 포함돼 있지만, 생활인으로서 느끼는 두려움-먹거리 문제, 학비와 각종 공공요금 및 세금 문제, 의료 문제, 주거 문제 등-이나 인간으로서 느끼는 욕구의 문제-여가 및 문화 시간에 대한 욕구, 인도주의적 관점과 현실적 상황의 괴리 등-까지 모두 포괄돼 있었다. 거기에 여성한부모로 느끼는 일상적인 정상가족 이데올로기에 따른 차별의 문제까지. 한 사람이 가지고 있는 다양한 정체성의 문제, 이러한 문제들을 생애주기와 함께 표로 거칠게 정리하면 아래와 같다.

| 〚 일자리영역 - 노동 〛 | 〚 가정/지역의 영역 〛 | | |
|---|---|---|---|
| 사업장 | 생활인/시민 | 인간으로서의 욕구 | 섹슈얼리티 |
| 불안정고용 | 먹거리 | 여가 등 문화 | 가족이데올로기 |
| 저임금, 차별 | 교육비 | 인도주의적 관점과 | 가부장주의 등 |
| 모성권 | 교통비 등 생활비 | 현실적 괴리 | 사회적 통념 |
| 성차별과 성희롱 | 전기/수도/가스 등 각종 | 희망·꿈 없음 | … |
| 노동강도 | 공공요금 | 두려움, 자존감, 돌봄 등 | |
| 노동시간 | 세금/ 의료 / 주거 | 감정의 영역 | |
| 노동안전 | … | … | |
| 15~19세 | 20대, 30대 | 40대, 50대 | 60대 |
| 아르바이트노동 | 불안정 고용<br>시장 진입 | 경력단절과<br>시장 재진입 | 노후, 생활문제로 인한<br>저임금 단기일자리 |

> 한 사람이 가지고 있는 다양한 삶의 문제 중 어느 한 가지도 소홀할 수 없는 것일 텐데, 기존 운동은 이 문제들을 총체적으로 바라보고 풀려고 했다기보다는 각자 별개의 문제로 풀려고 했던 것 같다. 그 결과 계급과 복지, 사회공공성, 성, 환경 이런 문제들은 각자의 이름을 달고 별개 운동영역으로 진행돼 왔다."
>
> 「이랜드 투쟁과 지역연대, 새로운 길찾기」에서 재인용

"더군다나 기존 노동은 아직 답하지 못했다. 실업·비실업 여성, 정규직·비정규직 여성, 소규모 영세업체 여성노동자, 주변부 노동자, 무급가족종사자, 고령 여성 노동자, 여성 자원봉사자로 끊임없이 자리바꿈해야 하는 여성 노동자의 조건에 맞도록 어떻게 투쟁을 조직하고 연대를 확장할 건지 말이다. 투쟁은 여전히 개별 사업장 안에 갇힌 채, 그것도 '고용 보장'이라는 수준에 머물러 있다.

사업장과 고용이라는 문제를 넘어 '행복하고 인간다운 삶을 영위하는 노동의 귀환'이라는, 노동운동의 근본 물음에 제대로 답하는 운동은 어디에서 시작할 수 있을까. 효과적인 투쟁과 연대를 확장하는, 생활권에 기반한 대안 노동운동이 그 실마리는 아닐까. 노동시장 안팎을 들락날락거리기 마련인 여성-노동자들의 처지에 걸맞게 노동조합-지역운동-사회단체가 다층적인 네트워크를 형성하다 보면, 생활권이란 포괄적인 문제의식에 기반해 '삶 자체를 다르게 구성하는 운동'이 비로소 가능해지지 않을까."

「우리의 소중한 꿈을 응원해줘」 중
'삶 자체를 다르게 구성하는 운동을 꿈꾸다'에서 재인용

이런 나의 고민에 희망연대노조는 다양한 방식의 실험으로 화답한다. 일상활동을 풍성하게 함으로써 임단협에 매몰되지 않는 역동적인 노동조합 만들기, 삶의 문제를 함께 고민하고 더불어 사는 삶을 위한 생활문화연대사업, 지역연대사업, 나눔연대사업은 생산-재생산 공간을 아울러 조합원의 삶의 가치를 바꾸기 위한 노력의 일환으로 활발하게 전개되고 있었다. 나는 이러한 '새롭고 다른 삶을 꿈꿔 보는 다양한 시도들'이 사업장 내에서 소외되고 의미를 잃어버린 빼앗긴 노동자의 지친 마음을 어루만져 주고 삶의 의미를 부여하는 데 기여할 것이라 믿는다. 또한 노동조합이 지역운동 속 다양한 운동과 함께함으로써 더 좋은 삶을 위한 고민이라는 노동운동의 본래 의미를 찾아갈 수 있지 않을까 기대한다.

지금, 여기에서, 헤테로토피아[1]

---

1     일종의 현실화된 유토피아라고 이야기하는 '헤테로토피아'는 푸코가 유토피아와 대비되는 공간으로 독자적인 개념화를 시도했다가 포기한 미완의 개념. 현실에 존재하는 장소이면서 동시에 모든 장소들의 바깥에 있는 곳. 유토피아는 완벽한 세계, 이 사회에 반하는 가치를 갖는 세계, 실제로는 어디에도 존재하지 않는 세계를 말한다. 나는 노동조합이라는 장소 안에서 노동조합 밖에 있는 곳을 지향하는 곳으로 희망연대노조를 떠올린다.

"살아 있는 동안 당신은 주변의 모든 사람이 다른 사람에게 자신의 삶을 강요하는 동시에 자신의 참된 삶도 전혀 돌보지 않는, 즉 죽음을 두려워하면서도 삶도 증오하는 사람들을 계속 보게 될 겁니다. 자, 돌아가세요. 그리고 우리를 보게 된 것에 의해 당신은 당신의 고투에 약간의 희망이라도 더했으니 좀 더 행복해하십시오. 설령 어떤 고통과 노고가 필요하다고 해도 우정과 평안, 그리고 행복의 새로운 세대를 건설하기 위해 분투하면서 살아가십시오."

「에코토피아뉴스」 윌리엄 모리스

유토피아는 지금, 여기에는 없는 세상이다. 윌리엄 모리스는 생태와 노동, 즉 계급의 문제까지 아울러 변화시킨 이상적인 사회, 에코토피아를 꿈꿨다. 이런 세상은 언제나 지금, 여기에는 없는 세상이다. 지금, 여기를 살아가는 우리에게는 늘 이상향을 위한 실험만이 현재진행형이다. 그래서 늘 불완전하고 불안하며 위험하다. 나는 이것을 푸코의 개념을 빌려 헤테로토피아로 불러 본다. 현실에 있지만 현실의 바깥에 있는 곳.

지역사회운동노조를 꿈꾸는 희망연대노조는 일종의 헤테로토피아로 불러도 좋지 않을까. 노동조합은 그 특성상 사업장을 기반으로 할 수밖에 없다. 한국의 노동조합은 경제성장의 방해물이자 재정파탄의 주범으로 몰아가는 사측과 정권에 맞서기도 늘 벅찬 것이 현실이다. 그들에게 노동자는 책상 위 보고서 숫자와 비용으로만 계산되고 인식된다. 그렇게 인식돼야만 마땅한 존재들이다. 노동조합은 그런 인식에 딴지를 거는 방해물일 뿐이다.

대다수 노동자에게 노동조합은 쓸데없이 과격하거나 말려들면 인생이 고달파지는 '운동권'들의 전용물로 인식되거나 자신의 이익을 지켜 내기 위한 하나의 안전장치로만 받아들여지기 쉽다. 그래서 노동조합은 사업장 내 이슈에 대응하며 조합원들의 이해와 요구에 민감하게 반응한다. 그런데 감히 노동조합이 사업장 담벼락을 넘어서겠다고 한다. 거기다 정규직과 비정규직의 벽도 뛰어넘겠다고 한다. 사업장과 사업장의 담벼락도 높을뿐더러 정규직과 비정규직의 세상도 너무 달라져 이제 같은 것을 꿈꾸는 것이 무엇인지도 아리송해지는 상황에서 말이다.

노동조합이면서도 노동조합 밖을 지향하는 것. 이것은 노동조합을 통해 노동자 각자의 삶, 인간의 삶을 보다 풍성하고 아름답게 하고자 했던, 그렇게 사회를 변화시키고자 했던 노동운동의 본래 이상향과 닮아 있다. 어쩌면 노동조합이 가진 숙명이다.

"사업장 투쟁만으로는 '사업장에서의 권리'조차 제대로 확보할 수 없다."
희망연대노조

사업장에서 시작할 수밖에 없는 노동조합이지만 이이들은 사업장 밖을 지향한다. 세상을 바꾸는 노동운동이다.

"조합원들이 주체가 되는 생활문화연대, 지역연대, 나눔연대."
희망연대노조

타인의 삶의 권리를 이해하고 지키고자 하는 것은 곧 자신의 삶의 권리를 지키는 것과 연결된다. 우리는 모두 삶이라는 직업으로 연결돼 있기 때문이다. 또한 우리는 각자 다른 모양을 하고 있지만 삶 속에서 고통받고 있다는 사실, 타인의 고통을 이해함으로써 연대한다. 희망연대노조 조합원들은 사업장 밖에서 의미 있는 노동, 삶의 의미,

나눔의 즐거움을 기꺼이 체험한다.

그래서 임단협에서 나눔연대사업비를 반드시 확보하겠다는 한 조합원의 다짐은 소소한 일상의 실천 속 나와, 나와 타인의 삶과, 사회의 변화가 있다는 것을 알아챈 깨달음일지도 모르겠다. 타인의 해방과 나의 해방은 함께 있다.

다만 아쉽게 덧붙이고 싶은 말은 좀 더 바깥으로 향하기를. 그래서 안정적이고 좋은 대우를 받는 임금노동자가 되기를 뛰어넘어 다른 세상을 꿈꾸는 노동을 응원하는 노동운동을 더 활발하게 이야기할 수 있었으면 좋겠다는 것이다. 어차피 이제 자본주의는 자신의 위기관리능력의 한계에 와 있으니 말이다. 이제 자본주의 바깥으로 향하는 노동운동을 희망하며 사회연대를 꾸려 나가야 할 때가 아닐까.

# ④ 부록 : 사회공헌 사업지도

〖 희망연대노조 사회공헌사업지도 〗

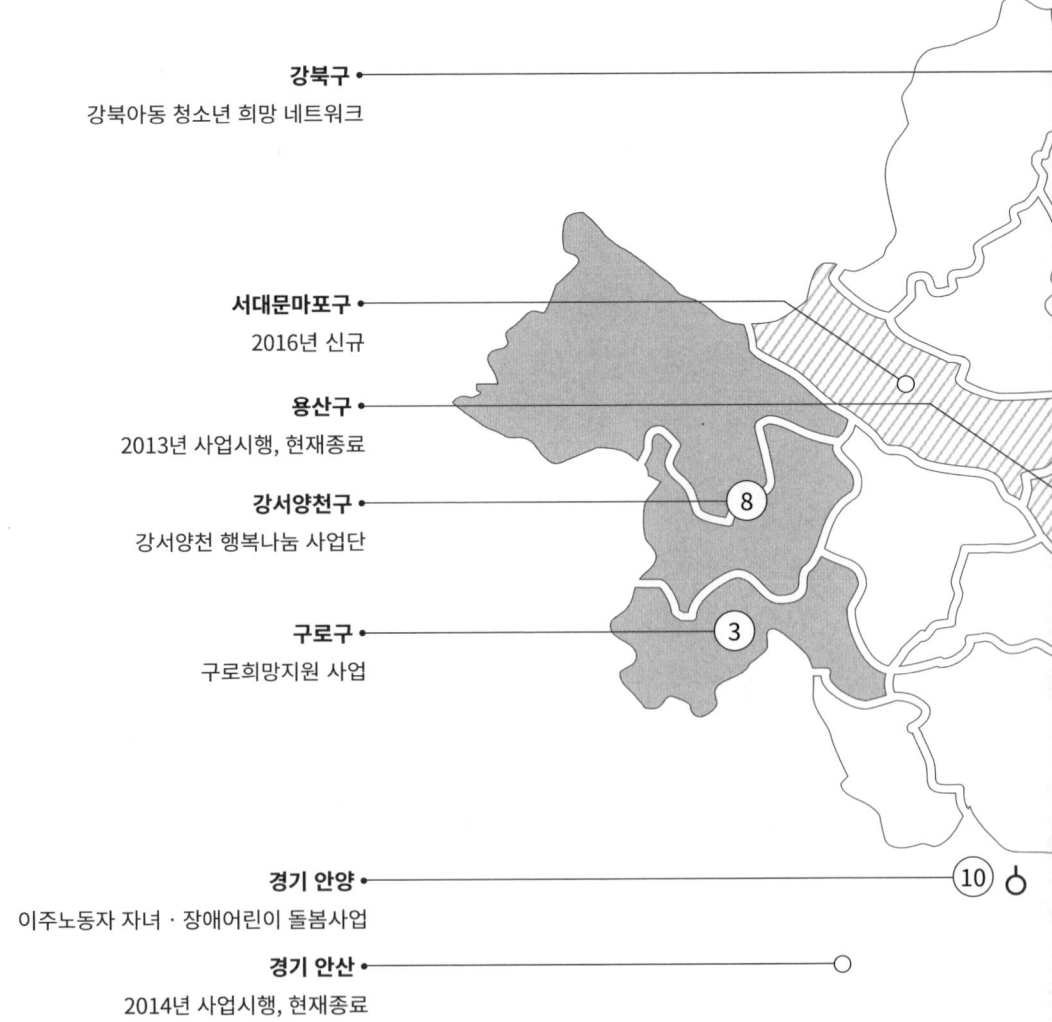

**강북구**
강북아동 청소년 희망 네트워크

**서대문마포구**
2016년 신규

**용산구**
2013년 사업시행, 현재종료

**강서양천구**
강서양천 행복나눔 사업단

**구로구**
구로희망지원 사업

**경기 안양**
이주노동자 자녀·장애어린이 돌봄사업

**경기 안산**
2014년 사업시행, 현재종료

마을과 노동, 희망으로 엮다

※ ⚤ : 희망씨 과일나눔사업 지역

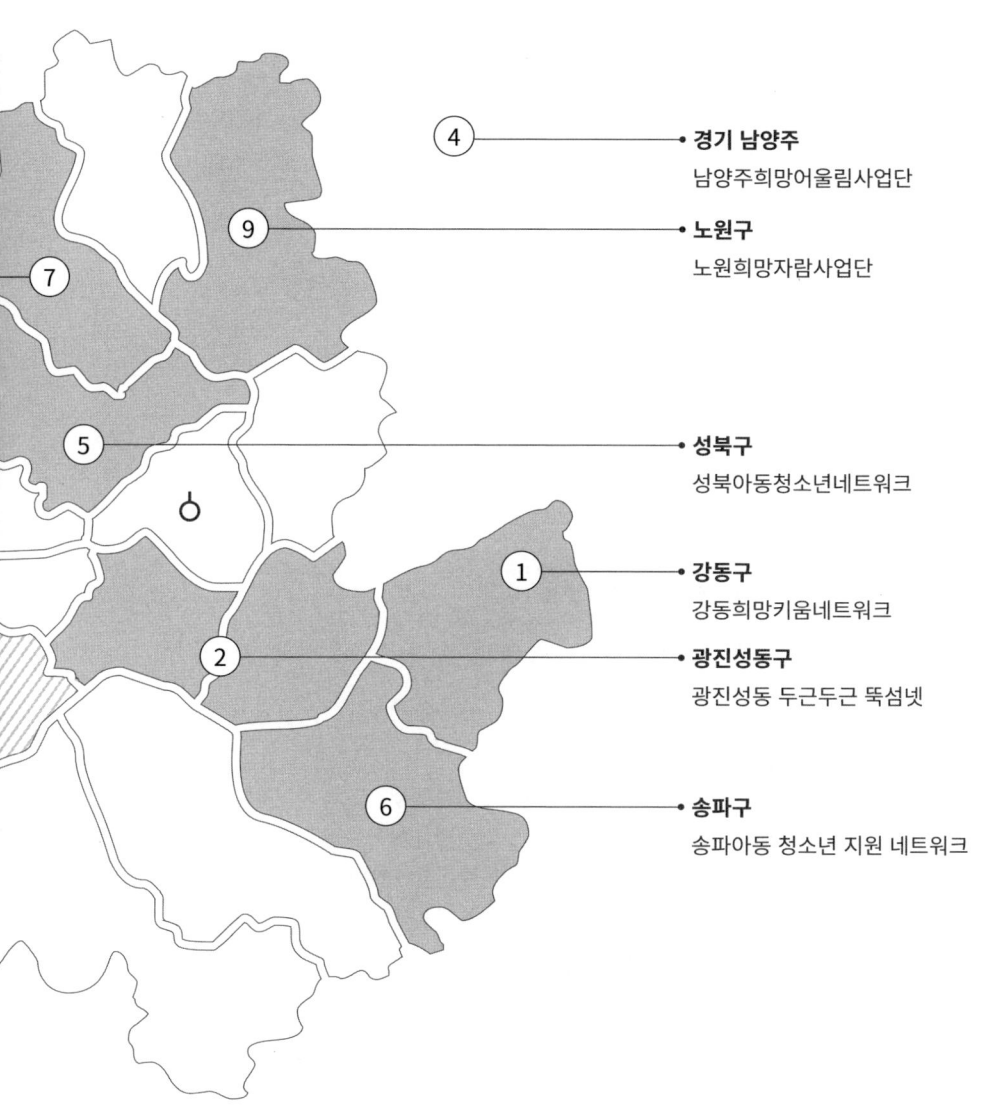

- **경기 남양주**
  남양주희망어울림사업단
- **노원구**
  노원희망자람사업단
- **성북구**
  성북아동청소년네트워크
- **강동구**
  강동희망키움네트워크
- **광진성동구**
  광진성동 두근두근 뚝섬넷
- **송파구**
  송파아동 청소년 지원 네트워크

부록 : 사회공헌사업 지도

# 2015년 사회공헌사업 소개

## ① 강동 지역

〖 강동지역 〗

| | |
|---|---|
| 사업단 명칭 | 강동희망키움네트워크(키움넷) |
| 사업단 | 어린이책시민연대 강동지회, 강동시민연대, 열린사회강동송파시민회, 강동송파교육희망네트워크, 한 살림동부지부, 강동희망나눔센터, 북소리(책 읽어주기 자원활동가 동아리), 개인참여<br>협력기관 : 강동지역아동복지센터, 굿네이버스 강동지부, 천일도서관 웃는책, 건강사회를 위한 치과의사회<br>협약기관 : 강동구, 희망연대노동조합, ㈜씨앤앰 |
| 사업단장/코디 | 김명화 |
| 후원 | ㈜씨앤앰, 희망연대노동조합 |
| 대표수행단체 | 강동희망키움넷 |

• 사업취지

'지속가능한 안전돌봄망 구축 사업'
강동지역에서 아동, 청소년이 건강하고 행복하게 성장할 수 있도록 지역사회 역량 강화와 지속가능성을 담보한 교육복지 안전망 형성을 목적으로 함.
지역에서 민·관·학교가 만나 서로 협력할 수 있도록 구조적 측면의 교육복지 접근, 청소년노동인권, 청소년마을거점 구축노력, 소규모 마을거점 강화, 노동과 지역의 어울림을 새롭게 시도하며 기반을 조성하는 사업 전개. 청소년이 편안하게 머물며 숨을 쉴 수 있도록 함과 동시에 건강하고 당당하게 교육의 주체로 살아갈 수 있도록 힘을 주는 세대통합 복합문화공간으로서 마을거점을 만들기 위해 다양한 노력을 전개함. 지속가능한 돌봄 안전망 구축을 위한 키움넷 주사업과 공동사업으로 각 단위 사업이 전개됨.

- **사업 및 예산**
  — 아동청소년 집중돌봄 종사자 역량 강화
  — 아동청소년 상담, 심리검사, 진단 및 치료
  — 안전망 구축사업
    지속가능한 마을거점 강화 교육복지 돌봄망 구축
    청소년노동인권 교육활동가 모임
    희망공감 어울림 텃밭
  — 단위사업
    북소리 책 읽어주기
    한 살림 식생활 교육
    강동희망나눔센터 반찬멘토
    열린사회강동송파시민회 희망의 집수리
  — 사업기간 : 2015년 1월~2015년 12월
  — 집행예산 : 55,000,000원

- **사업실행**

1) 주사업 – 아동, 청소년 집중돌봄 종사자 역량 강화
아동발달지원회의에 자발적으로 신청하고 참여한 돌봄 종사자에게 지속적인
단계별 교육을 하여 전문적 능력을 배양시킴. 소진될 가능성이 있는 아동발달지원
담당자를 지원하며 꾸준하게 아동 집중돌봄을 가능하게 하며, 통합사례관리회의를
통해 지역에서 집중돌봄아동 전문적 인적자원으로서 중심적 역할을 도모함.
대상은 아동 돌봄 관련 종사자 및 필요한 아동에게 집중돌봄 의지가 있는 종사자로
하며 교육내용은 슈퍼비전이 있는 아동발달지원 통합사례의의, 사례관리자지지,
가족지지 체계 프로그램으로 구성됨.
— 집중돌봄아동 발달지원회의 개최
— 아동발달지원 담당자지지, 가족지지 체계 형성
— 집중돌봄아동 발달지원사업

2) 주사업 - 아동청소년 상담, 심리검사, 진단 및 치료
아동의 상황에 따른 전문서비스 제공을 중점에 두고 아동발달지원회의 또는
지역발굴을 통해 심리치료 지원을 연계함. 연계 전 부모상담, 아동상담, 병원진료,
종합적인 심리평가 검사 및 진단 후 기본 심리치료 진행, 꾸준한 회의 진행과
모니터링으로 연속치료 필요시 치료를 연장함.

3) 공동사업 - 안전망 구축사업

청소년이 편안하게 머물며 숨을 쉴 수 있도록 함과 동시에 건강하고 당당하게 교육의 주체로 살아갈 수 있도록 힘을 주는 세대통합 복합문화공간으로서 마을거점을 만들어 감.

— 지속가능한 마을거점 강화 교육복지 돌봄망 구축
: 주민과 함께 마을상황 공유와 해법을 찾아가는 수다모임으로 식생활 강좌 진행
— 청소년노동인권 교육활동가 모임 '폴짝'
: 청소년들의 노동인권 감수성을 키우기 위한 학습과 토론, 자체 역량 강화 및 주민대상 강좌 진행
— 희망공감 어울림 텃밭
: 가족과 함께 지역에서 어울리며 독거노인 반찬배달 등 텃밭채소 나눔활동 진행.

4) 각 단위 사업

— 북소리 책 읽어주기
: 아이들에게 책의 재미를 알게 하고 책을 자연스레 만날 수 있는 환경을 만들어 줌으로써 책을 통해 삶의 위로와 용기를 얻어 자기 삶에 대한 꿈을 꿀 수 있도록 함.
— 한살림 식생활교육
: 지역단체를 대상으로 식생활 교육을 진행하며 상상마루 도서관이 지역도서관 역할을 할 수 있도록 기여함.
— 강동희망나눔센터 반찬멘토
: 강동지역 조손가정 대상으로 연로하신 어르신들의 생활고를 겪는 상황을 일부나마 지원하기 위한 취지에서 반찬나눔 사업을 진행함.
— 열린사회강동송파시민회 희망의 집수리
: 주거환경의 열악함으로 어려움을 겪는 저소득 가정의 아동, 청소년들에게 안전하고 건강한 가정환경을 조성하고, 학습할 수 있는 환경을 제공함.

## ② 광진성동 지역

[ 광진성동지역 ]

| | |
|---|---|
| 사업단 명칭 | 광진성동 아동청소년사업단 두근두근 뚝섬넷 |
| 사업단 | 도깨비방망이공부방 지역아동센터, 성동근로자복지센터, 서울동부비정규노동센터, (사)희망씨, 두근두근인권탐험대, 성동장애인자립생활지원센터, 즐거운 청년커뮤니티 ⓔ끌림, 청소년ⓔ끌림, 광진주민연대, 소금꽃책모임, 광진장애인부모회, 민주노총 동부지구협의회, 개인참여 |
| 사업단장/코디 | 이수경/김지혜 |
| 후원 | ㈜씨앤앰, 희망연대노동조합 |
| 대표수행단체 | 도깨비방망이 지역아동센터 |

● 사업취지

지역사회 문화와 인권을 중심으로 아동·청소년의 건강한 성장과 부모들의 배움·성장·나눔 공동체 운동을 목적함. 빈곤 확대, 다양한 가족 형태, 저임금 장시간 노동자 증가, 실업 증가 등 개별 가족에게 돌봄기능을 떠맡기는 것이 사회적 문제로 드러나며 아동·청소년들의 사회성이 떨어지면서 다양성, 상호 존중하는 삶에 대한 인식도 약화됨. 이에 따라 경쟁교육에 치이는 아동·청소년들이 누려야 할 권리인식 확장을 위한 모임과 사업을 펼쳐냄과 동시에 지역사회 내 부모들이 주체가 되는 건강한 배움 공동체를 형성하는 프로그램 개발 및 교육, 비정규 노동자 가족지원, 장애인 가족을 지원함으로써 지역 안에서 소통하는 장을 마련함.

● 사업 및 예산
— 지역사회 부모 배움·성장·나눔 공동체 사업
— 장애인 가족, 비정규 노동자 가족 지원
— 청소년 문화 활동과 노동하는 청소년 지원
— 사회적 돌봄이 필요한 아동 지원
— 사업기간 : 2015년 1월~2015년 12월
— 집행예산 : 46,000,000원

• 사업실행
1) 지역사회 부모 배움·성장·나눔 공동체 사업
부모들이 중심이 돼 지역사회 내에서 배우고 성장하고, 또한 활동가로 배움을
나누는 순환 고리가 형성됨으로써 접근성이 강한 상담 활동가 내지는 지역사회
인권 촉진자 역할을 할 수 있으며 이런 활동을 통해 민간 인권센터 건립 토대를
구축해 나감.
― 배움사업
 : 지역사회 내 어른들에 대한 체계적인 교육프로그램을 개발하고, 지역 자원들과
 연계한 부모교육을 실시
 : 부모교육 콘텐츠 개발, 부모인권교육
― 성장사업
 : 개발된 콘텐츠를 바탕으로 인권동아리를 운영해 지속적인 배움과 성장 기회를
 제공
 : 6주간 워크숍, 부모인권동아리 운영
― 나눔사업
 : 타 지역 사례를 바탕으로 지역사회 커뮤니티 형성방안 모색

2) 장애인 가족, 비정규 노동자 가족 지원
장애아동청소년 가정에 대한 부모지지 프로그램을 도입해 지지기반을 확대하고,
지역사회와 교류의 폭을 넓힘. 성동 지역 특성상 비정규 노동자 가정에 대한
가족지원 프로그램을 통해 부부간 부모 자녀 간 상호 이해와 소통의 계기가 되도록
도움.
― 장애가족지원
 : 음악활동, 가족여행, 발달장애인과 텃밭 가꾸기, 공연 및 문화관람, 자립생활을
 위한 발달장애인 자조모임
― 비정규 노동자 가정 지원
 : 가족힐링캠프, 아버지 학교

3) 청소년 문화활동과 노동하는 청소년들에 대한 지원
2014년의 청소년 문화동아리 활동을 지속·확대해 청소년의 건강한 성장을 지원.
청소년 대상 노동인권교육사업 확산을 위해 강사 역량 강화 및 교육활동을 병행해
노동현장에 있는 아르바이트 청소년들을 지원함.
― 청소년 동아리지원

: 청소년 이끌림 동아리, 도깨비방망이 동아리, 광진주민연대 봉사동아리, 지역축제참가 지원
— 청소년 노동인권교육사업
: 알바지킴이, 노동인권감수성 교육, 진로직업체험

4) 사회적 돌봄이 필요한 아동에 대한 지원
연말 '사랑의 몰래산타 사업'을 통해 지역의 돌봄이 필요한 아동에게 따뜻함을 나누며 지역주민, 노동자, 학생 등 다양한 사람들이 참여해 나눔의 기쁨을 경험

### ③ 구로 지역

〖 구로 지역 〗

| | |
|---|---|
| 사업단 명칭 | 구로희망지원사업 |
| 사업단 | 구로지역아동센터협의회 |
| 사업단장 | 송은주 |
| 후원 | ㈜씨앤앰, 희망연대노동조합 |
| 대표수행단체 | 구로지역아동센터협의회 |

• 사업취지
구로구에는 21개의 지역아동센터가 지역 취약계층 아동·청소년들에 대한 돌봄을 제공하고 있음. 그러나 지역에서 어려움을 겪는 아동과 청소년들의 현황과 비교해 보면 지역아동센터나 기타 다양한 아동·청소년들에 대한 돌봄이나 지원 인프라가 그리 많지 않음. 아동·청소년들이 빈곤이나 열악한 성장 과정으로 인한 다양한 신체적·심리적·정서적·사회적 어려움을 타개하기 위해 아동청소년 심리정서 사업을 지원함.

• 사업 및 예산
— 심리정서지원
— 사업기간 : 2015년 1월~2015년 12월
— 집행예산 : 22,000,000원

• 사업실행

구로구에 소재한 21개 지역아동센터 중 12개 기관에 심리정서지원사업을
수행함. 개별상담 11명, 합창단 30명에 대한 지원사업이 이뤄짐. 2015년 사업의
특성은 3년간 사업수행에 따른 종사자들의 이해가 높아져 아동 발굴과 지원에
대한 체계적인 이해를 가지고 사업을 수행했다는 점이며, 그동안 심리정서적
의료지원이나 상담지원에 국한됐던 문제해결 방식이 합창단 활동 등을 통해 다양한
방식으로 심리정서지원이 가능하다는 것을 확인함. 소년소녀 합창단(구구단
-구로의 내일과 구로의 오늘을 노래하는 소년소녀합창단)은 아동청소년
심리정서지원사업의 한 부분임. 아동·청소년 30명으로 꾸려져 노래를 통해 자신
안에 머무르는 부정적인 요소들을 내뱉고, 무대에서 합창 공연을 통해 자신감을
높임.

④ 남양주 지역

〚 남양주 지역 〛

| | |
|---|---|
| 사업단 명칭 | 남양주희망어울림사업단 |
| 사업단 | (사)새누리장애인부모연대, 남양주시 외국인복지센터, 남양주 YMCA, 희망연대노동조합(경동지회 기가지회) |
| | 협력기관 : (사)희망씨 |
| 사업단장 | |
| 후원 | ㈜씨앤앰, 희망연대노동조합 |
| 대표수행단체 | 남양주기독교청년회 |

• 사업취지

남양주시는 인구 61만 명 중 한부모 가정, 독거노인, 장애가정, 기초생활수급자,
국제결혼이주가정, 외국인근로자, 탈북자 등 취약계층이 많이 분포해 있음. 이에
사각지대 아동·청소년을 위한 사업으로 지역네크워크에서 크게 4가지 방향으로
사업을 계획함.

## 사업 및 예산
— 장애청소년 희망 만들기
— 이주자녀모국어배움터 및 이주민한국어배움터
— 레인보우 힐링캠프 '어깨동무2'
— 가족 희망 세우기
— 사업기간 : 2015년 1월~2015년 12월
— 집행예산 : 57,780,000원

## 사업실행

### 1. 장애청소년 희망 만들기
장애인가족은 장애인양육의 어려움으로 심리, 정서적 문제를 지니고, 이러한 문제가 장기간 지속돼 가족기능 약화와 가족해체 등 많은 어려움을 겪게 됨. 그룹상담 5회기, 심리치유활동 주 1회 사업을 통해 장애로 위축된 자존감 회복을 꾀함. 장애청소년의 심리정서지원을 통해 문제해결 능력을 증진시켜 지역사회 일원으로서 건강한 삶을 유지해 나갈 수 있도록 하기 위해 당사자 개별상담 주 1회, 성인권교육, 보호자 상담을 수시로 진행하며 문제 행동의 원인에 집중하기 위해 노력함. 장애청소년의 보호양육에 대한 심리적, 경제적 부담으로 가정 내 정서가 불안정하거나 가족 간 크고 작은 갈등에 시달리는 보호자에게 교육과 상담을 통한 역량을 강화시켜 미래에 대한 불안을 해소할 수 있게 함. 거주환경, 지역적 특성이 충분히 고려된 현실적 지역복지 지원 개발 및 지역 자원 간 네트워크 체계를 마련해 장애청소년 가족의 안정적인 삶을 영위할 수 있도록 집중 지원함.

### 2. 이주자녀모국어배움터 및 이주민한국어배움터
아동의 모국어, 문화 습득과 이주민의 한국어 습득, 가족친화 프로그램을 통한 가족관계증진을 목적으로 함. 연간 상시적으로 진행하며 찾아가는 모국어 교육 주 2회, 이주민 한국어 교실 주 2회, 가족나들이 프로그램 연 1회 진행함.

### 3. 레인보우 힐링캠프 '어깨동무2'
장애인-비장애인-이주민가정의 어울림을 통해 가족애를 느끼고, 결합력을 강화하는 동시에 서로가 다름이 아닌 같음을 알게 하는 소중한 시간을 갖고자 함. 지역사회네트워크인프라 구축과 활용을 통해 지역사회 발전과 협력관계를 도모함. 장애인-비장애인-이주민가정이 만나 서로에 대한 이해를 높이고, 소통과 화합을 만드는 1박2일 캠프를 진행함. 사전 인식개선 프로그램으로 참여자들에 대한 장애,

다문화, 희망연대노조에 대한 이해교육을 함. 2015년 비발디파크 오션월드에서 당일 가족나들이와 미션 수행 방식으로 120여명이 참가함.

4. 가족 희망 세우기
남양주시에 거주하는 장애가정 및 이주민 가정을 대상으로 스스로 자신을 위로하고 지지하는 과정을 통해 심리, 정서적 안정을 강화하며 '이웃'이 함께 사는 사회공동체의 긍정적인 힘을 경험하며 가족관계를 강화하고자 함. 올해는 소그룹 감정치료 가족 희망 세우기를 총 6회차 프로그램으로 진행함. 느낌말 대화훈련, 역할극 놀이치료, 요가 및 마사지, 가족치료를 통해 새출발 의식을 도모함.

⑤ 성북 지역

〖 성북 지역 〗

| 사업단 명칭 | 성북아동청소년네트워크 |
|---|---|
| 사업단 | 강북성북교육희망네트워크, 길음종합사회복지관, 나눔과미래, 나무와 열매, 놀이나무(주), 마음복지관, 마음새미술치료센터, 생명의 전화 종합사회복지관, 서울우리내과, 서울북부두레생협, 성북교육복지센터, 성북나눔연대, 성북나눔의 집, 성북작은도서관네트워크, 성북지역아동센터협의회, 성북청소년자활지원관, 시민모임즐거운교육상상, 에듀닥터바른배움(주), 월곡교회, 인디학교, 작은문화공동체 다솔, 장애인문화예술관, 장애인배움터너른마당, 장위종합사회복지관, 청소년희망재단, 키득키득맘키드, 풍경소리, 하나다문화센터 다린, 하름이 청소년 성문화센터, 희망연대노동조합, 개인 참여 |
| 사업단장 | 안영신, 송민기, 정윤주 |
| 후원 | ㈜씨앤앰, 희망연대노동조합 |
| 대표수행단체 | 성북아동청소년네트워크 |

• **사업취지**

성북아동청소년네트워크 회원기관의 다양한 참여로 성북 어린이, 청소년의 건강하고 행복한 성장 지원을 목적으로 함. 성아청의 중점 기획사업으로 학교밖청소년대안학교와 어린이·청소년을 지원하고 성장시킬 수 있는 활동가 역량 강화 및 권역별 네트워크 구축을 목표로 다양한 사업을 전개함.
학교밖청소년대안학교인 '인디학교'는 2015년 학교밖청소년대안학교로 지정돼 안정적인 운영기반을 마련했고, 씨앤앰 사회공헌사업을 통해 현재 한국 사회에 탈학교 움직임이 많은 가운데 지역 대안학교의 훌륭한 모델을 만들어 냄. 이외에도 어린이 청소년의 멘토 역량 강화 및 인권교육 강사양성의 토대를 마련함.

• **사업 및 예산**
— 인디학교
— 주거지원
— 책친구 꿈 더하기
— 문화학습멘토링
— 진로지원프로그램
— 몸 맘 건강 프로젝트
— 미술치료
— 힐링캠프
— 즐거운가족문화 체험여행
— 보드게임 키트를 활용한 성인지 교육
— 사업기간 : 2015년 1월~2015년 12월
— 집행예산 : 57,220,000원

• **사업 내용**

학교밖대안학교 '인디학교' - 검정고시지원, 진로, 문화체험 활동 등
학교중단 청소년의 건강한 성장지원, 기초학습과 전인교육을 통한 학교 중단 청소년의 자립 지원을 목적으로 함. 2015년 학생 28명을 모집했고, 공간은 청소년 휴카페를 겸용하고 있음. 전담교사는 3명, 자원교사는 28명으로 구성됨. 교사회의 및 자원교사 회의, 학생자치회의 진행. 학습 및 진로지도 관련 검정고시 지원, 수능대비, 기초학습으로 진행하고 있으며 다양한 진로체험 프로그램을 운영함. 프로젝트수업과 문화체험 활동을 통해 취미나 관심 분야에 대한 경험을 할 수 있도록 해서 개별욕구가 반영되는 성과를 얻음. 또한 지역네트워크와 연계한

프로그램을 진행해 학교 밖 청소년들에 대한 이해 및 공감대를 형성하고 지속적인 프로그램 참여 계기를 마련함.

2. 주거취약 아동청소년 가구주거비 지원사업
2015년 총 31가정을 지원함. 지원가정 추천은 성북구 내 사회복지기관, 동 주민센터, 구청 등을 통해 직접지원이 필요한 가정을 추천받았고, 가정방문 상담을 통해 지원계획을 수립함. 주거비 외에도 아동·청소년에게 필요한 수련회비, 교복구입비를 지원. 아동·청소년을 포함한 가구의 주거안정을 통해 가구주 및 아동·청소년의 심리적 안정을 도모하는 데 큰 기여를 함.

3. 책친구 꿈 더하기
성북지역 단체들의 네트워크를 통해 아동·청소년에게 적합한 통합교육프로그램을 마련함. 주로 지역아동센터 및 아동 돌봄기관에 통합교육프로그램을 지원해 아동·청소년의 건강한 성장을 도움. 2015년에는 지역아동센터 활동가 결연방문을 통해 책놀이 13회, 성인지 교육 3회, 자기주도학습 8회, 부모교육을 진행함.

4. 행복지원센터 문화학습멘토링
상대적으로 문화체험 기회가 부족한 행복지원센터 아동·청소년을 대상으로 배움과 즐거움이 공존하는 체험활동의 기회를 제공해 스티그마(낙인 혹은 결점) 없는 문화생활을 누릴 수 있도록 하여 건강한 성장발달을 지원하는 문화학습멘토링을 실시함. 월 1회 직접만남을 통한 문화체험활동을 함.

5. 진로지원프로그램
진로탐색사업으로 진로코칭을 통해 진로동기를 부여함. 직업체험 사업으로 직업처 탐방을 통한 체험 및 직업인 인터뷰를 진행함.

6. 몸 맘 건강 프로젝트
지역 내 아동청소년들을 지도하는 교사, 강사들을 대상으로 소리명상, 동물걷기, 생태명상, 춤 명상, 이완법 등 다양한 명상 방법을 배우고 익혀 교육현장에서 받는 스트레스를 관리함.

7. 미술치료
자아 존중감 향상 및 대인관계 증진 집단 미술치료를 함. 총 20회기 중 6회기 진행하고 중단함.

8. 힐링캠프
힘든 활동으로 몸과 마음이 많이 지친 조합원들이 자연에서 나 자신을 돌아보고 이해하는 시간을 가짐. 재충전 및 소진 예방을 목표로 캠프를 진행함.

9. 보드게임 키트를 활용한 성인지 교육
인권교육으로서의 성인지 교육 의미와 필요성을 느끼고, 보드게임 키트를 활용해 교육을 넘어 성 문제 해결의 주체가 됨. 보드게임 키트를 활용한 성인지 교육 강사 양성과정으로 총 6회차 교육을 진행함.

⑥ 송파 지역

〖 송파 지역 〗

| | |
|---|---|
| 사업단 명칭 | 송파아동청소년 지원네트워크 '송아지' |
| 사업단 | 송파시민연대, 즐거운가, (사)희망씨, 희망연대노조, 개인 참여 |
| 사업단장/코디 | 임후상/심현수 |
| 후원 | ㈜씨앤앰, 희망연대노동조합 |
| 대표수행단체 | 송파시민연대 |

• 사업취지
아동·청소년과 관련한 지역 지원체계와 활동이 미약한 조건에서 청소년 노동인권을 핵심 의제로 송아지 활동의 정기성을 마련하고 이와 관련한 지역네트워크 및 전문성을 확보. 이에 청소년 노동인권 활동가 양성을 핵심 프로그램으로 이후 지역 내 청소년 노동, 인권, 문화, 교육 등에 대한 기초토대 마련을 목적으로 함.
1) 송파구 청소년 노동인권사업을 중심으로 지역네트워크 구축
2) 청소년 노동인권 활동가를 양성해 지속적인 지역 청소년 노동인권 활동토대 마련
3) 송파구 아동·청소년을 대상으로 한 노동, 인권, 문화, 교육 등에 대한 전문성 확보

• 사업 및 예산
― 노동인권 활동가교육 및 후속모임 '청바지'
― 노동인권 캠페인 및 송파공고 노동인권교육
― 청소년 문화존 '흥청망청'
― 사업기간 : 2015년 1월~2015년 12월
― 집행예산 : 15,000,000원

• 사업 내용

1. 노동인권 활동가교육 및 후속모임 '청바지'
청소년 노동인권 확립토대를 마련하기 위한 활동가 양성교육과 이를 기반으로 지역에서 청소년 노동인권 활동 네트워크를 구축하는 것을 목적으로 함. 총 26명의 참가자들이 2015년 3~4월 총 5회차 교육을 수강했으며 인권감수성, 청소년인권, 청소년 노동인권에 대한 주제로 교육을 함. '청바지'라는 이름으로 후속모임이 조직됨. '노동법 골든벨'과 '청소년 노동인권 활동가로 거듭나기' 스터디를 2회차 진행함.

2. 노동인권 캠페인 및 송파공고 노동인권교육
송파구 청소년을 대상으로 노동인권 중요성을 알리고 지역 내 관련 네트워크 기반조성과 이후 지역 청소년 노동현안 발굴과 전면적인 활동을 위한 토대를 마련함. 2015년 5월 송파공고 앞에서 2회차 캠페인 진행. 6~7월 청소년 노동인권 교육강사단 모임 및 교육을 시행해 총 8개 학급(2학년) 2교시로 진행했으며, 이를 통해 관내 학교를 대상으로 한 인권교육 기반을 확보함.

3. 청소년 문화존 '흥청망청'
송파구 청소년들의 방과후 의미 있는 생활을 진작시키기 위해 청소년들이 주체가 돼 마을주민들과 공동행사로 총 3회 실시함. 공연 및 전시, 체험 및 판매, 놀이, 캠페인 등을 진행함.

## ⑦ 강북 지역

〚 강북 지역 〛

| | |
|---|---|
| 사업단 명칭 | 강북아동청소년희망네트워크 |
| 사업단구성 | (사)녹색마을사람들, 강북교육복지센터, 강북교육지원센터 도깨비, 두루두루배움터, 배움터 이다, 산 지역아동센터, 서울시립 강북I will센터, 서울시립 강북청소년드림센터, 작은도서관 함께놀자, 해든 마음돌봄사회적협동조합, 희망연대노동조합 |
| 사업단장 | 김일웅 |
| 대표수행단체 | (사)녹색마을사람들 |
| 후원 | (사)티브로드협력사협의회, 희망연대노동조합 |

• **사업취지**

강북구 지역에서 어려움을 겪는 아동·청소년들을 만나고 네트워크 참여단체들과의 협력 및 연계를 통해 아동·청소년의 문제를 지역사회가 함께 해결하며 향후 지역 내에서 다양한 어려움에 처해 있는 아동·청소년의 사회적 안전망을 만들어 가는 돌봄네트워크 구성을 목표로 활동을 진행함. 사업 첫해인 2014년에는 3개의 공동 기획사업과 8개의 참여단체별 사업을 했으나 2015년에는 재정 등의 문제로 공동사업 중심으로 사업을 진행하면서 네트워크를 유지함.

• **사업 및 예산**
― 움직이는 청소년 카페
― 마음 돌봄 상담 프로그램
― 사업기간 - 2015년 4월~2015년 12월
― 집행예산 : 12,500,000원

• **사업내용**

1. 움직이는 청소년 카페 - 아동청소년 이동 사랑방

4월부터 격주 일정으로 이동형 거점공간 마련을 통해 위기 아동·청소년에 대한 안전한 보호를 지원하고 강북구 복지 유관기관과 연계·협력을 통해 거리상담을 하면서 위기 아동·청소년들을 발굴, 개입하는 활동을 진행함. 11월까지 총 11회

프로그램을 진행했으며 연인원 450여명의 아동·청소년들이 참여해 성공적으로 안착됨. 사업이 2년차에 접어들면서 지속적으로 참여하는 청소년들이 생겨났으며 마음 돌봄 상담사업으로의 연계 및 긴급 위기상황 개입 등 후속조치들이 이어짐. 강북교육혁신지구 사업과 연계활동을 두 차례 했으며 2016년 사업계획 논의 과정에 참여할 예정임.

2. 마음 돌봄 상담사업 - 아동청소년 심리정서지원
심리적, 정서적으로 불안정한 상태에 있는 아동·청소년을 대상으로 개인 및 집단상담을 통해 청소년들이 불안정한 자신을 이해하고 마음을 돌아보는 경험을 하게 함. 또한 건강한 또래 공동체 형성을 지원함. 아울러 가족 상담을 통해 부모들에게도 공감적 환경을 제공하고 가족관계를 개선함으로써 위기가정의 불안을 낮추는 역할을 수행함. 네트워크 참여단체 및 유관기관 추천을 통해 청소년 개인과 집단상담 3건이 진행됨.

⑧ 강서양천 지역

| [ 강서양천 지역 ] | |
|---|---|
| 사업단 명칭 | 강서양천 행복나눔 사업단 |
| 사업단구성 | 강서양천민중의집 사람과공간, 서울강서양천 여성의전화, 보건의료노조이화의료원지부, 희망연대노동조합 |
| 사업단장 | 나상윤(강서양천민중의집 사람과공간 상임대표) |
| 대표수행단체 | 서울강서양천여성의전화 |
| 후원 | (사)티브로드협력사협의회, 희망연대노동조합 |

• 사업취지
강서양천 행복나눔 사업단은 티브로드협력사협의회 및 희망연대노조 후원으로 2014년부터 사회공헌사업을 지속함. 기업과 노동조합의 사회적 역할 강화·확대를 위해 2014년 사업평가에 근거해 2015년에는 조합원이 직접 참여할 수 있는 사업을 선택함. 지역사업역량에 대한 고려와 일방적 지원이 아닌, 대상자 상태를 고려한 지원과 필요를 충족하자는 취지에서 '행복한 집 만들기' 사업을 펼침. 추가 사업으로 가정폭력 근절을 위한 지역사회 캠페인을 벌임.

• 사업 및 예산
— 행복한 집 만들기
— 가정폭력 근절 캠페인
— 사업기간 - 2015년 5월~2016년 3월
— 집행예산 – 7,000,000원

• 사업 내용
1. 행복한 집 만들기 - 지역 내 취약계층 주거환경 개선사업
7월부터 11월까지 총 3회 진행된 주거환경개선사업은 복지시설 및 지역아동센터를 통해 지역 내 취약계층을 중심으로 집수리 대상자 선정을 요청함. 총 5가구의 신청을 접수함. 그중 사업팀 실사를 거쳐 3가구에 대한 집수리 계획을 확정함. 수리 리모델링으로 안락한 환경변화와 더불어 강서양천여성의전화 상담팀이 사전사후 대상자 가족상담을 통해 정서적 안정을 도모하며 지원을 연계함. 사업단 구성단위 외에도 다른 노동조합 조합원들과 지역 자활센터가 자발적으로 참여함.

2. 그 일은 전혀 사소하지 않습니다 – 가정폭력 근절 캠페인
가정폭력 근절을 위해 조합원들과 함께하는 캠페인을 통해 지역주민들에게 가정폭력 대처법을 알려 주고 폭력의 민감성을 높임.

⑨ 노원 지역

〖 노원 지역 〗

| | |
|---|---|
| 사업단 명칭 | 노원희망자람사업단 |
| 사업단구성 | 노원구지역아동센터협의회·노원노동복지센터·노원도시농업네트워크·노원청소년자활지원관·마들창조학교·(사)희망씨·어린이책시민연대 노원지회·함께걸음의료복지사회적협동조합·함께노원·희망연대노조 힐링협동조합 느티나무 숲이랑 |
| 사업단장 | 박미경 |
| 대표수행단체 | 노원희망자람사업단 |
| 후원 | (사)티브로드협력사협의회, 희망연대노동조합 |

• 사업취지
'한 아이를 키우는 데 온 마을이 필요하다'는 생각을 가지고 지역에서 활동하고
있는 마을공동체, 사회적경제협동조합, 시민사회단체 등이 네트워크를 형성해
일회성 지원이 아닌 지속적 지원을 가능하게 함.
'따뜻한 주말밥상'은 노원지역 저소득 취약계층 아동들에게 따뜻한 밥상을
제공함으로써 마음의 치유를 시작하고, 다양한 분야의 교육경험 통해 자존감을
높이는 사업으로 전개됨. 더불어 노원지역에서 노동인권사업을 담당할 주체를
발굴하고, 다양한 계층에서 노동감수성을 지니고 이 사회의 노동자로서 자기인식을
꾀하기 위한 '노동이 숨 쉬는 마을' 활동을 전개함.

• 사업 및 예산
— 따뜻한 주말밥상
— 노동이 숨 쉬는 마을
— 사업기간 : 2015년 4월~2015년 12월
— 집행예산 : 15,000,000원

• 사업 내용
1. 따뜻한 주말밥상 – 취약계층 아동 마음 치유
5월부터 8월까지 1기, 9월부터 12월까지 2기를 모집하는 등 총 51명이 참여함.
매주 토요일 오후 3시부터 5시까지 진행함. 지역 공공기관 및 마을공동체 공간을
활동 장소로 사용함. 노원희망자람사업단 참여단체들과 함께 밥상 나눔, 생태텃밭,
연극놀이, 성·장애 인권감수성, 책읽기, 숲속나들이 활동을 전개함. 지역주민 및
청소년, 희망연대노조 조합원들이 함께 참여함.

2. 노동이 숨 쉬는 마을 – 노동인권 감수성에 대한 지역사회 인식 확장
올해 1월 '노원 노동인권 지킴이, 우리가 한다' 교육 후 노원 청소년노동인권교육
강사단모임이 결성됨.
3월부터 매월 2회 열리는 정기모임에 10명이 꾸준히 참여함. 모임은 노동인권
관련 책과 자료를 읽고 토론하는 형식으로 진행함. 깊이 있는 학습과 토론을
위해 워크숍을 개최함. 찾아가는 청소년 및 지역주민 노동인권교육은 노원지역
노원노동복지센터, 노원청소년인권동아리와 함께 8월14일과 15일 이틀간
노원청소년 노동인권캠프를 진행함. 2016년에는 노원지역 청소년 및 지역주민
노동인권 교육을 진행할 계획임.

## ⑩ 안양 지역

티브로드협력사협의회의 2015년 사회공헌기금 지급 중단으로 인해 안양 지역은 2014년 예산에서 남은 돈으로 이주노동자 자녀 어린이집 '아시아의 창'과 장애아동 돌봄단체 '열손가락 서로돌봄 사회적협동조합'에 일부 운영비를 지원하는 방식으로 사업을 추진함.

• 후원
(사)티브로드협력사협의회, 희망연대노동조합

• 사업 내용 및 예산
1. 아시아의 창
— 사업내용
  : 이주노동자 자녀 어린이집 아시아의 창 어린이집 보조교사 인건비
— 사업기간 : 2015년 4월~2015년 10월
— 집행예산 : 9,000,000원

2. 열손가락 서로돌봄 사회적 협동조합
— 사업내용
  : 양육에 어려움이 있는 경우 부모 부재 시 긴급돌봄이 필요한 경우,
   장애인활동보조지원을 받지 못하는 경우 등 돌봄지원이 필요한 경우를 대비하여
   방과후 교실을 운영하며 교사 인건비를 집행함.
— 사업기간 : 2015년 4월~2015년 12월
— 집행예산 : 4,500,000원


## ⑪ 희망씨

: 과일나눔사업

• 취지
취약계층 아동청소년의 건강한 성장과 발달을 도모하고, 희망연대노동조합 조합원들의 직접적인 실천을 높혀내기 위한 사업

• 사업 내용
정부지원을 받지 않는 기관과 지역의 조합원들이 연계되어, 정기적인 과일나눔을

진행하는 것

• **사업 지역**
— 안양 지역 : 인생나자, 자주학교
— 용산 지역 : 동자동사랑방 급식소 식도락
— 동대문 지역 : 하늘꿈 공부방

• **예산**
희망씨 회원들의 회비 및 저금통 후원금